備前吾一れ
る氏虚念
いる成て
と武奥を孝く
ひ具み有へ
奥湊川よ
号の
写ぞ
んと
うい
てし
ふの
五軍
たろ
へよ
たふ
の上
七呉
森
り
母り
ぬ
や
む
ら
武具
沈舟
りけり

「新田殿湊河合戦事」『太平記絵巻第六巻』（埼玉県立博物館蔵）より

義貞軍はやぶれ，生田の森から丹波路に落ちた。後陣にさがった義貞は馬を射られ，塚に降り，太刀二振で矢を払っている。

（右頁）明暦三年出土古兜（藤島神社蔵）

新田義貞着用と伝える。燈明寺畷の田圃のなかから発掘された，という。42の筋面には三十番神の名を刻す。

るものではない、と認識していたのである。

義重から約一五〇年後、義貞も幕府滅亡から南北朝内乱の激動のなかに身を投じたが、元弘三年に挙兵して以後、一度も本国に帰ることなく、最期は越前にて戦死した。その行動は、後醍醐天皇に奉仕する姿勢が一貫している。それを足利尊氏に比べて、忠臣の代表のように考える研究もあった。こうした研究は、戦前の和島芳男『建武中興と新田義貞公』（昭和十二年）や藤田精一『新田氏研究』（昭和十三年）を代表とするが、建武中興に応じる時代精神を析出しようとする意欲に溢れている。ただ天皇親政といっても、その政治的内容は平安の醍醐・村上朝とも、明治以降とも異なるのであって、それぞれの段階の特徴がある。したがって義貞の忠臣としてのありかたも、鎌倉幕府政治を倒した段階の天皇政治に応じたものであり、そこに歴史的固有性がある。和島・藤田の研究は建武から明治までを通底する精神を発掘しようとしているように見える。ただ史料・資料の探索に努め、合戦現場の徹底的解明を進めている。事実を追い求め、実証的に解明しようとする姿勢に貫かれているのである。こうした姿勢は『新田義貞公根本史料』（群馬県教育会、昭和十七年）として集大成された。

『新田義貞公根本史料』は、義貞だけでなく新田氏関連史料・資料を網羅的に蒐集し編年体に編集しており、現在でも新田氏研究の基本史料集である。本書もこの史料集に依拠するところが大きい。ただ利用にあたっては、『大日本史料第六編』からの採録が多数見えるので（場合によっては省略もある）、もとに戻る必要がある。本書では『大日本史料第六編』から多くの知見を得ている。

戦後の研究は、皇国史観から解放されるにともない、義貞の評価も下がり、新田氏を在地領主として社会経済史的視角から究明する方向となった（永原慶二・小山靖憲・峰岸純夫）。それでも典拠史料はしばらくのあいだ『新田義貞公根本史料』であったが、『群馬県史資料編5中世1』（昭和五十三年）が刊行されて、古文書（長楽寺文書・正木文書など）の史料理解は急速にすすんだ。

だが新田義貞の研究・叙述となると、戦前の研究を実証的に修正しつつある段階というのが現状ではないだろうか。義貞の全体像は『太平記』が叙述するところであり、その影響が強い。『新田義貞公根本史料』も編年体形式ではあるが、『太平記』を採録する量が多い。もとより『太平記』は軍記物であり、義貞（源氏）を北条氏（平氏）に対抗させ、また尊氏との対立項で描く。本書では、『太平記』を参考にはするが、義貞と同時代の史料（古文書・古記録）を優先して採用し、『太平記』などはそのうえで検討するようにしたい。そうすることで、義貞を歴史のなかで把握することができると思う。

元弘の合戦の勃発により、全国の武士は幕府・朝廷をささえる存在から、一挙に政治舞台に投げ出された。武士・在地領主の政治的力量を発揮する状況が到来したのである。この状況はおもに後醍醐天皇の政治的動きに沿っていて、武士はそれに応じるものであったが、武士には武士の担う政治的次元があったはずである。この武士的政治次元をどう形成するか、足利尊氏も、楠木正成も、結城宗広《ゆうきむねひろ》も、そして新田義貞もこの問題に当面したはずである。内乱のなかで、個々の武士の政治的力量が試されたのである。こうした事柄を明らかにすることは史料の制約のため容易ではないが、義貞が各段階の政治情勢にどのように向かい合い、どう行動したか、その解明に努力したい。

新田義貞——関東を落すことは子細なし

目次

はじめに

図版写真一覧

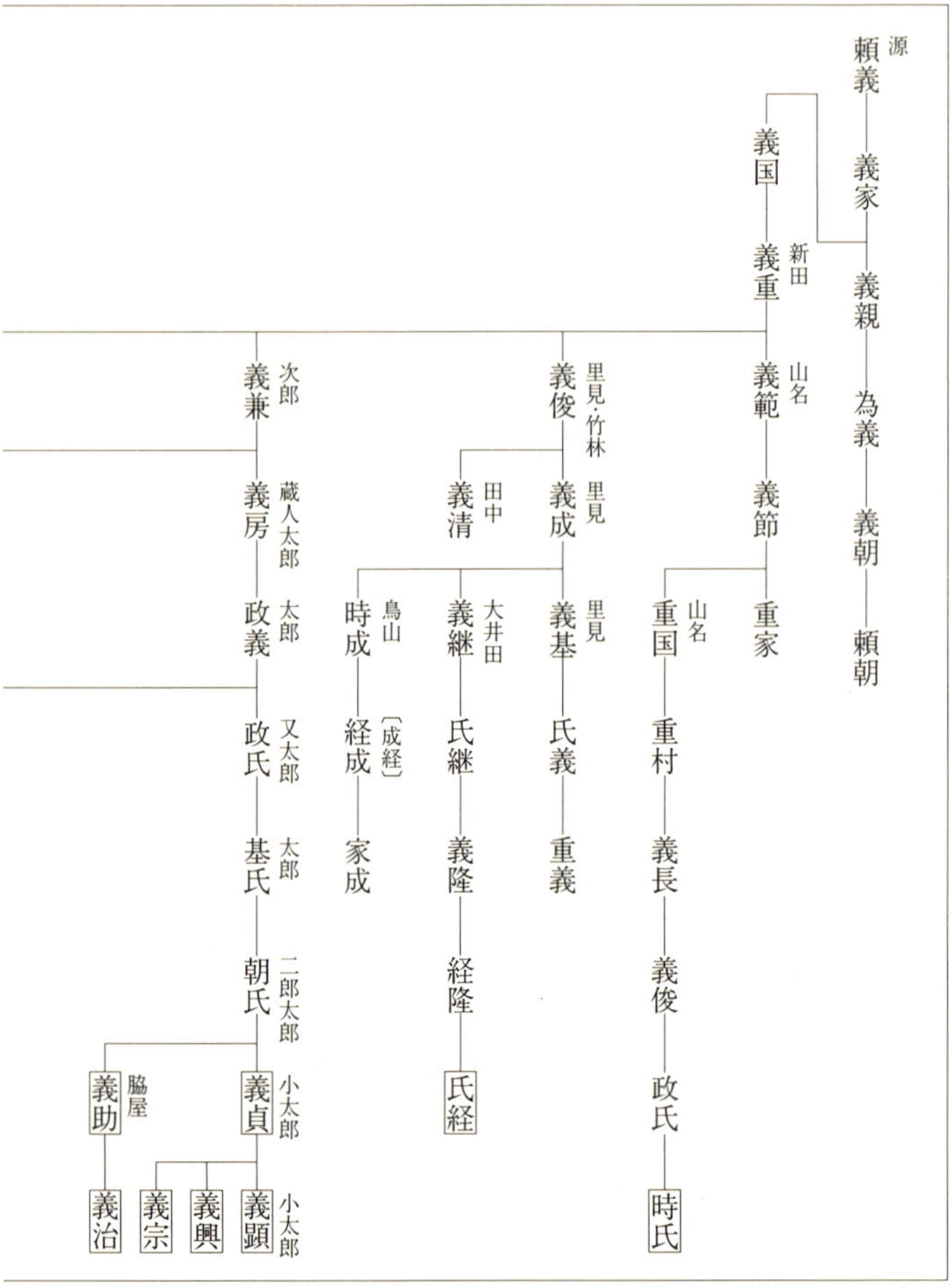

新田氏系図

『尊卑分脈』より作成。ただし岩松氏部分は鑁阿寺蔵「新田足利両家系図」及び新田宵子氏蔵「新田岩松系図」による。▭は1333年～の内乱に参加。

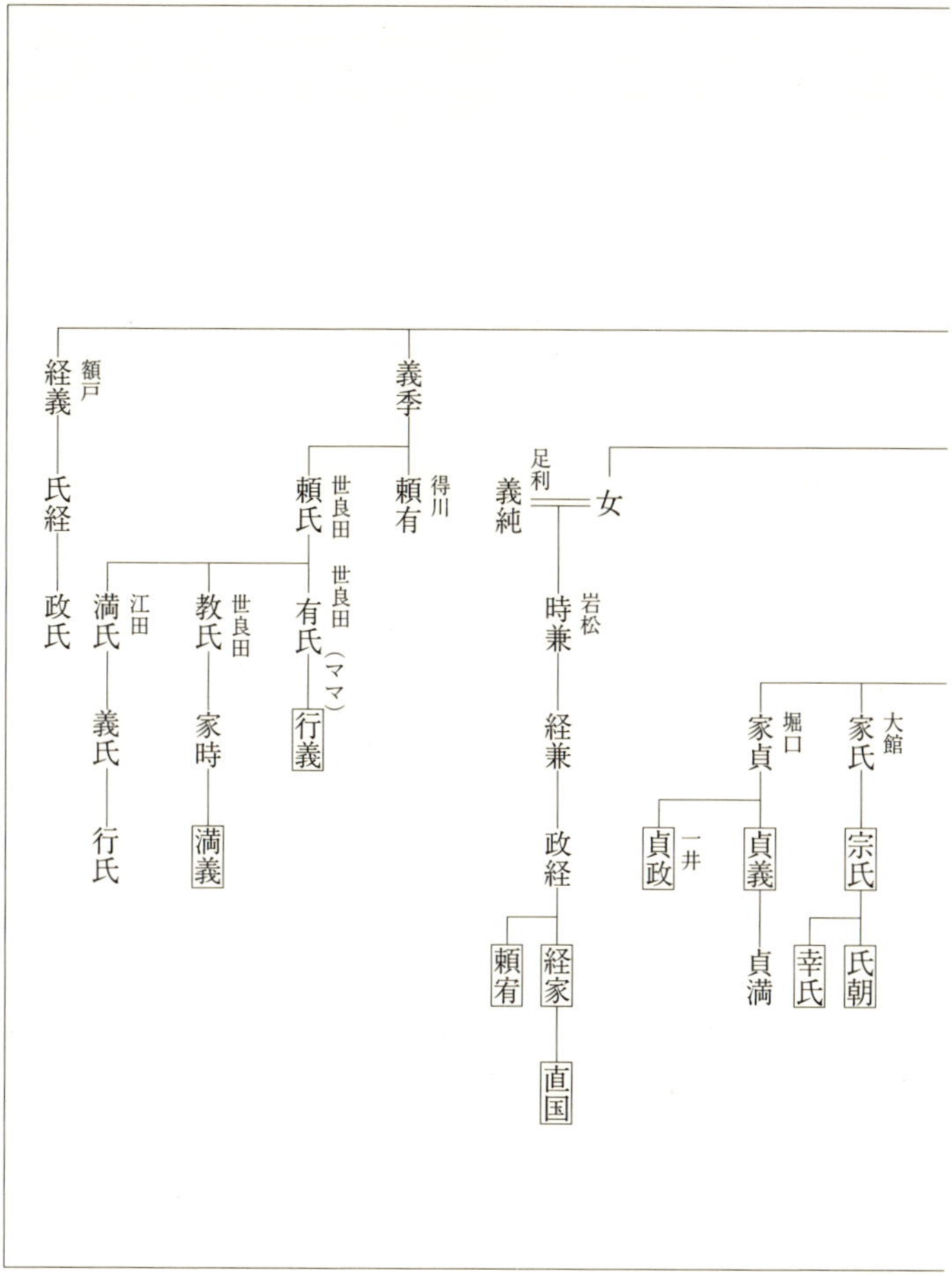
額戸
経義
氏経
政氏
義季
得川
頼有
世良田
頼氏
江田
満氏
義氏
行氏
世良田
教氏
家時
満義
世良田
有氏
（ママ）
行義
足利
義純
女
岩松
時兼
経兼
政経
頼宥
経家
直国
堀口
家貞
一井
貞政
貞義
貞満
大館
家氏
宗氏
幸氏
氏朝

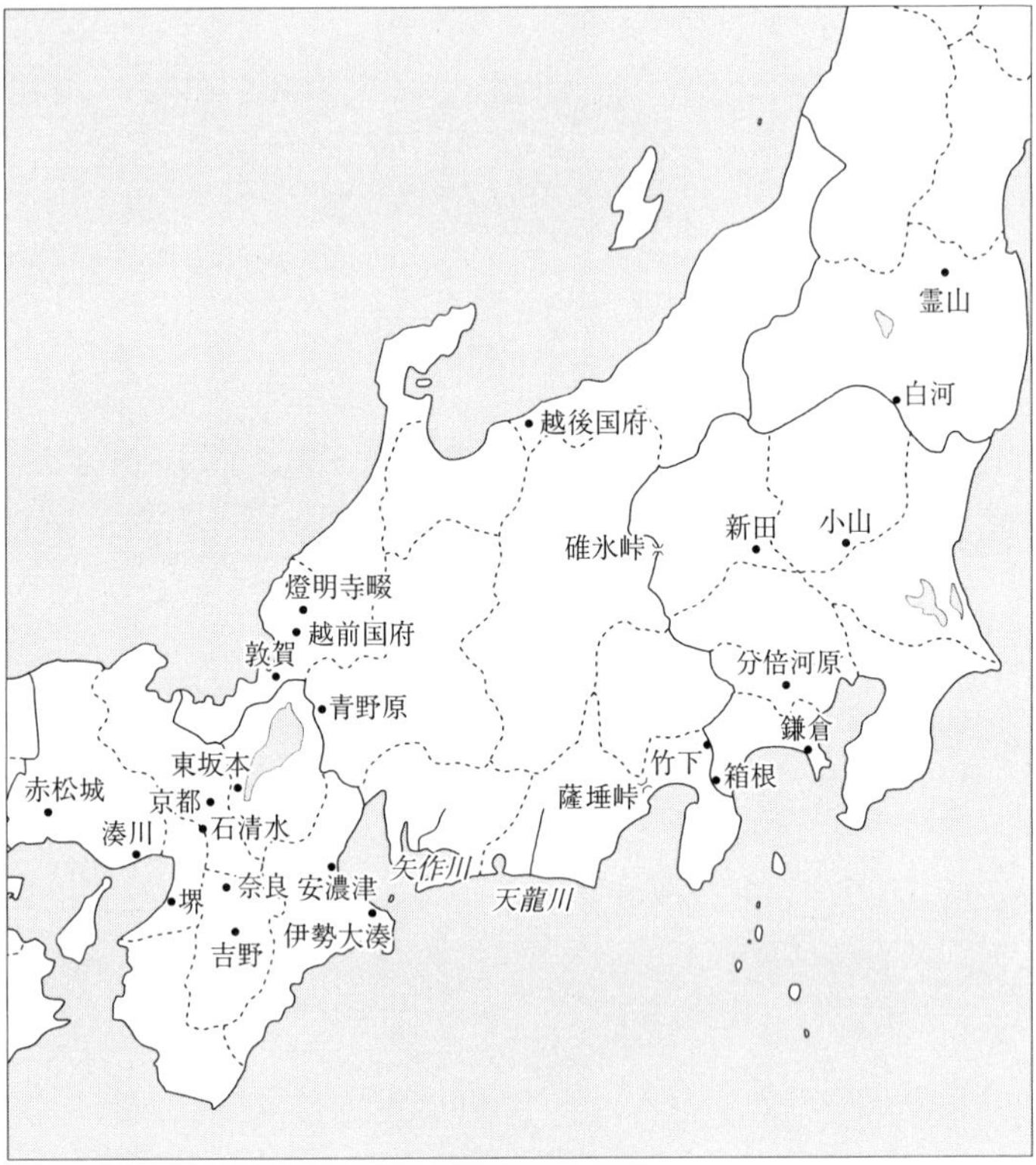
霊山
白河
越後国府
碓氷峠
新田
小山
燈明寺畷
越前国府
敦賀
青野原
分倍河原
鎌倉
竹下
箱根
東坂本
赤松城
京都
薩埵峠
石清水
湊川
矢作川
奈良
安濃津
天龍川
堺
伊勢大湊
吉野

関係地図

第一章　新田氏の家系

1　新田氏の開祖——義国・義重

新田氏は清和源氏のうち、河内源氏の頼信《よりのぶ》—頼義《よりよし》—義家《よしいえ》の系統から生まれた。義家の子源義国《よしくに》は新田・足利両氏の祖となり、その子息のうち、義重《よししげ》が新田氏を、義康《よしやす》が足利氏を起こした。

新田氏系図

新田氏を始めたのは源義重ということであり、実際多くの人がこう考えている。南北朝期に洞院公定《とういんきんさだ》が編纂した（後に後補されていく）『尊卑分脈《そんぴぶんみゃく》』でも、新田氏は義重から始まるように作られている。義重の注記には「新田太郎と号す」・「惣じて当流を以て新田一族と号す」とあり、義重の父義国の注記には「新田」の文字はなく、「足利式部大夫と号す」と見える。新田氏は義国ではなく義重から始まる、と認識されているのである。

こうした認識は長楽寺蔵「源氏系図」や新田家蔵「新田岩松系図」でも同様であり（『群馬県史資料編5』所収）、源義国を「式部大夫義国」・「八幡太郎義家之三男式部大夫義国」と記すのに対して、その子義重は「新田大炊助《おおいのすけ》義重」と記される。新田氏は源義重に始まる、とされるのである。新田氏の系図はxvi〜xvii頁のように整理される。

新田氏がこうした系譜にあることは、おおかた認めてよいが、開祖とされる義重の父親である義国と「新田」との関係は検討しておかなければならない。

源義国の位置づけ

新田氏という苗字は「新田郡」（地名）に因むものであるが、源義国は上野国新田郡に深く関与していた。

田中槐堂《かいどう》氏蔵「大般若経」の奥書は、寿永二年（一一八二）十月朔日《ついたち》足利矢《や》田《た》義清《よしきよ》が義国ら三人の人物を供養する旨を記しているが、「上野国新田住式部大夫加賀介従五位下義国」と見える。義国が上野国新田（郡）の住人である、と認識されているのである。また鎌倉後期の作と考えられる『真名本曾我物語』では「三男は式部大夫義国、上野国新田荘に移され給ふ、今の新田源氏と申すはこの人の末なり」（東洋文庫本）と見えて、義国が新田荘に入り、新田源氏の祖となった、と記している。

こうして、鎌倉期の史・資料では、源義国が新田郡（荘）に強く関与し、新田氏の祖となったとの認識も見える。

義国の東国での活動

義国は久安六年（一一五〇）洛中路次で大炊御門右大将（実能《さねよし》）との間に狼藉を起こし、勅勘を受け、「下野国足利別業」に籠居した（『尊卑分脈』）。久安五年以降は下野《しもつけ》足利に引き籠ったのである。

だが、義国の東国での活動は、これ以後に始まったのではない。それ以前も、京と東国の両方に活動の舞台を持ち、それをつなぐ動きをしていた。

源義国の東国での活動は十二世紀初頭に始まる。嘉承元年（一一〇六）六月十日、朝廷では「常陸国合戦」の当事者一方（源義光《よしみつ》・平重幹《しげもと》の党）を「東国司《あずまこくし》」に「召し進すべし」と命じたが、他方の義国は「親父義家朝臣」をして召し進せしむるよう決めた（永昌記）。常陸国での合戦の処遇に関連して、義国の身を京へ召し進めるように決められたのである。義国はこの常陸合戦に関与していたと見てよい。

十二世紀前半は、東国において、国司らの争いが頻発していて、また租税調達・輸送での争いも多い。義国の弟（あるいは甥）である為義《ためよし》の郎等たちが下野・上総《かずさ》などで物資盗取をしていることが史料に散見するが、永久二年（一一一二）には上野国司が「雑物推取」との理由で家綱《いえつな》なる人物を中央政府に訴えた。この家綱が為義の郎等なのか、義国の郎等なのか、両者で相論となり、為義は我が郎等ではないと主張した。しかし院（白河上皇）は為義に付して召し出すよう命じた（『中右記』同年八月十六日条）。この家綱なる人物は、藤姓足利氏に該当する者が見出される（『尊卑分脈』）。また義国から足利・新田両氏が出現することを考慮すると、この家綱（藤姓足利家綱）は義国の郎等である可能性が高い。義国の郎等（藤姓足利家綱）が上野国司に「雑物推取」と訴えられているのであり、義国勢力が足利（下野）・上野に広がっていたことをうかがわせよう。

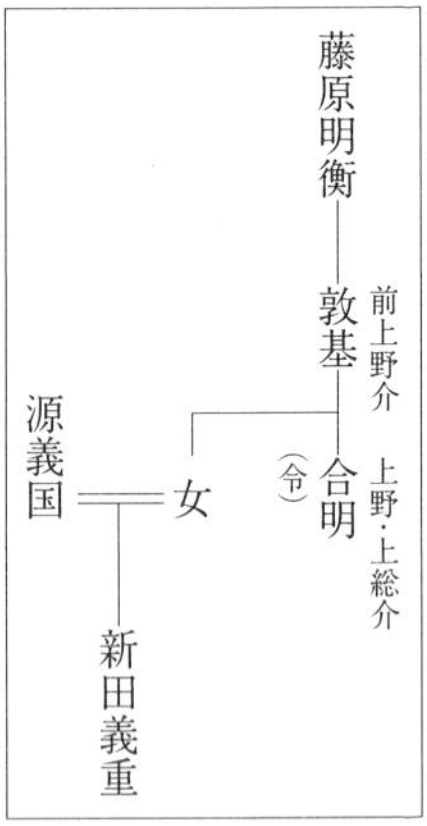

新田義国妻方系図
（『尊卑分脈』より作成）

源義国の妻方

こうした義国勢力の活動と密接に結びつくこととして、義国の妻方の問題がある。義国の妻は藤原敦基《あつもと》の娘であるが、藤原敦基は康和元年（一〇九九）に「上野介」であり（『本朝世紀』）、その子令明《よしあき》（義国には義兄となる）は保安三年（一一二二）上野守（介）であった。十二世紀前半、義国の義父・義兄が上野国司に歴任していたのであり、こうした事情により、義国とその郎等が上野国とその周辺での有利な活動を展開したと思われる。さきの事件は、敦基—令明系とは異なる者が国司に就任して、義国系列の活動を不当なものと訴えたのであろう。

こうした上野・下野での活動があり、これが久安六年勅勘を受けての足利籠居につながったものと見なされる。義国の足利・新田での活動は、したがって、長い期間に及ぶものであり、それが「足利式部大夫」（『尊卑分脈』）とも「上野国新田住式部大夫加賀介従五位下義国」（大般若奥書）とも記される程に、強い関与となっていたものと考えられる。ただその具体的な姿は詳らかでない。義国は久寿二年（一一五五）六月二十六日死去した（六十五歳）、と伝えられる（『尊卑分脈』、鑁阿寺蔵「新田足利両家系図」）。

新田荘下司新田義重

新田氏の苗字となったのは新田郡・新田荘であるが、新田荘は鎌倉前期の史料に金剛心院領であることが確認される（民経記裏文書）。金剛心院は鳥羽法皇の御願寺であり、仁平三年（一一五三）から造営が開始され、翌年八月に落慶供養された。金剛心院造営には藤原家成《いえなり》・家明《いえあき》父子が大きく関与しているが、家成の娘婿の藤原重家がこの時期の上野国司であった。新田荘は、この時期に「金剛心院領」として公認された（立券荘号）、と考えてよかろう。保元二年（一一五七）には源義重を新田荘下司に任ずる文書が出されたが、それは次のようである。

左衛門督家政所下　　上野国新田御庄官等
　補任下司職
　　源義重
右人、依為地主補任下司職如件、御庄官等宜承知、依件用之、敢不可違失、故下、
　保元二年三月八日　　　　　　　　案主官内録菅野
令前中務録山（花押）
（連署六名略す）　　　　　　　　　　　　　　（正木文書）

〔読み下し〕
左衛門督家政所下す　上野国新田御庄官等
　下司職に補任す
　　源義重
右の人、地主たるにより下司職に補任すくだんの如《ごと》し、御庄官等宜しく承知すべし、くだんに依

一りこれを用いよ、敢えて違失すべからず、故に下す、

この文書を発給した左衛門督《さえもんのかみ》家とは藤原忠雅《ただまさ》であるが、その立場は新田荘領家と考えられる。本家が金剛心院として成立した新田荘は、ここで領家藤原忠雅、下司新田義重と、その組織を整えたのである。しかも領家藤原忠雅は、金剛心院造営事業を推進した藤原家成の妹の子である。新田荘は金剛心院領として公的に認定され、成立したのであり、その現地支配者（下司）が源義重であった。

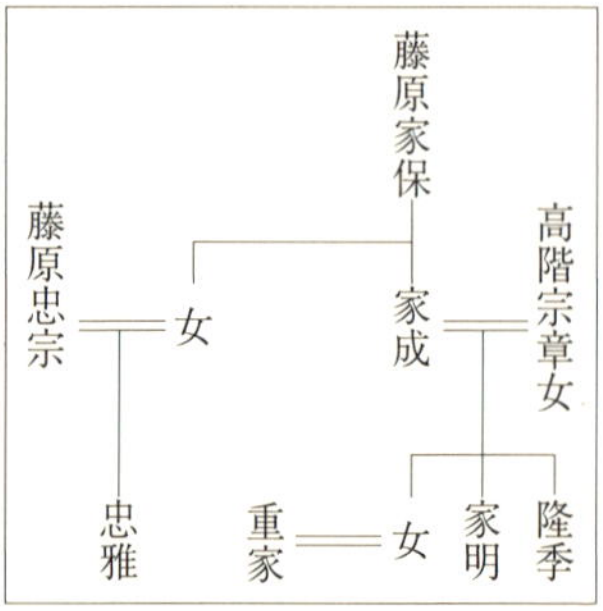

藤原家成・家明系図
（『尊卑分脉』より作成）

源義重は「地主」であるが故に「下司職」に任命されたが、この「地主」を開墾領主のように解釈してはならない。この時期の「地主」という文言を蒐集し整理・検討してみると（五十四例ある）、その地の領主（領有者）として国衙《こくが》から公認された人物であり、一定の利益取得も認められていたことがわかる。義重も国衙から地主として公認されていたと想像される。

上野国における荘園設立の動きは、十二世紀前期（一一一〇年代末）に始まるが（摂関家家司平知信の動き）、荘園公認に結びつくのは一一三〇年代からであり（高山御厨《みくりや》）、多くは一一五〇年代以降である（玉村御厨など）。この動きは、現地での浅間噴火災害からの復興の動きがようやく進みつつあったことと、それを立荘という形に結びつけていく院近臣・国司・荘官の動きが活発化したことの反映で

あった。こうしたなかで、新田荘も金剛心院領として成立し、新田義重がその荘官となった。

新田氏のなかの足利氏

新田義重・足利義康はともに源義国の子であり、それぞれが新田・足利を苗字の地として独立した。だが両者はまったく別個の存在になってしまったのではない。義康の子の一人（義純《よしずみ》）は新田義重に預けられ、養子となった。このことは『尊卑分脈』・鑁阿寺蔵「新田足利両家系図」に認められる。後者には、義康の子義兼が「義純を新田大炊介義重に依頼し居を岩松に卜《ぼく》した」と見える。足利義兼は子息義純養育を新田義重に頼り、居を岩松に占めたというのである。

この義純と新田尼との間に生まれた時兼が岩松氏を興すことになり、新田氏一族のなかには初発から足利系の血筋が入り込んでいたのである（系図参照）。

平賀氏系の包摂

平賀氏は清和源氏義光流であり、佐竹・武田両氏もこの系統から出た。この平賀氏の一員が平安末・鎌倉初期から新田荘に所領を持ち、新田氏や長楽寺と併存していた。

『尊卑分脈』によれば、平賀盛義の子義澄《よしずみ》は「新田判官代」と呼ばれ「新田大炊助義重の子たり」とされている。また同盛義弟実光《さねみつ》の子義隆《よしたか》も「新田判官代」・「義重の子たり」と注記されている。平賀義澄・義隆が新田義重の子（養子）となっていることを示しているが、これを系図資料として片付けるわけにはいかない。

弘安三年、同十年に新田荘内今井・上今井の所領を長楽寺に寄進した源輔村《すけむら》（資村）は平賀氏系金津氏であることが確認されるし（後に述べる）、『吾妻鏡《あずまかがみ》』寛元三年（一二四五）五月九日条には新田荘内米沢村名主職の回復を図ろうとする金津蔵人次郎資成《すけなり》の動きが記されている。金津資成は米沢村名主職回復を幕府に訴えたが、幕府は「文暦御下知」を根拠にして、それを退けている。金津資成は米沢村名主職を失ったのであるが、おそらく新田氏の手中に入ったものであろう。

だが、米沢村名主職を主張する金津資成と今井郷に所領をもつ源（平賀）資成は「資」を通字としており、金津氏が平賀氏の分流であることを考慮すれば、同族であると考えてよかろう。平賀金津氏の系統は鎌倉期に、新田荘内に存続しているのである。さらに長楽寺文書には南北朝期の平賀重光寄進状も見える（康安二年七月三日）。こうした新田荘内金津氏の存在は、平安末期の平賀義澄・義隆らの存在とつながるものであろう。平賀―金津氏は、新田義重との親子関係（養子・縁組）を形成しつつも、独自勢力として存続している。

義重の後継者

新田義重は建仁二年（一二〇二）一月十四日に死去したが、北条政子は「故仁田（新田）入道は源氏の遺老、武家の要須なり、しかるに去る十四日に卒去し、いまだ廿日に及ばざるに御興遊、定めて人の謗りを貽《のこ》さんか」と将軍頼家を叱責した。「源氏の遺老、武家の要須」とは政子が新田家（義重）を評した言葉として重要であるが、これを載せた『吾妻鏡』編纂者（鎌倉幕府中枢部）の認識でもあろう。義重の隠居後には、義重の子息たちが鎌倉に出仕していた。義兼《よしかね》、義季《よしすえ》、義範《よしのり》、義成《よしなり》の四人である（義成だけが孫）。このうち義範は山名氏の祖となり、義成は里見氏を始めた義俊《よしとし》の子である。本拠新田荘の継承者としては義兼・義季であるが、このうち義季の系統からは世良田《せらだ》氏が分立する（義季の子頼氏が世良田氏の初め）、と通説では解釈されている。

義兼は元久二年八月日に幕府から村田郷など十二ヶ郷の地頭職を安堵された（正木文書）。このことは義兼が御家人新田氏を代表する人物であることを示している。いっぽうの義季に対する幕府発給文書は残されていない。義兼・義季は同じ時期に幕府に出仕しており（一一九五年まで）、その後は本宗系の政義が、さらにその後は世良田氏系の頼氏が、それぞれ鎌倉に出仕している（『吾妻鑑』）。これは本宗家と世良田氏が協同して幕府に出仕している状況を示しており、本宗家・世良田氏の両方で御家人新田氏の役を勤めている、と見るべきであろう。

したがって、新田義兼と義季の兄弟は、父義重の存生期に、協同して出仕していたのであり、この時期に世良田氏の独立はない、と考えられよう。

2　新田館と長楽寺

新田館
治承四年（一一八〇）八月平清盛打倒を目的に、伊豆で挙兵した源頼朝は南関東を勢力下におさめ、同年十月には鎌倉を本拠にして、武家政権樹立の道を歩み出した。この内乱開始時には京都で平氏に奉公していた新田義重は、すぐに関東に下向し、上野国寺尾城（高崎市）に拠点をおき、「自立の志」（独自政権樹立）を示したが、やがて同年十二月には鎌倉に出仕し、頼朝に従うところとなった。

だが源頼朝と新田義重の仲はうまくいかなかった。頼朝は政権樹立以来、佐竹隆義《たかよし》・木曾義仲・志田義広《よしひろ》などの源氏の人々を討ち、政治的に没落させている。新田義重も源義家の孫であり、源家全体でも嫡流筋にあたる。こうした人物は頼朝にとって処遇しにくい人物である。寿永元年（一一八二）七月十四日、新田義重は頼朝の勘気を被った。頼朝が義重息女（かつての源義平《よしひら》妻）に思いを寄せ「艶書」を送ってきていたので、義重は北条政子を憚って息女を師六郎《そちろくろう》に嫁がせてしまった（『吾妻鏡』）。これが勘気を被った事情であるが、これにより義重は鎌倉を去り、本拠地たる上野国新田荘に籠ったのである。

それから約十年後、建久四年（一一九三）四月二十八日、源頼朝は那須狩の帰りに、上野国にまわり、「式部大夫入道上西新田館」にて遊覧したという（『吾妻鏡』）。鎌倉に樹立した政権を国家公権のなかに認めさせ（文治元年の勅許）、奥州藤原氏討伐後の上洛（建久元年）で権大納言・右近衛大将を拝賀していた頼朝は、後白河法皇死去一年を経て、この年（建久四年）東国の境（三原・那須・富士）にて大規模な巻狩《まきがり》を挙行して、自らの「国土」を創出する政治行動を展開していた。この那須狩から鎌倉に戻る途中で「新田館」にわざわざ寄り、義重とともに「遊覧」の時空《じくう》（時と場）を持ったのである。これは義重をなぐさめるとともに、もはや競争者ではない自己の姿を見せつけるものであった。

ところでこの「新田館」とは、新田郡のどこにあったのだろうか。新田義重の本拠とした館の所在地である。これを戦乱期に義重が籠った「上野国寺尾館」を「寺井」の誤記と見て、新田荘寺井とする考えがあるが妥当ではない。「上野国寺尾館」は現高崎市寺尾に比定すべきであるが、もしこれが寺井の誤記であるとしても、戦乱期に籠った城館とこの新田館を同一とは考えにくい。

また新田義重の本拠たる館（屋敷）を、「大源氏屋敷」の通称地名が残り、新田氏累代の墓が残る新田郡別所円福寺に求める考え方もあるが、これにも賛成できない。新田氏累代の墓は、その石塔が鎌倉末期からのものであり、しかもここに集められた可能性が高い。また通称地名「大源氏屋敷」は義重時代に関連するとは限らず、南北朝以降の岩松氏との関連を想定する方が妥当であろう。

私は以下の理由から、新田義重の館（新田館）は世良田・今井にあった、と考えている。今井は、現在地名「西今井」を上今井の残映として現地比定されてきたが、これは検討を要する。日光山輪王寺応永三年十月十八日の一日頓写大般若経の奥書には「上野国新田庄今居千手堂如意山普門寺圓頓法界院」とあり、今居（今井）に普門寺があったと確認できる。普門寺は世良田の東に接してあり、そこが今井（今井の一部分）なのである。また、江戸時代の世良田郷絵図には、「今井」は現長楽寺と惣持寺の間に注記されている。つまり世良田の北側に今井が接していたのである。さらに通称地名は世良田の東を南下する「ナメラ堀」に沿って「今井」・「下今井」が分布している。したがって、世良田の北・東を回るように今井が位置していたのである。

こうしてみると、惣持寺は今井に所在したことになるが、しかも新田館の伝承をもつ。また、惣持寺近くには義重息女の夫（源義平）をまつる義平山清泉寺がある。また義重の養子となった平賀義澄・義隆の後継者たる金津資村の屋敷も今井にある（後述）。さらに新田氏本宗家（義兼系）から分立した大館氏の屋館地（大館）も近い（世良田南東にある）。また新田一族の氏寺たる長楽寺は世良田にある。

こうして、新田一族・本宗系は世良田・今井を中心にして分布しているのであり、新田義重の館はこの一帯のどこかにあった、と考える。その中のどこか、といえば、伝承の残る惣持寺をあげておきたい。

長楽寺の建立

新田義重の子のうち、義季は長楽寺を建立した。文永九年十一月十八日院豪置文《いんごうおきぶみ》には「世良田地頭御建立長楽寺」の文言が見えており、長楽寺が世良田地頭によって建立されたことがうかがわれる。さらに観応三年三月十一日長楽寺に領注文には「開山檀那新田次郎義季法名栄勇」と見えて、新田義季（法名栄勇）が開山檀那であることを明示している。

新田義季は、「世良田地頭」と言われるところから判断して、世良田郷を譲られたのであろう。その世良田郷に長楽寺を建立したのであるが、その落成は承久三年（一二二一）九月二八日と伝える（「長楽寺記」）。

頼朝が権力の座にあった時期、義季は兄義兼とともに鎌倉にて奉公していたが、やがて幕府奉公の史料は見えなくなる（義兼も同様）。兄弟二人、新田に隠栖していたのであろうが、承久三年には長楽寺を建立したのである。ただ、義季は世良田家を興していたわけではなく、新田家の一人として長楽寺を建立したのである（あるいは兄義兼は死去しており、それゆえに義季が長楽寺開基となった、とも考えられる）。

住持として招いたのは栄朝《えいちょう》である。栄朝は禅をもたらした栄西の弟子であり、顕・密をも修していた。長楽寺に入った栄朝が当面したのは、世良田・新田荘を含む一帯の宗教的環境である。無住《むじゅう》の著した『沙石集《しゃせきしゅう》』には、栄朝が長楽寺にて「或時」聞いた「説戒ノ座」の様子が描かれている。「聴衆殊ニ多カリケル」なかに山伏がいるのを見た栄朝は、山伏の行状一般を非難した。聴衆には僧もいたが、彼らは「山伏とはもともとそのように荒々しいもので、今さら言ってもどうしようもない」と嘆いたが、当の山伏は栄朝の戒説に感じ入り、侍者として仕えるようになった、という。

栄朝の山伏非難の言説は次の通りである。「只髪ヲ剃リ、衣ヲ染タル計《ばかり》ニテ、戒ト云事モ不レ知、三衣一鉢ノ功徳ニモ不及、受戒ストハイヘドモ、戒儀モ不レ知不レ守、ナマジイニ法師トハ名《なずけ》テ、布施ヲトリ、供養ヲウケナガラ、不可思議ノ異類・異形ノ法師、国ニミチテ、仏弟子ノ名ヲケガシ一戒モ不レ持、或妻子ヲ帯シ、或ハ兵杖ヲヨコタヘ、狩リ漁《すなど》リヲシ、合戦・殺害ヲスコシモ不レ憚」。法師とは名ばかりで、戒を受けていても戒を知らず守らず、布施・供養を受け取りながら、異類・異形の姿にて狩猟・合戦をしている。こうした半僧形・半武者の山伏が、長楽寺の説戒の場に来ていたのである。栄朝の法話には「近国ノ道俗市ヲナシテ聴聞」していたとのことであるから、こうした山伏の聴聞もあった。

赤城《あかぎ》山は修験系霊場であり、南麓には平安末期には真言密教系の金剛寺も開かれている（『吾妻鏡』）。修験・山伏の影響の強い一帯であり、そこで生活する僧たちは山伏と妥協する姿勢にあった。栄朝の山伏非難を白けた態度で聞いている僧たちにも、その傾向がうかがわれよう。

長楽寺の「明仙長老」（第二世朗誉か）のもとに「仏法物語」に通っていたという「上野ノ国山上ト

云所」の「行仙房《ぎょうせんぼう》」も、「説法モ強《あながち》ニ請ズル人アレバ、時ニノゾミテ不思議ナル小衣、ハギダカニキテ、木切刀コシニサシナガラ、説法シナンドシテ、布施ハスレバ制スル事モナク、用ヰル事モナシ」と描かれている（『沙石集』巻十末）。その姿は、栄朝が非難する山伏に近く、半山伏・半僧と見なされる。

長楽寺が開かれた新田荘世良田は、赤城山南麓の裾野の末端に位置するが、赤城南麓はこのような修験系・密教系仏教が展開していた。平安後期に赤城南麓に広がった秀郷系藤原一族の武者勢力は、こうした宗教的環境のなかに埋没していたと考えられるが、鎌倉御家人となった新田氏は鎌倉系仏教をこの地にもたらしたのであった。だがこうした宗教的軋轢は急に解消されたとは思われず、新田一族の人々もこのなかであえいでいた、と思われる。

住持院豪

正嘉二年（一二五八）、一翁院豪が長楽寺住持として入寺した（第三世）。彼は栄朝から台密を受け阿闍梨《あじゃり》の位にあったが、兀庵普寧《ごったんふねい》の下に赴き、修行し、さらに弘安二年（一二七九）には無学祖元のもとに参じ修行して得悟したという（弘安四年死去）。長楽寺での禅については純粋禅としては考えられないとの評価もあるが、彼は兀庵・無学を招いた鎌倉北条氏に親しい人物である。

長楽寺では、この院豪住持の時代、寺領が成立する。それ以前にも、武蔵中条保内田一町（建長四年〔一二五二〕、藤原時家寄進）、新田荘内女塚《おなづか》村（寛元四年〔一二四六〕、沙弥栄勇寄進）が寄進されているが、わずかであった。それが院豪の時代になると、上江田堂垣内田七町地頭得分（故田中殿寄進）、それに付加して尼浄院の田・在家寄進が見られ（健治三年十二月廿三日寄進状）、さらに「今井堀内御堂地」を源資村（金津氏）が寄進している（弘安三年二月十二日寄進状）。

いっぽうで院豪は寺域を確保し、寺地支配を強化した。文永九年には「庵室所寺大脇北脇二戸主半」は「長楽寺内敷地内」に所在する地であると判断し、それを「院豪の計い」として、淵名庄政所黒沼太郎に沙汰させた。この庵室所も大門北脇にあり、門前支配の強化であるが、さらに「世良田宿在家日記」（世良田宿の在家目録）を作成し、その門前宿在家支配を制度化した。

これらの動きは、院豪自らが「仏法興行」のためのものであるといい（置文、文永九年）、長老などの個別地所支配を一元化するものであった。院豪が手を結んだ渕名荘政所黒沼太郎は後にその一族が得宗被官として見えるが、時宗二祖他阿《たあ》と結びつきを持つ武蔵住人黒沼太郎四郎入道（二祖上人詠歌、『時宗宗典』）も同族であろう。北条氏と結びつきの強い黒沼氏と院豪は連携しているのである。

こうして長楽寺は、住持院豪の時期、北条氏被官勢力との接近が見られるようになり、それだけ新田氏からは疎いものになっていった。こうした傾向が鎌倉末期にむかって一層進んだと見られる。

金津氏の所領

平賀金津氏は新田荘内では米沢村にもかつて所領を持っていたが（前述）、その中心的所領は今井（上今井）郷であった。弘安三年二月十二日源輔村《すけむら》は「今井堀内御堂地」を長楽寺に寄進しているが、この源輔村は平賀金津資村であり、この寄進状を院豪は「金津殿寄進状」と呼んでいる（文書目録）。その寄進地たる「今井堀内御堂地」とは今井に所在する「堀内御堂地」の意味であるが、堀内御堂とは金津氏が堀内に設けた堂舎であり、それの地を長楽寺（院豪）

に寄進したのである。

この「今井」とは、簡単に前述したように、長楽寺北東周囲に広がる地であり、この寄進状により長楽寺は隣接した堂地を得て寺域を広げた、と見られる。

さらに源（金津）資村（輔村）は弘安十年に「上今井内道忍跡屋敷堀内」を「世良田長楽寺」に寄進しているが、この「上今井道忍跡」も長楽寺隣接地と推定できる。

このように、長楽寺は弘安年間に、隣接地へ寺域を拡大したのである。あるいは、この時に、明確な寺域を持つようになったとも言える。

平賀重光は康安二年（一三六二）に「上今井郷内」の所領を長楽寺正伝庵に寄進しているが、それは「祖父平賀六郎義資任備後守出家法名了川菩提料所」とするためであった（長楽寺文書）。平賀重光の祖父とは鎌倉後末期にさかのぼると考えられる人物であり、新田荘上今井に拠点を持っていたと見られる。さきに検討した源（平賀）資村の一世代後の人物と見られる（資村の子か）。

3　岩松氏の台頭

岩松氏所領の形成

岩松氏は新田氏（本宗家）から分かれた家筋で、南北朝・室町期を生き抜いた。戦国期には横瀬（由良）氏に倒されるものの、いわば新田氏を鎌倉期から戦国期までつないだ存在であり、南北朝期に没落する新田本宗家との違いが際立つ。

この岩松氏が新田一族内で独立的地位を築くのが鎌倉前期であり、鎌倉後期には新田氏全体を代表する存在となる。

岩松氏は時兼《ときかね》から始まるが、時兼は新田義兼娘と足利義純《よしずみ》との間に生まれた。足利の血筋が入った新田一族なのである。岩松時兼は十三世紀前半に自己の所領を持ち、幕府から安堵されたが、それには祖母（新田義兼妻）の支援があった。

建保三年（一二一五）三月二十二日、幕府は新田荘内十二ヶ郷（田嶋郷・村田郷・高嶋郷・成墓塚・二児塚郷・上堀口郷・千歳郷・籔塚郷・田部賀井《たべがい》郷・小嶋郷・米沢郷・上今井郷）の地頭職に源（新田岩松）時兼を補任したが、その根拠となった文書は「蔵人義兼後家所進注文」であった（正木文書）。新田義兼後家（時兼祖母）が幕府に提出した「注文」にもとづいて、十二ヶ郷地頭職に補任されたのである。ただこの「注文」は残っておらず、どのようなものか分からない。

新田岩松時兼の十二ヶ郷地頭職補任に尽力した義兼後家は、自身も、建保三年三月二十二日に新田荘内岩松・下今井・田中三ヶ郷地頭職に補任された（正木文書）。時兼と同時に自身も地頭職（三ヶ郷）を得たのである。こちらの根拠となった文書は「夫義兼譲状」である。つまり、新田義兼後家は、夫からの譲状にもとづいて自身は三ヶ郷地頭職となり、自らの提出した「注文」により孫時兼を十二ヶ郷地頭職にしたのである。したがって、その「注文」も「夫義兼譲状」に近いものと推定され、十二ヶ郷に対する義兼の潜在的領有権が予想される。

また嘉禄二年（一二二六）九月十五日、源（新田岩松）時兼は新田荘内岩松郷地頭職に補任されたが、それも「祖母尼貞応三年改元元仁正月廿九日譲」にもとづくものであった（正木文書）。「祖母尼」とは義兼後家を指すのであり、ここでも時兼への支援がみとめられる。この「祖母尼貞応三年改元元仁正月廿九日譲」は残存している（正木文書）。この譲状は「上野国新田御庄やしき岩松郷并春原庄内万吉郷」を譲ったものだが、「にたのあま」と署判している。新田尼（義兼後家）は「やしき」である岩松郷を時兼に譲ったのである。「やしき」と表記されているから、新田尼（義兼妻）の住郷であり、館があったと考えてよかろう。こうした居館は、尼が独自に所有していたとは考えにくいから、夫義兼から譲られたものと思われ、義兼居館のひとつであったろう。

その岩松郷に地頭職が設定されたのは、この嘉禄二年の時兼地頭職補任からであり、ここで源時兼は「やしき」（館）のある岩松郷の地頭となった。岩松氏の分立はこの時からと考えてよかろう。こうして岩松氏は義兼後家（新田尼）の後援により成立したのである。

義兼後家（新田尼）は、どうして岩松郷などを本宗家（新田義房―政義）に譲らなかったのであろうか。本宗家の義房は系図に「親に先だち死去」と見えて（長楽寺所蔵系図）、この時点では死去していたとも思われる。義房の次世代は政義であるが、『吾妻鏡』初見記事は嘉禄三年（一二二七）四月十九日であり、義兼後家が岩松時兼に所領を譲った建保三年・嘉禄三年段階ではいまだ幼年であったことと想像できる。このような事情から、義兼妻（新田尼）は新田（岩松）時兼に自身の所領の大半を譲り、その地頭職となさしめた、と考えられよう。

政義《まさよし》は本宗家の人物であるが、古文書の上には顔を出さない。したがって、どの郷の地頭職に就いていたか、不明である。ただ『吾妻鏡』にはいくつか記事が見える。

新田政義の自由出家

仁治二年（一二四一）四月二十九日、幕府は囚人逐電につき「預人」の罪科をみとめ、「過怠料」（罰金）を課し、それを大仏殿（鎌倉）造営費用に宛てた。この時、新田太郎政義は三千疋、毛呂《もろ》五郎入道蓮光は五千疋を弁償させられた（『吾妻鏡』）。三千疋（三十貫文）は米三十石の値であり、毛呂蓮光の過料よりは少ないが、相当大きな負担であった。これだけの過料を負担できるのは、政義が新田氏惣領の位置にいたからであろう。

寛元二年（一二四四）六月十七日、幕府（評定衆）は新田太郎（政義）の「所領召放」を決めた。新田政義は大番役勤仕のため在京していたところ、「所労と称し俄《にわか》に出家」してしまった。しかも六波羅探題や大番役指揮者（上野国守護安達義景の子息泰盛）に何の連絡もしていなかった。幕府は「定め置かれる法に任せて所領を召し放さるべし」と決めたので（同前）、新田政義の所領は幕府に没収されてしまったのである。

政義の出家は突然であった。在京中のことであり、高僧に出会ったのであろうか。また、没収された所領はどう扱われたであろうか。「新田実城応永記」（もと別所円福寺蔵、『根本史料』所収）には、政義は「仁和寺の御堂へ参詣し落飾・受戒」したこと、没収された所領は「寛恕の沙汰」となり、「一族近親を以て代官として、よし季《すえ》と遠江《とうとおみ》太郎時兼の老母とに領家職半分宛領たまひける」という処置となった。所領は新田義季と岩松時兼老母（時兼祖母か）に半分ずつ委ねられたという。ここには本宗家所領が世良田氏と岩松氏に分有されていく様子がうかがわれる。

また、政義は仁和寺（御堂）に参詣し、出家したとのことであるが、仁和寺は真言宗の古刹である。政義は「円福寺殿」とも言われており（上州新田雑記）、出家後は円福寺に入ったと見られるが、円福寺も真言の寺であり、文明年間には「真言秘書」が書写されている（同前）。円福寺のある由良郷は南北朝期以降岩松氏所領として史料上に見えるが、政義所領没収―岩松氏預置により、やがて岩松氏領となったと考えられる。政義は出家後、故郷に戻り、岩松氏領となった由良郷に入り、円福寺で僧として生活したのである。由良郷別所円福寺には「新田氏累代の墓」と言われる石塔類が立っているが、これらは政義の円福寺入寺以降のものであり、鎌倉後期以降の墓所である。

「新田実城応永記」も、新田政義はこの事件により「世良田郷の居館」を退居し、「由良郷別所に蟄居したまふ」と記すが、当を得ていよう。

世良田頼氏の流罪

政義の後、幕府に出仕したのは新田三河守頼氏《よりうじ》である。『吾妻鏡』初見は寛元二年八月十五日であり、政義の自由出家処罰（同年六月十七日）の二カ月後である。頼氏は、政義に代わる人物として、新田氏を代表して幕府に出仕していたと見てよかろう。

新田（世良田）頼氏の幕府奉公は、『吾妻鏡』では寛元二年八月十五日に始まり、弘長三年八月八日まで続く。この間、ほぼ毎年の記事が見られるが、一月幕府椀飯《おうばん》、八月鶴岡放生会《ほうじょうえ》に関わるものが多く、鎌倉に住んで、出仕していたと思われる。この間廂番《ひさしばん》衆などに抜擢され、将軍の近くにも仕えたのであるが、文永九年の事件にからんで失脚した。
長楽寺蔵の源氏系図には、頼氏の注記に「文永九月《(ママ)》被勘気流罪佐渡畢」と見える。文永九年に「勘気」を被り、佐渡に流罪されたのである。

文永九年二月、幕府では北条氏内の政治対立が表面化し、大事件となった。執権北条時宗は六波羅探題（南方）の北条時輔《ときすけ》（時宗の庶兄）に叛逆の企てがあるとして、同じ六波羅探題（北方）の北条義《よし》宗《むね》に命じて時輔を殺害した。時輔は、権勢のある北条時頼の長子であったが、正室の子ではなく、時宗の下位に甘んじていた。それが、蒙古襲来の緊張感の高まるなかで、しかも在京の六波羅探題ということにより、いっそう自己顕示欲をかきたてた。これが対立激化の要因であるが、この事件により北条時輔が殺害されたほか、一時は有力者の名越時章《なごえときあき》・教時《のりとき》兄弟にも嫌疑がかかったという。

世良田頼氏の佐渡流罪も、これに連坐したものであろう。頼氏は北条一族大仏《おさらぎ》氏の時直娘を妻としていて（「北条系図」、『続群書類従』）、北条氏内部の争いに巻き込まれやすかった、とも見られる。相模の佐原盛信《もりのぶ》・同広明《ひろあき》もこの事件により、あるいは自殺し、あるいは出家している。佐原盛信は「北条時輔縁者」（『系図纂要』、佐原）であることが知られており、世良田頼氏にももう少し深い事情があったかもしれない。

世良田頼有、岩松経兼子息に所領を譲る

世良田頼氏の兄頼有（源頼有）は、文永五年五月三十日、新田荘内得川郷・横瀬郷・下江田村などを亀王丸（後の政経）に譲った。その譲状（正木文書）によれば、頼有はこれらの所領をいったん「女子源氏」に譲ったが、安堵下文とともに、「ま

こかめわう丸」（孫亀王丸）が「源氏のしそくたるあひた、これをやうしとしてちゃくしにたて」て、御下文・手継文書をそえて譲ることとした。

譲りを受けた亀王丸は源（世良田）頼有の孫であり、系図類との対比により、後の岩松政経《まさつね》に同定できる。世良田頼有はいったん娘に譲っていた所領を召し返して、その娘の子（頼有の孫）に与えたのである。こうした措置をしないで娘に与えておけば、やがてその子（亀王丸）にも伝領されるであろうが、そうしないで、あえてこの時点で孫亀王丸を嫡子として譲ったのである。

この背景には、何か特別な事情が予想されるが、所領を与える側の頼有は、被譲渡者たる亀王丸を「かの源氏のしそくたるあひた」と言っている。亀王丸の実父は岩松経兼であるが、それを重視したのであろう。亀王丸に所領を付属し、岩松経兼の庇護下に入れようとしたのである。

これほど世良田頼有が思いつめたのには何か事情があろう。あるいは年紀の「文永五年」は文永九年の誤写ではなかろうか。「正木文書」は全体が写しであるが、「九」を「五」と写し違えることはある。文永九年ならば、二月に世良田頼氏が佐渡に流罪となる事件が起こっており、その連坐で自分の所領に影響があることを恐れて、亀王丸（岩松経兼子息、頼有孫）を養子とし嫡子に立て、譲ったものと想定できよう。

岩松経兼・政経、鎌倉に出仕する

その岩松経兼《つねかね》の幕府出仕は『吾妻鏡』には見えない。現存『吾妻鏡』が基本的には弘長三年で終わり、文永二・三年の記事が断片的に見えるだけであるから、岩松経兼関係の記事がないのは当然であろう。経兼の幕府出仕は、おそらく、世良田頼氏没落後、文永九年三月以降であろう。

だが、岩松経兼の鎌倉出仕を傍証する史料がある。経兼は父時兼から継承した所領のうち、新田荘内三ヶ郷などを弘安元年十月三日、「太郎政経」に譲った（正木文書）。その所領は次の通りである。

㋐　上野国新田荘内　田嶋郷・岩松郷・千歳郷・高嶋郷・金井村
㋑　武蔵国万吉郷
㋒　陸奥国千倉荘（草野を加える）
㋓　下総国相馬御厨内野毛崎村
㋔　鎌倉甘縄地
㋕　和泉国五ヶ畑
㋖　阿波国生夷庄

これらのうち、㋓は岩松時兼が下総《しもうさ》相馬能胤の娘（土用御前）と結婚したため、岩松氏所領群に入った。これを政経に譲るのであろうが、女房に一期間知行させる旨が譲状に明記されている。また㋑・㋖は岩松時兼が宝治二年八月八日にはいったん女房に譲っていて、これを死後回復したものであろうが、どのような経緯で岩松氏所領群に入ったかは不明である。㋒・㋕も同様に、経緯は不明。

㋔（鎌倉甘縄《あまなわ》地）は岩松経兼が鎌倉に屋敷地を持っていることを示しており、岩松経兼の鎌倉居住・幕府出仕をも知らせてくれる。経兼は世良田頼氏流罪後に、新田氏を代表して、幕府に出仕していたのであろう。そしてこの土地を太郎政経が譲りうけることは、彼が経兼を継承して、幕府出仕することをも約束するものである。

この弘安元年の経兼譲状は、所領を太郎政経に譲ることとし、政経には「惣領主」として公事（課役）を配分すべきこと、さらに女房・女子二人・他一人に政経の計らいで一期知行として所領を与えるよう、命じている。経兼は「太郎政経」を「惣領主」に指命しているのであり、この譲状はそれを約束している。

岩松経兼は「鎌倉甘縄地」に住み、幕府奉公の経験を積み、鎌倉番役などの課役負担の苦心を味わってきたのであり、それを継承者（政経）に覚悟させようともしている。新田氏全体を代表した幕府奉公は、こうして鎌倉後期では本宗家にかわって岩松氏が果たしていた。

用水相論

岩松政経は経兼の後継者として鎌倉に出仕していたと見られるが、岩松郷も継承して、住郷としていた。政経は法名を「本空」といい、「青蓮寺殿」と諡されている（長楽寺蔵系図）。青蓮寺は現在も岩松に残っているが、建立当初は律宗であり、室町期には時宗となった。寺伝では建立者は源義国であるが、「青蓮寺殿」とされる岩松政経は中興開山と言えようか。政経の青蓮寺への支援は相当なものであったろうが、その時に時宗化したのかもしれない。

政経が父経兼から譲られた新田荘内所領の一つに田嶋郷があるが、その用水をめぐって、鎌倉末期に新田一族内の相論が起こった。相論は幕府に持ちこまれ、元亨二年（一三二二）十月二十七日に裁許が出された（正木文書）。田嶋郷領主代官（堯海）は、田嶋郷は一井郷沼水を受けて耕作するのが往古からの慣例であるのに、一井郷を知行する新田二郎（大館）宗氏がその用水を打ち塞いだ、と訴えたのである。一井郷は大間々扇状地扇端に分布する湧水地帯に位置し、そこには湧水地が点在している。その「沼水」（湧水）は一井郷を灌漑するのであるが、その余流は流れ下って、他郷の用水にもなっていた。田嶋郷も一井郷の流下にある。現地を歩いてみると、一井の「重殿」湧水が田嶋郷の用水になっている様子を知ることができる。

訴えられた新田二郎宗氏は「打ち塞いではいない」と主張したが、田嶋郷代官の強い要望により、幕府は「（用水は）先例に任せて引き通すよう」下知状を出したのである。

この時代、幕府に出訴された相論が、中途で和解することは往々に見られるが、この場合、示談とはならず、堯海に下知状が下された。訴えられた新田二郎宗氏も、この用水を打ち塞いでいないと言っているが、それは田嶋郷に通すのが慣例だと納得していることを示している。両者が現地に臨んで通すようにすればいいのであるが、それでも田嶋郷代官堯海は下知状発給を求めた。

堯海は「新田下野太郎入道《（政経）》々海代堯海」と書かれるように、岩松政経代官である。新田岩松政経は自己の力を表面化し、誇示できる文書を求めたものと思われる。敗れた新田二郎宗氏は、諸系図類に、新田本宗家の人物として見え、元弘三年鎌倉攻めの際稲村崎にて討死した新田（大館）宗氏である。大館を苗字とするが、これは新田荘内の郷名であり、大館郷は安養寺（新田義貞の諡）の真南に位置する。

この下知状は、本宗系大館宗氏に勝訴した旨を記し、岩松政経を宛所とするのであり、新田岩松文書（岩松家相伝文書）の核心となっている。新田一族は、鎌倉初期以来、新田・山名・里見が協同して御家人役を勤めることが多く、また新田家内では本宗家・世良田氏・岩松氏が交替して幕府奉公してきたが、ここに来て、岩松氏優位の秩序が出来上りつつあった。元亨二年幕府裁許状発給はそのことを象徴している。

第二章　長楽寺再興の政治ドラマ

1　世良田宿

「世良田宿在家日記」

長楽寺住持（第三世）院豪《いんごう》が弘安四年（一二八一）に記した文書目録のなかに「世良田宿在家日記」がある。この目録に記された文書九点は所領寄進状・譲状・安堵状であり、この時点での長楽寺の所領全体を表記している。このなかに「世良田宿在家日記」も含まれているのである。

「在家日記」とは在家の目録であり、在家が何宇（何軒）あり、そこからの地子（地代）が合計何貫文であるか、書き上げたものと想像できる。この在家日記（目録）を長楽寺住持が書き置きしているのであり、この在家からの収入が長楽寺に入ることを示している。

この「世良田宿在家日記」は残念ながら残存していない（原本・写本も）。ただ長楽寺住持院豪は弘安三年には長楽寺住持を退き塔頭《たっちゅう》正伝庵に住していたと思われ、この文書目録は次世住持（元空）に与えたものと思われる。つまり、長楽寺住持が代々相伝すべき文書群のなかに「世良田宿在家日記」もあり、それだけに重要なものであった。

「世良田宿在家日記」の「世良田宿」とは、後述するように、長楽寺門前に形成された宿であった。長楽寺域の現景観や「世良田郷絵図」（写、弘化二年、粕川成一氏所蔵）をもとにして、鎌倉時代の長楽寺を想定してみると、本堂・三仏堂は東向きである。本堂―勅使門―（南）大門が西から東に直線上に連なっている。したがって、長楽寺の正面門は絵図上の南大門に該当する。南大門周辺は現在では寺域でなくなっているが、閻魔堂などが一部残っている。

この大門（南大門）には、周辺からの道が集まる。東の岩松（尾島町）方面からの道、南西の平塚・武蔵方面からの道、北西の渕名・上野国中央部からの道、これらがこの大門に集まっているのであり、長楽寺門前とはこの一帯でなければならない。後述のように、門前の宿（世良田宿）は、淵名方面からの道が長楽寺大門に接するところに開かれていた。

世良田の宿と市

この世良田宿は世良田郷と中今井郷の境界に、両郷にまたがるように形成されていた。徳治二年（一三〇七）に畠を売却した源成経《なりつね》（新田一族か）は、その畠の所在地を「上野国新田しやう中いま井のかうのうち、せらたすくのきたにほりこめのうち」と表現している。つまり畠の所在地を、

中今井郷内　㋐
世良田宿北堀籠内　㋑

と表記している。この㋐と㋑を連続した表記と解釈すると、世良田宿は中今井郷のなかに存在することになる。㋐と㋑は、一つの物件を別の角度から表記したものと解釈すると、世良田宿は中今井郷に接した一帯となる。後者の解釈の場合は、世良田宿を世良田郷内に形成されたとする認識が前提にある。前者の解釈をとった場合は、世良田宿は中今井郷内に所在することになるが、それでも世良田郷内にも世良田宿は存在したとも解釈できて、この場合は中今井郷・世良田郷の両方にまたがって宿が形成されていることになる。いずれにしても、世良田・中今井の境界地帯に形成されていたと理解できる。

この世良田宿は、「せらたすくきたにほりこめのうち」との表記に見られるように、堀籠を持っていた。堀籠とは堀によって作られた区画であるから、世良田宿には堀が造成されていたことが読み取れる。現地を歩くと、世良田宿を外堀のように貫通する堀があり、「ナメラ堀」と言われている。「ナメラ」は「滑ら」であり、常時、水が流れていたことを意味する。宿の経営には水路・水が不可欠であることを想起すれば、この堀が人意的に造成されたものと解釈できる。世良田宿は開発の手が入っていたのである。

源成経は売却畠の所在地を「世良田宿四日市場北並堀籠内」とも表記しており、世良田宿には「四

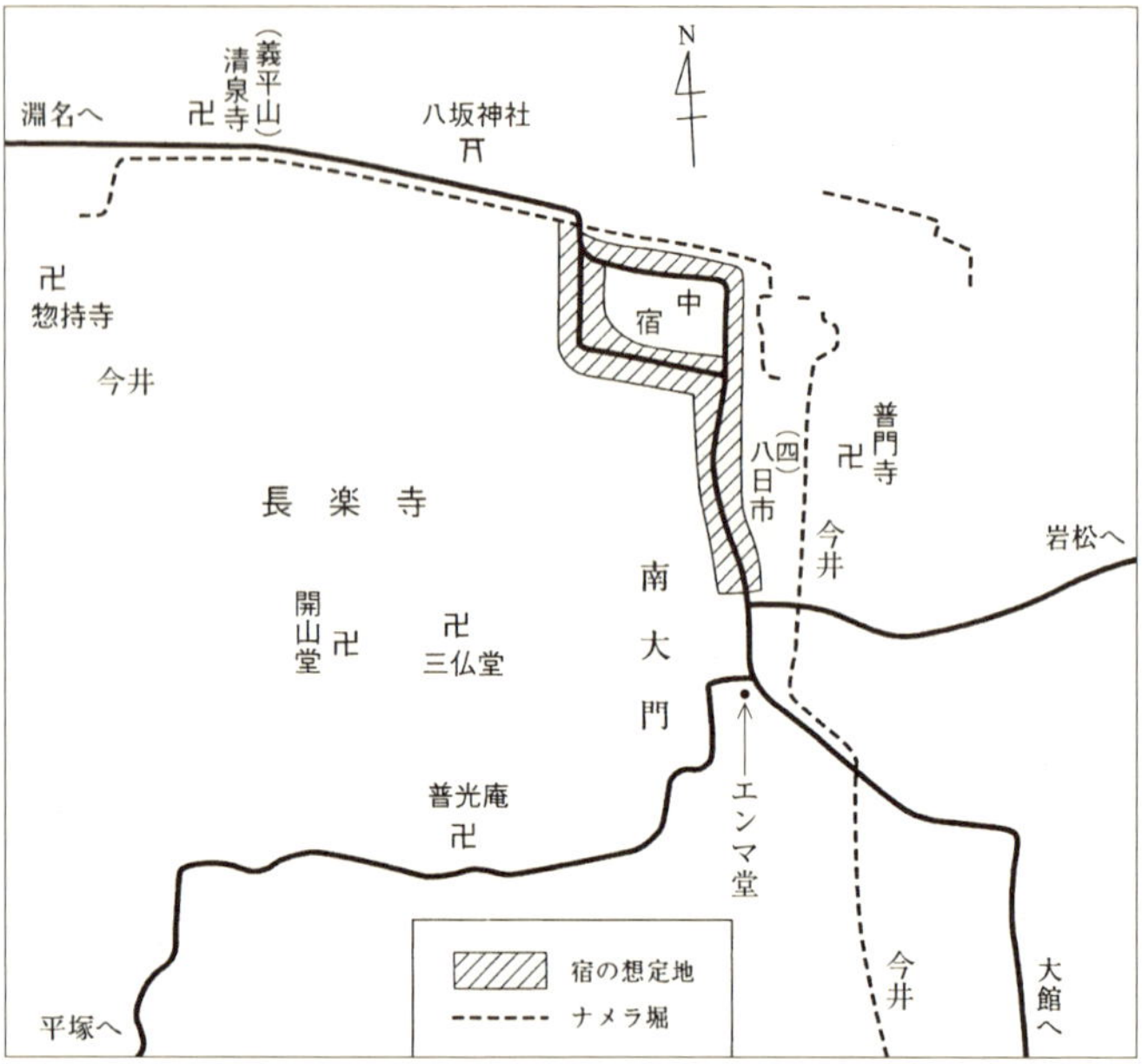

長楽寺門前世良田の宿・市復元図（作成山本隆志）

日市」が開かれていたことを示している。四日市はいわゆる六斎市《ろくさいいち》であるが、このように地名表記に使用されていて、市庭開設の場所が固定しているのである。現地に「四日市」の地名は残らないが、「八日市」の地字が残る。場所は南大門に近く、淵名道沿いにある。したがって、地字「八日市」は「四日市」が訛化して地名化したものと考えてよかろう。

渕名方面から長楽寺南大門に到る道沿いには、このほか、周辺に「中宿町」の地名が残り、また八坂神社もあり、宿・市の発達した場所にふさわしい景観となっている（略図参照）。

世良田の経衆

徳治元年（一三〇六）、僧覚源禅師は、越後から鎌倉へ向かう途中、世良田宿で宿泊した。覚源は世良田の人々が行っている「読誦書写之法会」（経典を書写・読誦法会）に加わることになったが、その様子は「年譜」（禅林僧伝三）によれば、「そこより鎌倉に赴く、上野国世羅〔良〕田之門前に一宿す、亭主問て云く、御僧如何なる会裡か、答て云く、寿福寺林叟和尚の小弟也、亭主云く、明匠承聞くなり、主人云く、爰に読誦書写之法会あり、其衆一人欠く、御僧如何、師曰く、浮雲流水身、ただ自然のみ、亭主喜悦之眉を開く、即ち結衆たり、法事過ぎ了んぬ、嚫《しん》〔嚫〕金一緡《きんひとびん》を受く、寿福寺に帰る」というものであった。師（覚源）と亭主・主人（亭主と主人は別人）とのやりとりが見えるが、宿泊させた亭主は覚源に「どのような法流の僧か」と問い、覚源が「寿福寺林叟の弟子」と答えると、主人が「ここでは経典読誦書写の法会を行っているが、一人欠員が生じた、どうか仲間に入らないか」と覚源をさそうと、覚源は「浮雲流水の身であり、自然のままに」と、加わることになった。亭主は喜び、覚源は「結衆」となり、法事が終わると一緡（一貫文）の銭を受けとり、寿福寺に帰ったのである。

覚源が参加した「読誦書写之法会」は、宿を提供した「亭主」や「主人」が「結衆」して営まれている。人数に不足が生じると、力量のある僧ならば雇い入れて、法会を挙行している。彼らは「世羅田門前」の人々である。

この人々は「覚源年譜」の別本（定光寺所蔵）では次のように記されている。

又越後ヲ立テ鎌倉ニ赴給、上総〔上野〕国セラタノ門前ニ宿ヲ借ル、サブライカマシキ人ノ所一宿セラル、彼躰（亭）主申ケルハ、若僧ハ経ヲ読誦書写セラル候カ、経会ト申事アリ、人数不足ハ雇可申候トアリケレハ、如形文字ヨミ計ヲハト申サル、彼主悦テ、経奉行ニ案内ス、軈而経衆タリ、但シ若如何ナル和尚之御弟子ソト問フ、我等鎌倉寿福寺林叟和尚之小子（師）ナリト答エ給エハ、サテハ明匠之御弟子トス、経会十七日過テ施物一貫文アリ、軈而鎌倉エ付、

話の筋に若干の相違はあるが、基本的には「禅林僧伝」と同じである。ただ、前者より具体的なところがある。覚源を宿泊させた亭主は「サブライカマシキ人」である。門前に宿所を持ち、経会をも行うところの、侍的存在である。半僧半俗で、武勇の人ということであろう。彼らが共同で営んでいる「読誦書写」の「経会」には「経奉行」という立場の者がいて、その人物が覚源の参加を決めている。この「経奉行」とさきの「主人」は同じ存在かと思われるが、参加者のなかに執行責任者（奉行）をおいているのである。覚源はこの法会に加わることになり「経衆」となり、七日間の勤めが終わると、一貫文が支払われた。参加者は「経衆」といわれているのであり、「（経典）読誦書写之法会」に自主的に参加しているのである。

この「経衆」という団体は、人数不足ならば、僧としての力量のある者を雇っていることから、共同して財源を保有している。財源があるからこそ「読誦書写之法会」を遂行できるのである。その財源は参加者たちの出資であろうが、彼らはその富をどのような活動で獲得していたのか。

彼らのうち覚源を宿泊させた人物が「サブライカマシキ」、半僧半俗の人物で、長楽寺門前に宿を営んでいる。世良田宿住人と見て間違いなかろう。世良田宿住人（半僧半俗）は富を蓄積しているのであり、それは世良田の宿と市の商業活動を基礎にしていた、と解釈される。

世良田の有徳人

『太平記』によれば、北条高時《たかとき》は元弘三年に、畿内に派遣する軍勢のための兵料を調達するため近国の荘園に使者を出したが、なかでも「新田庄世良田ニハ有徳《うとく》ノ者多シ」として五日のうちに六万貫を出させようとした。新田荘世良田宿の有徳人の様子が鎌倉まで聞こえていたことになる。この軍費調達は事実かどうか分からないが、世良田宿有徳人の活境を示す話として、十分納得できる。

このような有徳人は、東国では室町時代に多く見られるようになり、武蔵国品川湊の鈴木道胤などが代表的人物である。有徳人は、品川も湊であり宿であるように、交通の要衝に出現した富裕者である。さきに見た世良田宿経衆も、このような有徳人の一形態であり、彼らこそが「世良田ノ有徳人」の別の表記形態であった。

2　大谷道海の支援活動

長楽寺の火災

正和年間（一三一二〜一七）、長楽寺は火災にあった。だがその具体的な様子は不明である。断片的な史料から想像するに、長楽寺（建物）と門前世良田宿（町屋）との混在状況が問題になる。

長楽寺の本堂・三仏堂は寺の中心にあり、方丈（『沙石集』に栄朝の方丈が見える）も独立して、画然と区別されていた、と思われる。だが、平賀資村が長楽寺に寄進した今井堀内御堂・道敷屋敷は、地名（今井）から考えて、世良田宿と接していたと見られる。また寺大門脇に庵室所があったが、これは宿のなかの商業施設と解釈されるし、大門の近くには閻魔堂が残り、近世の絵図では塔頭《たっちゅう》がいくつか描かれている。この時期、普光庵・大光庵などの塔頭が長楽寺に造立されていたことは文献でも確かめられる（禅刹住持籍、法照禅師行状）。

塔頭のほかに、寺僧の住む坊も存在したはずであるが、これらの坊のなかには旅人を宿泊させることもあったと思われる。禅僧覚源を泊めた亭主（サブライカマシキ）も、半僧半俗であり、こうした坊を構えていたとも解釈できる。こうした坊は、門前の宿のなかで、町屋と混在していたのである。

正和年間の長楽寺火災に関する具体的史料はないが、狭いところで町屋と混在する坊・塔頭のあり方から、被害は大きかったであろう。復興活動は正和二年から始まるが、南北朝期中頃でも続いていたことが確認される（『空華日工夫集』）。また宿町屋にも被害がでたであろうが、こちらは簡素な建造物であったので、復興も比較的容易に進んだものと思われる。

妙阿の所領売却・寄進

長楽寺火災後、復興に向けての動きは早かった。妙阿《みょうあ》という尼は正和二年十二月二十一日に、自己の所領を、長楽寺に寄進する目的のもとに売却した。その売券（長楽寺文書）によると、新田荘下江田村赤堀内在家一宇・田三町四段小は養祖父新田下野前司入道（頼有）から相伝した所領であるが、万雑公事を停止して、百七十貫文で売却した。売却先（買取人）は明記されていないが、この所領は由良孫三郎妻紀氏の名目で買い取ったものを、大谷道海《おおやどうかい》が寄進しているので（嘉暦三年十一月八日大谷道海寄進状）、この時の買得者は由良孫三郎妻紀氏である。「尼妙阿売券」末尾には、この売却の趣旨に子孫は違乱してはならないことを記し、「妙阿夫新田遠江太郎次郎覚義」が判形を加えることを明記し、実際に連署している。尼妙阿と夫覚義の強い意志にもとづいた所領売却である。この覚義は、新田下野前司入道（頼有）を養祖父としていることから、岩松政経である。この政経（覚義）が父岩松時兼の跡を継承して幕府に出仕していたことは前述したが、出家して（覚義との法号）、田舎に隠棲し、妻（尼妙阿）と静かな生活を送っていたと思われる。

そこに長楽寺火災に遭い、妻妙阿は熱心に、長楽寺再建の支援活動に入った。妙阿の活動を示す史料で残るものはこの一点だけであるが、彼女の思いは相当なものであった。だが尼妙阿はまもなく死去し（おそらく夫の覚義も）、父親と推定される大谷道海がのり出すことになった。

由良孫三郎景長妻紀氏

尼妙阿と同じ時期に、長楽寺再建支援の活動を始めたのは由良孫三郎景長妻紀氏である。彼女は大谷道海のことを「氏女之親父大谷道海」（元徳四年三月十九日寄進状）と言っており、大谷道海の娘である。夫の由良孫三郎景長は、新田一族で新田荘由良郷を苗字の地とする人物であろうが、新田氏系図には見えない。

由良孫三郎景長妻は、正和三年（一三一四）八月、同四年三月、文保二年（一三一八）十二月に、新田荘内の所領（在家・田・畠）を買得した文書を残している。しかもそれを幕府に安堵された。彼女

大谷道海と娘の所領買得・寄進

大谷四郎入道道海	年	(A)妙阿　(B)由良孫三郎妻紀氏　(C)小此木彦次郎妻紀氏
	正和二（一三一三）	(A)12月、下江田村赤堀内在家1宇・田3町4反小を売却（由良孫三郎妻紀氏が買得）
	正和三（一三一四）	(B)8月、新田朝兼より新田庄八木沼郷内在家3宇・畠5町6反買得、幕府安堵（6、86）
	正和四（一三一五）	(B)3月、新田朝兼より新田庄八木沼郷内在家3宇・畠3町8反買得、幕府安堵（7、87）
	文保二（一三一八）	(B)12月、新田義貞より新田庄八木沼郷内在家7宇畠15町7反買得、新田頼親より村田郷内在家1宇・内畠1町2反・田1町7反買得、幕府安堵（9、90、88）
11月、世良田満義より新田庄小角田村畠1反8反、寄進（大谷道海寄進状、世良田満義寄進状）（57、62）	元亨三（一三二三）	
	元亨四（一三二四）	(C)10月、新田義貞より新田庄浜田郷内在家2宇・田3町・畠7反買得、幕府安堵（12）
6月、世良田満義より新田小角田村内在家1宇・田畠2町6反買得、寄進（世良田満義寄進状）（58、113） 4～10月、新田庄小角田在家1宇・田畠2町6反買得—了重に渡す（了重・道海寄進状）、那波郡飯塚郷買得寄進（那波宗元寄進状）、幕府安堵（63、70、66、1）	嘉暦三（一三二八）	(C)2月、新田遠江彦五郎より新田庄東田島村内在家2宇・在家付田2町5反・畠3町9反買得、幕府安堵（13） (C)8月、新田庄八木沼郷内畠9反大・在宇4宇、同所畠12町5反半・在家4宇、同庄飯塚郷内田5町7反大・在家3宇、同庄東田島村内在家2宇・田2町5反・畠3町9反を寄進（69）
10月、長楽寺住持恵宗より寺所所々屋敷を宛行われる（110）		
11月、新田庄八木沼郷内在家18間・畠25町1反、村田郷内在家1間・畠1町2反、田1町7反、下江田村内赤堀在家1間・田3町6反小、西谷村在家4間・畠8反・田6町（由良孫三郎景長妻紀氏の名義で買得）、寄進（64）		
4月、八木沼・堀口・田嶋の「政所職在家」を宛行われる（109）	嘉暦四（一三二九）	
12月、世良田満義より小角郷内百姓作畠1町5反・又太郎入道跡畠1町買得寄進（世良田満義寄進状）（93、61）	元徳二（一三三〇）	
	元徳三（一三三一）	(B)11月、高山重朝より那波郡善養寺内田4町3反半・在家2宇買得、幕府安堵（14）
	元徳四（一三三二）	(B)3月、武蔵国男衾郡小泉郷内在家27宇・田2町6反、那波郡善養寺内在家2宇・田4町3反半を寄進（71）

〔備考〕（　）内の数字は群馬県史5長楽寺文書の文書番号（作成山本隆志）

は買得した物件をすぐに長楽寺に寄進するのでなく、その買得領を幕府に公認させる動きをとったのである。これは彼女の夫（由良孫三郎景長）が御家人であることを利用した行為であろう。こうして買得し安堵された所領は、後に大谷道海が「右の田畠在家は、由良孫三郎景長妻名字を以て、彼地を買得し安堵御下知を申し給り、道海当寺に寄進し奉るところなり」と言うように、大谷道海によって長楽寺に寄進された。父・娘一体の行動であろう。

由良孫三郎妻紀氏の行動は、史料の上では、十年あまり空白があり、その後、元徳三年（一三三一）十一月（上野国那波郡善養寺内田・在家）、同四年三月（武蔵国男衾郡小泉郷内在家・田）所領を買得している。いずれも新田荘外の所領であるが、これはどのような縁を媒介にしているのか分からない（那波郡善養寺所領は高山重朝からの買得であるが、高山御厨地頭高山氏と由良孫三郎妻の関係は不明）。

大谷四郎入道道海

大谷道海は長楽寺火災直後から復興の活動を始めたようである。道海娘（由良孫三郎景長妻紀氏）が、「当寺《長楽寺》は禅院最初の古所、当国無雙の寺院なり、去る正和年中灰燼の時、既に荒廃地たるべきの処、氏女の親父道海大願を発し、公方御助成を申さず、国土費労を成さず、若干仏閣堂舎を造営し、既に一寺の造功を遂げしめ畢んぬ」（元徳四年三月十九日寄進状）というように、道海は復興の大願を発し幕府権力（公方）に依存することなく、若干の仏閣堂舎を再建した（後に述べるように、この大願を元徳三年以降には娘由良景長妻が継承した）。

大谷道海は、娘名義で買得し幕府安堵を得た所領を長楽寺に寄進するとともに、自分自身で所領（新田荘内）を買得し寄進していた。道海自身の買得・寄進の初見は元亨三年十～十一月であるが、その寄進状には「右畠は上野国新田郷庄内小角田村に、作人入智房作畠壹町捌段、毎年所当拾弐貫文、内九段所当六貫文は、妙阿聖霊毎月廿九日霊供并二季彼岸中霊供、毎年四月廿九日年忌、訪《とぶら》い奉るため、世良田長楽寺輪蔵に寄進し奉るところなり、残る畠九段所当六貫文所は、道海死去後此のごとく訪い奉るためにて候」とある。妙阿の法要（毎月二十九日、二季彼岸、毎年四月二十九日年忌）を求めているのである。

　この妙阿とはさきに述べたように、新田（岩松）政経（覚義）の妻であるが、彼女はこの時点で、死去していたのである（命日は四月二十九日、おそらく前年か）。大谷道海の所領寄進はその霊供養が強い意志となっている。しかも寄進所領の半分は妙阿供養のため、残る半分は道海死後の供養法要費にするよう記している。妙阿と自身（逆修）の供養を長楽寺に求め、その費用を寄進しているのであり、その強い結びつきは父・娘の関係として解釈すべきであろう。

　大谷道海は長楽寺に妙阿と自身の供養を求めたのであるが、長楽寺を「禅院最初之古所、当国無雙之寺院」と認識していた（元徳四年三月二十九日由良景長妻紀氏寄進状）。長楽寺を「禅院」、「当国無雙之寺院」としてとらえた上で、その復興を願ったのである。

　長楽寺は真言・禅密を兼ねそなえていたが、第三世院豪以降は禅が中心となり、鎌倉末期にはその色彩を一層強めていく。嘉暦二年に住持了一《りょういつ》が死去した後、翌三年には恵崇《えすう》が新たな住持として長楽寺に入って以降、禅宗寺院化し、密教との分離が起こった。大谷道海は、嘉暦三年、長楽寺住持恵崇から「寺所所々屋敷」を、翌四年には「政所職在家」三カ所を、それぞれ宛行われた。住持恵崇のもとで、大谷道海は長楽寺の政所職に連なるようになり、長楽寺の俗的側面を担うこととなった。禅を強める長楽寺を支えるのである。

この大谷道海は元徳二年十二月の所領買得寄進を最後にして、史料上から姿を消す。おそらく元徳三年初めには、長楽寺から手を引いたのであろう。

小此木彦次郎盛光妻紀氏　由良孫三郎景長妻紀氏が活動を休止している期間、小此木彦次郎盛光妻紀氏が入れ替わるように活動する。新田荘内の所領を買得し、幕府安堵を受ける（元亨四年十月、嘉暦三年二月）。こうしたやり方は、由良孫三郎景長妻と同様であるが、嘉暦三年八月には、買得所領を一括して、長楽寺に寄進している。

小此木彦次郎盛光は、新田荘西隣りの那波郡小此木を領有する人物であろう。その妻紀氏は、大谷道海との血縁関係を明示する史料はないが、由良孫三郎景長妻紀氏との類似性から推して、道海の娘と推定できよう。

したがって、この二人の娘（紀氏）は姉妹と考えられるが、所領を買得し、幕府安堵を受けるところまでは共通している。小此木彦次郎盛光妻は、その買得所領を長楽寺に寄進している（由良孫三郎景長妻の買得領は大谷道海が寄進）が、その寄進状には「右田畠在家は、四通沽券に任せ、四通安堵御下知を賜り、当知行相違なきの処、氏女病床に沈み、存命しがたきに依り、沽券并びに安堵御下知を相い副え、寄進し奉るところなり」（嘉暦三年八月二十六日寄進状）と言っている。彼女は病床に伏し、生命の危機に臨み、所領を寄進したのである（この後、小此木彦次郎盛光妻の史料は消えるところから、死去したものと推定される）。

彼女（小此木盛光妻）は死を前にして、買得物件全件（四件）の売券と安堵下知状を副えて長楽寺に寄進したのである。この寄進状には長楽寺のことを「然らば則ち彼寺は仏法興行古所、当国無雙の禅院なり」と記しており、禅院としての長楽寺の興行を願っているのである。この時期は、父大谷道海の所領買得・寄進も同時に進められており、長楽寺住持は恵崇に替わっており、長楽寺の禅院化が一層強められていた。

嘉暦三年には、由良孫三郎景長妻紀氏の買得所領も、大谷道海が一括して長楽寺に寄進しており（十一月八日）、小此木彦次郎盛光妻紀氏の動きも、これと一体に展開した、と考えてよい（その背景には住持恵崇と大谷道海の連携がある）。

長楽寺再建支援は、妙阿（道海娘）・由良孫三郎景長妻（道海娘）→小此木彦三郎盛光妻（道海娘）・大谷道海と、二人が一組となって進められてきたが、道海の引退後は再び由良孫三郎景長妻が表に出てくる。

由良孫三郎景長妻紀氏の再登場

由良景長妻紀氏は、元徳三年十一月、同四年三月に、所領を買得し寄進しているが、後者の寄進状には親父道海の長楽寺再興造営事業を記し、続けて「爰《ここ》にたまたま大功を致すといえども、料足なきに依り、且は堂舎等破損に及ぶ、然る間氏女大願を発し、修造料足に宛て、…」と述べている。親父道海の事業だけでは不足するところを補う旨を表明している。父親の意志を継いで大願成就を願っている。

こうして、大谷道海と娘三人は、交替して、共同して、連続して、長楽寺再興事業に尽くした。その途中、妙阿と小此木盛光妻が死去した。妙阿の霊を長楽寺にて弔う法要が営まれることを道海は求めているが、小此木盛光妻もそうであろう。長楽寺は大谷道海一族の霊を弔い供養する法要を営むところとなり、大谷父娘の菩提寺にもなりつつある。しかも、鎌倉後期以降強まっている禅院としての性格が一層進められる方向にあり、大谷父娘はそれを望んでいる。長楽寺は新田氏の氏寺としての側面が、極端に小さくなりつつあった。長楽寺再興の背景には、こうした政治力学が進んでいたと想像できる。

3　新田一族の対応

長楽寺への所領寄進は、長楽寺火災・復興以前から見られた。新田氏以外からの寄進もあり、平賀系新田氏の寄進もあった（前述）。

火災以前

義重系新田氏では、正和火災以前、鳥山氏からの寄進が見られた。鳥山氏は義重子息義俊（高林・里見の祖）の流れから分立したが、鳥山時成《ときなり》の時代に、尼慈圓《じえん》・念空《ねんくう》が永仁五年六月十一日に、新田荘鳥山郷内在家・田と越後波多岐荘内在家を長楽寺に寄進した（長楽寺文書）。この二人の尼については、長楽寺蔵系図の鳥山伊賀守時成の注記に「妻念空、一説元〔云〕慈圓・念空倶ニ成経之女子云々」とあり、鳥山時成との縁が見られる。また徳治二年二月十一日には源（鳥山）成経は世良田四日市北野畠を長楽寺に寄進したが、それは「本しゅおはのゆいこん《遺言》にまかせて」である（長楽寺文書）。鳥山成経は時成の子息として系図上に確認できるので、「おは」とは念空か慈圓であるかと思われる。

慈圓・念空の所領寄進がどのような理由かは不明であるが、仏道に入った人物であり、長楽寺近くに所領を持つので（世良田四日市の野畠）、長楽寺に関係する尼であったとも考えられる。寄進の理由を新田一族の「氏寺」に求めることは難しい。

正安元年（一二九九）八月十一日、世良田氏では沙弥静真《しゃみじょうしん》（世良田教氏《のりうじ》）が武蔵比企《ひき》郡南方将軍沢郷内田を、「家時申し置くの旨に任せて」長楽寺に寄進している。教氏の父頼氏も世良田郷内所領（在家一宇）を寄進しており（長楽寺領目録）、世良田氏は開山檀那の義季以来、義季―頼氏―教氏（静真）―家時と、つづいて長楽寺に所領を寄進していることが分かる。この家時の子（満義）の、長楽寺再建支援の所領寄進等の活動については後に述べる。

新田本宗家の所領売却

新田氏本宗家では朝兼《ともかね》が、新田荘内の所領二件（いずれも在家・畠）を由良孫三郎景長妻紀氏に売却した。正和三年（一三一四）五月、同四年二月のことであり、いずれも直後に幕府奉行人が裏を封じ、幕府安堵状が与えられた。こうしたやり方は妙阿・覚義（岩松政経）からの売却と同じである。

新田朝兼売券には二通ともに、売却者の脇に「使者船田孫六政綱」（正和四年では入道妙実）が連署している。使者は売買・譲渡に立ち会う人物であろうから、新田朝兼から由良孫三郎景長妻への所領売却を円滑に進める役割を果たしていたと考えられる。この船田孫六政綱（入道妙実）とは何者なのか。

新田氏に関係する船田氏としては、新田義貞臣下の船田義昌がすぐに思い起こされるが、この船田孫六政綱は由良孫三郎景長妻紀氏に近い人物ではなかろうか。この所領売買は由良景長妻の強い意志が働いているからであり、使者はその方面（買い取り人の側）から出されたと考えるのが妥当であろう。鑁阿寺蔵「新田足利両家系図」の義貞の注記のなかに「出雲介（親連《ちかつら》）は船田入道一族たるに依り…」と見えて、船田氏が出雲介親連（紀姓）と同族（紀姓）であることが分かる。船田氏が紀姓であり、しかも新田氏臣下ということであれば、新田朝兼と由良景長妻紀氏との仲介者にふさわしい。

売却者の新田朝兼は『尊卑分脈』新田系図には見えないが、巻外長楽寺系図の（新田）朝氏（義貞の父）の脇に「正しくは朝兼」の注記があり、この人物と見なされる。義貞の父親にあたり、所領売却当時、惣領家（本宗家）の当主であろう。本宗家からも由良孫三郎妻紀氏（大谷道海娘）に所領が渡ったのである。

この朝兼売券（二通）は売券ということもあり、長楽寺をどのように認識しているかを表明しているところはない。

＊北関東における紀姓武士の分布については、宇都宮氏輩下の益戸氏・薬師寺氏、宇都宮日吉神社神官紀氏、足利氏被官の紀五氏など、今後究明されなければならない問題である。

新田義貞の所領売却

朝兼に次いで、本宗家では義貞が文保二年（一三一八）十月、新田荘内所領（八木沼郷在家七宇・畠十五町七段）を三二〇貫文で売却した。買得者由良孫三郎景長妻紀氏は同十二月には幕府安堵を得ている。この売却にあたっては使者はいない（売券に連署者なし）。義貞は「源義貞判（花押）」と署判しており、幕府は義貞売券を「新田孫太郎貞義《ママ》今年十月六日永代放券」と読んでおり、義貞は位・官職のない「新田孫太郎義貞」と扱われていたことが分かる。ただこの売却では、三二〇貫文と値の大きいことが注目されよう。

義貞は元亨四年（一三二四）七月には、新田荘内所領（浜田郷在家・田・畠）を小此木彦次郎盛光妻紀氏に売却した。この売券は残っていないが、直後に小此木盛光妻は幕府安堵（下知状）を受けた。その下知状では義貞売券のことを「新田小太郎義貞去七月廿八日限永代沽却之由」と言っており、ここでも位・官職のない「新田小太郎義貞」である。

文保二年十月六日、義貞が由良孫三郎景長妻紀氏に所領を売却した時、同時に新田重広《しげひろ》・義氏《よしうじ》兄弟も新田荘内所領（西谷村内在家）を売却した（買得者は関連史料から由良景長妻紀氏）。この兄弟は「親父義妙《ぎみょう》」から「子息三人」に譲られた所領を嫡子方に一括して売却したのである。義妙（法名）なる人物、また重広・義氏も系図に見当たらないが、「西谷」を苗字とする「重氏《しげうじ》」が基氏（義貞の祖父）の兄弟に見えるので、重広・義氏はこの重氏の血筋の人物かと思われる。すると重広・義氏も、新田本宗家の系列の人々である。嘉暦三年十一月大谷道海寄進状では、西谷村在家田畠などは由良景長妻紀氏が買得したと言っている。

新田朝兼・義貞、そして重広・義氏兄弟らの所領売却はいずれも由良孫三郎景長妻紀氏を相手にしていた。そして、最初は使者に船田孫六政綱を立てていたが、この人物は紀姓であり大谷道海父娘と新田本宗家をつなぐ人物であった。

義貞の生い立ち

この二通の売券が義貞に関わる史料の始まりである。文保二年（一三一八）段階で花押を持っていたのであるから、元服をすませていたのである。義貞は、死去した延元三年（一三三八）閏七月二日には、三十七歳（「鑁阿寺新田足利系図」）とも三十九歳（宮下過去帳、新田由良系図）とも四十歳（寛政重修諸家譜）とも言われる。生まれは一三〇〇年頃と考えてよかろう。すると文保二年段階では十八歳前後となり、元服後であるから、花押を持っていたのも当然であろう。

ただ義貞は二通の売券で「新田孫太郎義貞」、「新田小太郎義貞」と称している。「太郎」ではなく「孫太郎」・「小太郎」であることはどのような事情によるものなのか、不明とするしかない。「宮下過去帳」は義貞のことを「実は里見大炊介《おおいのすけ》義忠《よしただ》五男、新田太郎朝氏の養子小太郎」と注記している。一族里見家から本宗家朝氏（朝兼）の養子に入ったという伝承であるが、これもひとつの解釈である。

世良田満義の売寄進

新田氏のうち、義季（この系統から世良田氏が起る）は長楽寺の開山檀那であるだけに、世良田氏の支援は熱心なものがあった。世良田満義の長楽寺に対する寄進状・売券には次の八通がある（いずれも案文、〔　〕内は物件）。

(1)　元亨三年十月十七日寄進状〔小角田村内畠一町八反〕
(2)　嘉暦三年六月一日売券〔小角田村内在家一宇・田二町六反〕
(3)　嘉暦三年六月一日寄進状〔(2)と同じ〕

(4) 元徳二年四月二十一日売券〔小角郷内畠二町二反〕
(5) 元徳二年卯月二十一日寄進状〔(4)と同じ〕
(6) 元徳二年八月二日寄進状〔武蔵国比企郡南方将軍沢郷内在家・田〕
(7) 元徳二年十二月二十三日売券〔小角郷内在家・畠〕
(8) 元徳二年十二月二十三日寄進状〔(7)と同じ〕

これら八通の文書に満義は「源満義在判」という形で署判している。俗名であり、位・官途はない。八通を一覧する時、(2)・(3)は同一年月日の、同一物件に対する売券・寄進状であり、売券は大谷道海方より銭（売却代）を受取った旨を記している。つまり世良田満義は小角田村内田・在家を大谷道海に売却するとともに、同一物件を長楽寺に寄進している。

同様なことは(4)・(5)、(7)・(8)の売券・寄進状でも言える。売券では「大屋〔谷〕四郎入道々海これを買得し、世良田長楽寺に永代寄進し奉るべし」(4)のように、買得者大谷道海が長楽寺に寄進する旨を明記している。その上で、同一物件を世良田満義が長楽寺へ寄進するのである。

その一方で、これらの物件について、買得者大谷道海の寄進状が確認できる。元亨三年十一月九日道海寄進状は(1)物件に、嘉暦三年十月十八日同寄進状は(2)・(3)物件に、それぞれ対応している。(4)・(5)、(6)・(7)に対応する大谷道海寄進状は残存していないが、これも売券(4)、(6)に大谷道海が長楽寺に寄進する旨明記しているので、この道海寄進状も当時は書かれて存在していたと見られる。

このように、世良田満義から大谷道海への売却については、同一物件について、世良田満義売券・世良田満義寄進状・大谷道海寄進状という三種の文書が作成されたのである。そのうち、「売主寄進状副《そ》え進《まい》らしめ候、沽券は道海子孫までもたす（持）へく候」（元亨三年十一月九日道海寄進状）とあるように、売券は道海の手許に残され、売主（世良田満義）寄進状は（道海寄進状も）長楽寺に納められたのである。

＊売券を買得者（大谷道海）の手許に留保するのは、道海の他の例や道海娘買得所領でも同様と考えてよいと思う。つまり売券（全体）は道海の手許に置かれたのである。

こうして、世良田満義の売却・寄進は次のように、文書が作成され、出された。

世良田満義 →（売券）大谷道海 →（寄進状）長楽寺

世良田満義 →（寄進状）長楽寺

こうしたことを確認した上で、世良田満義寄進状には注目すべき文言が見える。すなわち寄進の理由を「先祖代々氏寺たるに依り、彼地を寄進するものなり」(2)、「故参州（世良田頼氏）妙応菩提のため、…彼菩提のためといい、氏寺といい」(5)、「氏寺たるに依り、末代修造のため永代寄進し奉るものなり」(8)と明記して、長楽寺が「氏寺」であることを強く意識している。世良田満義にとって「氏寺」とはどのような内容なのか。(5)のなかに「参州（世良田頼氏）菩提」と明記し、先祖頼氏の菩提供養を言っているのは、長楽寺に墓所が造られていることを示していよう。そうした先祖供養を含めて

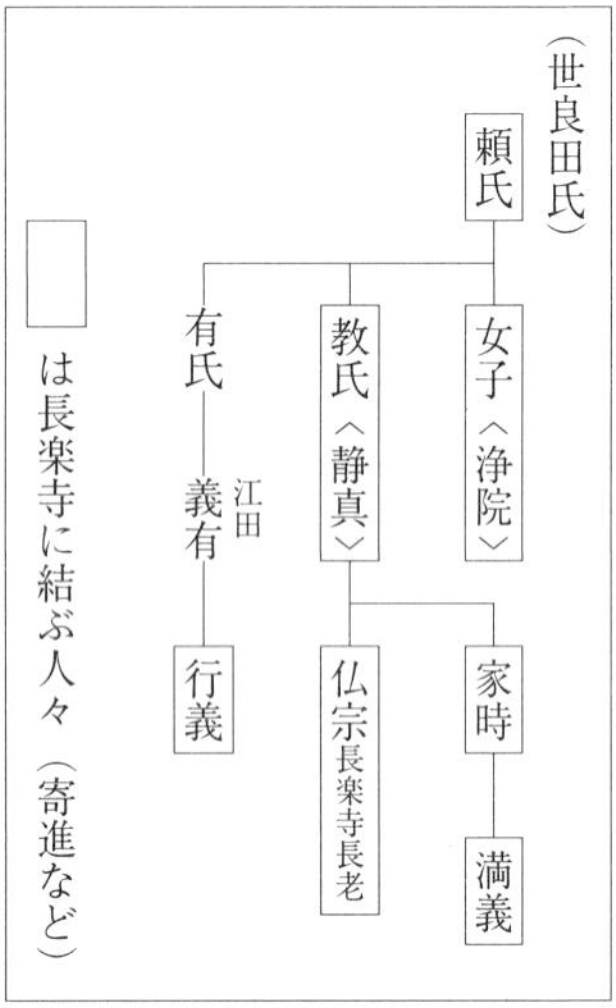

世良田満義関係系図

「彼菩提のためといい、氏寺といい」とも言っている。「氏寺」は直接には世良田氏先祖供養を含んでいるが、少し広い範囲にわたる概念であるように読める。

この「氏寺」文言は世良田満義寄進状にだけ見えるものであり、他の新田一族の寄進状には認められない。世良田満義は家時の子であるが（『尊卑分脈』）、頼氏も含めて関係系図を作成すると上のようになる。

この図を見ると、□に囲まれた人物は長楽寺に所領寄進等をした人々であり、長楽寺と結ばれている。なかには「長楽寺長老」と言われた人物（仏宗）もいて、世良田氏と長楽寺の結びつきの深さが知られる。

こうしてみると、世良田満義の言う「氏寺」とは、先祖供養も含めて、世良田氏生まれの人々（嫁いだ女子、出家した人も含めて）が結縁する寺である。長楽寺には、他の新田一族や他氏も結ばれているが、世良田氏は自分達にとって最も関係が深い寺と認識している（長楽寺が新田氏のなかでは特に世良田氏と結びつきを強めていた）。

ところで、世良田満義の売却先の大谷道海は、娘の法要を行う寺であると同時に長楽寺を「禅院」

としてとらえている（前述）。世良田満義は「氏寺」、大谷道海は「禅院」とアクセントのおき方が違う。新田義貞はどうかというと、おそらく世良田満義に近いであろう。

新田義貞は「安養寺殿」といわれたように安養寺の開基（中興か）であろうが、義貞祖父基氏《もとうじ》の兄弟には快義や貞氏《さだうじ》のように系図に「安養寺禅師」と注記された人物がいる（新田岩松系図、長楽寺系図）。基氏―朝氏―義貞の時期、本宗家は安養寺を墓所としていたのではないだろうか。

義貞や朝兼（朝氏）の長楽寺への寄進状・売券に「氏寺」文言の見られないのは、本宗家墓所たる安養寺が身近にあるためと見られるが、それでも長楽寺は新田氏ゆかりの寺であるとは考えていたのだろう。本宗家系の人物からの長楽寺への（道海へも含めて）所領売却・寄進はこのような背景のもとに解釈される。

世良田満義寄進状の「氏寺」文言は、こうした新田一族のなかで、最も長楽寺に近い一族であり、しかも大谷道海による禅院化（関東―鎌倉と結ぶ禅院体系）の動きのなかで、自己と長楽寺の関係を明確に表現する必要性を意識した結果であろう。

新田一族以外の寄進

長楽寺再建・復興の時期（鎌倉末期までとして）、新田一族以外から長楽寺に所領を寄進した文書が残っている。新田氏・大谷氏と比べるためにも、その四例を検討しよう。

(ア)　嘉暦二年十月二十九日牧翁了一寄進状

(イ) 嘉暦三年四月五日那波宗元寄進状
(ウ) 嘉暦三年四月八日三善貞広寄進状
(エ) 嘉暦三年十月八日了重寄進状

(ア)は、中今井郷六日市庭の所領を善光庵(長楽寺塔頭)に寄進したものである。寄進者の牧翁了一《ぼくおうりょういつ》はこの時長楽寺住持であるが、死の直前に塔頭の所領を確保する文書を残したのである(嘉暦二年十一月七日死去)。(エ)は大谷道海が同日に買得した所領を了重《りょうじゅう》に渡し、それを了重が長楽寺に寄進した文書である。

(イ)は、那波《なわ》郡地頭と考えられる那波宗元が那波郡飯塚郷(郷全体)を長楽寺に寄進したものであるが、寄進理由を「彼寺は仏法興行の古所、当国無雙の禅院なり、…」と言っている。長楽寺を当国無雙の禅院としており、鎌倉を中心とする禅体系の一環の寺院と見ているが、那波宗元も鎌倉に出仕し、鎌倉を中心にして当時進行していた禅院化(禅を中核にした兼修)の空気に慣れていたと思われる。

(ウ)は、「長楽寺文書」に入っているが、佐貫荘高根郷内の弘願寺に所領を寄進したものであり、直接は長楽寺に関係しない(弘願寺はあるいは長楽寺末か)。

こうしてみると、長楽寺を当国無双の禅院として認識した上で所領を寄進した人物として、大谷道海(娘も)・那波宗元らがいる。大谷道海は北条氏に近い人物であり、那波宗元は鎌倉住いの御家人であり、これらの人々の所領が長楽寺に寄せられたのである。長楽寺は新田氏のほかに、周辺に所領を持つ多くの人々から所領寄進を受け、鎌倉末期には当国無双の禅院として、これらの人々を結縁する寺院に変わっていったのである。新田(世良田)義季が建立した時期からは、大きく変わり、新田一族からは離れつつあった。だが南北朝内乱をのり切った岩松頼宥は禅院としての長楽寺に結びつくのである。

4　北条高時の長楽寺支配

住持補任

長楽寺が火災となったのは「正和年中」であるが、関連史料から、正和二年の後半(十二月の少し前)と推定できる。この時、長楽寺住持は崇喜《すうき》(第七世、一三〇八〜一五年)であったが、その後月庵自昭《げつあんじしょう》(第八世、一三一五〜一七年)、元挺《げんてい》(第九世、一三一七〜二〇年)、了一《りょういつ》(第十世、一三二〇〜二七年)、恵崇《えすう》(第十一世、一三二八〜三三年)と交替する。火災後は、崇喜・月庵・元挺と約三年で遷っているが、了一と恵崇は七、八年間住持をつとめている。このうち恵崇が大谷道海らと結んで再建のための活動が顕著に見えたことは前述した通りであるが、了一の時代にその前提が築かれていたと考えられる。

長楽寺では、当初、住持が後継者(次世代住持)を任命していたが(開山栄朝は二世朗誉を補任)、この了一は北条高時によって任命されたのである(了一以前の住持補任状は、栄朝発給以外残っておらず、不明であるが)。

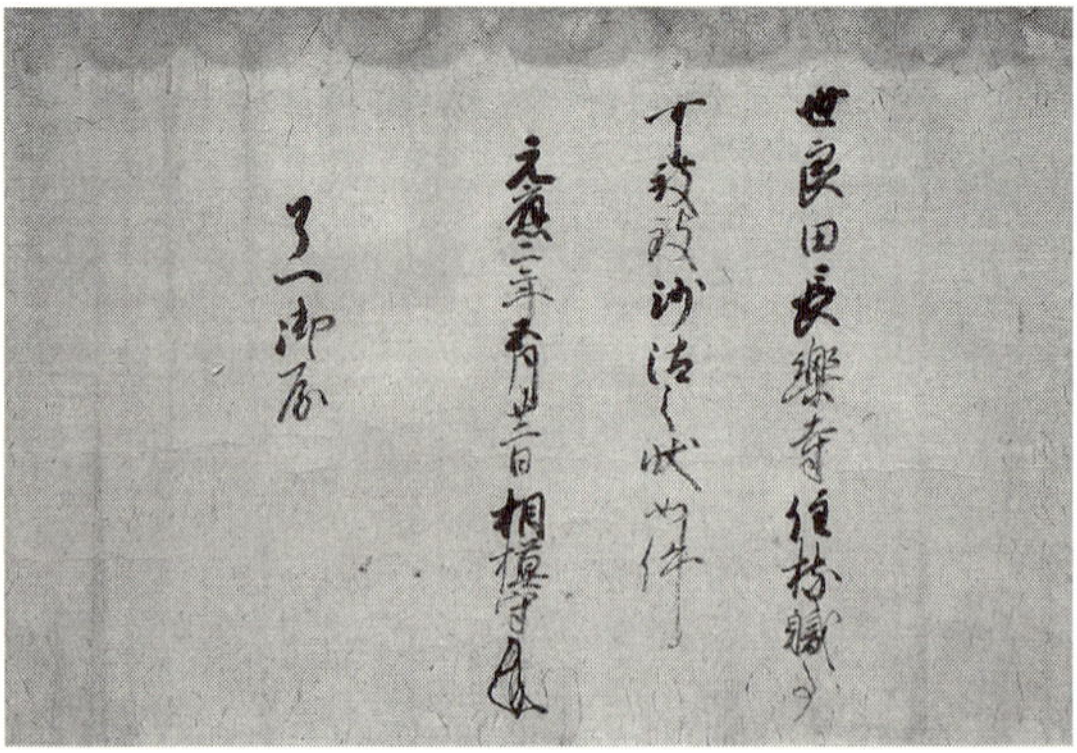
世良田長楽寺住持職事、
可被致沙汰之状如件、
元応二年五月廿二日 相模守（花押）
了一御房

長楽寺住持に了一御房を任命する北条高時公帖（長楽寺文書）

世良田長楽寺住持職事、可被致沙汰之状如件、
元応二年五月廿二日　相模守（北条高時）（花押）
了一御房

〔読み下し〕
世良田長楽寺住持職の事、沙汰致さるべきの状くだんの如し、

この文書は、長楽寺住持職を了一御房に沙汰するよう命ずるものである。こうした禅院住持を任命する文書を「公帖《くじよう》」と呼ぶが、北条高時の発給したものとしては典型的なものである。高時は、新田氏が開山檀那となっている長楽寺に対して、補任状を出して、住持を任命したのである。

北条高時の公帖

高時は甲斐国の禅寺院にも公帖を出している。次の文書（鎌倉市立図書館蔵、神田孝平旧蔵）は写真版によれば、文字も真書体に近く、料紙もタテ三〇センチ、ヨコ四五センチと大きい。

甲斐国東光寺事、為諸山之烈〔列〕、可被住持候、謹言、

十月廿日　崇鑑（北条高時）（花押）

縷首座禅師

〔読み下し〕

甲斐国東光寺の事、諸山の列として、住持せらるべし、謹言、

これは甲斐東光寺住持に縷首座《ろしゅそ》禅師を任命したものであるが、この人物は「禅師」と書かれて、禅僧であることが分かる。東光寺は、平安後期に新羅《しんら》三郎義光《よしみつ》により建立され、その後荒廃していたが、蘭渓道隆により禅刹として再興されたという（『甲斐国誌』など）。甲斐国の由緒ある禅刹と考えてよいが、その住持を北条高時が任命しているのである。

　また鎌倉幕府滅亡直前に、陸奥国東昌寺住持をめぐる相論に対して、幕府は次のような裁許状を出した。

陸奥国伊達郡東昌寺住持職事、聡賀越訴之趣依無謂、所弃捐也、早可存其旨之状、依仰執達如件、

正慶二年閏二月三日　右馬権頭（花押）

相模守（花押）

俊雄蔵主禅師

（鎌倉市立図書館所蔵）

〔読み下し〕

陸奥国伊達郡東昌寺住持職の事、聡賀越訴の趣謂なきに依り、弃捐するところなり、早くその旨を存ずべきの状、仰せに依り執達くだんの如し、

陸奥国伊達郡東昌寺住持職につき、聡賀《そうが》なる人物の越訴を退けて、俊雄《しゅんゆう》蔵主禅師を安堵した文書である。俊雄は「禅師」と表記されて、禅僧であることが明示されている。

この東昌寺は、現在、福島県伊達郡桑折《こおり》町大字万正寺に旧跡が残る。確かな史料は、この文書が初見であるが、康永四年には陸奥国安国寺とされ、室町期には「伊達五山」の頂点にあった、という。鎌倉末期からの陸奥を代表する禅刹と見てよかろう。ここの住持職をめぐる相論が幕府にもちこまれて、この裁許が出たわけであるが、正慶二年閏二月の時点における「仰」の実態は得宗（北条高時）であったと見てよかろう。北条高時主体の幕府は、陸奥の禅刹の住持を任命したのである。あるいは俊雄蔵主禅師に公帖が出されていたのかもしれない。

こうして、北条高時の禅刹住持任命の公帖は、実質的なものを含めると、この三通になる。陸奥国東昌寺、上野国長楽寺、甲斐国東光寺であるが、これらが政治的範囲としての「東国」であることを考えると、北条高時（崇鑑）は禅寺を統轄する存在になりつつあったと言える。東国の兼学寺院を、禅を中核として編成替え（禅院化）して、その宗教的スポンサーとなる道である。金沢貞顕は北条高時のことを「太守禅閤」と呼んでいるが、その内容はこうした意味をも含むものではなかろうか。

北条高時と関東寺院

北条高時が円覚寺などの鎌倉禅宗寺院に保護と統制を加えて、巨大勢力化させたことはよく知られている。関東全体に拡大してみると、公帖発給は見られなくても、高時が関与した例がいくつか見える。

潮来《いたこ》（常陸）の長勝寺（臨済宗妙心寺派）は鎌倉期に隆盛した旨を伝承するが、現存する鐘銘には「寺始於文治元年右大将殿時所立也、治今元徳庚午（元年）百二十余載、及鎌倉殿御願所大檀度道暁禅門古鐘末宏貴脊等共施財新而大之住持妙節長老請於円覚清拙叟為之銘云」（第一区）とある。大檀度（徒）道暁禅門を中心とした世俗の人々の喜捨を受け、住持妙節が円覚寺清拙に依頼して鐘銘を作成した、というのである。住持妙節と円覚寺清拙はこの時期、評判の高い禅僧であり、この鐘銘作成が鎌倉に連なる禅僧グループによって推進されたことが分かる。

世俗では檀徒道暁禅門が中心であるが、鐘銘（第四区）には「大工甲斐権守助光、住持伝法沙門妙節、大施主下総五郎禅門道暁、大檀那相模禅定門崇鑑」と見える。道暁は俗名では「下総五郎」であるが、この人物は千葉氏（あるいはその庶子木内氏）に比定されている。現地の在地領主かと思われるが、その人物が現地の俗的援助を推進している。

さらに注目すべきは、その道暁の上に、「大檀那相模禅定門崇鑑（北条高時）」が記されていることである。崇鑑（北条高時）が大檀那として記されるのは、現地の道暁（千葉氏一族）の活動を援助し、自らも財政支援したことをうかがわせる。潮来長勝寺（住持妙節）への支援が、北条高時（大檀那）―道暁（大施主）という階層性を持って展開していると理解できるのであり、道暁の周辺にはさらに在地勢力が連なっていると予想させる。

北条高時が元亨三年（一三二三）に実施した父北条貞時十三年忌の法要には、鎌倉円覚寺を頂点とする鎌倉禅刹を中心にして親北条氏の禅僧が動員されているが、その中に「長勝寺」や「雲岩寺《うんがんじ》」（下野那須）の僧もいる（円覚寺文書）。雲岩寺は北条時宗・貞時と親しく円覚寺と頻繁に往来していた高峰顕日《こうほうけんにち》の開いた禅刹である。長勝寺がその雲岩寺とともに貞時十三回忌に奉仕していることは、北条高時の関東寺院支配のなかに編成されていたことを示していよう。

北条高時、長楽寺に所領を寄進する

正慶二年（一三三三）は、北条氏没落・幕府滅亡の年であるが、その年に次のような寄進状が長楽寺にもたらされた。

奉寄進　世良田長楽寺
　上野国平塚郷事
右、為当寺領、守先例、可致沙汰也、者依仰奉寄之状如件、
　正慶二年五月八日
　　　　　　　　　　右馬権頭平朝臣（花押）
　　　　　　　　　　相模守平朝臣（花押）
　　　　　　　　　　　　　　　　　　　　　　（長楽寺文書）

〔読み下し〕
寄進し奉る　世良田長楽寺

> 上野国平塚郷の事
> 右、当寺領として、先例を守り、沙汰致すべきなり、てへれば仰せに依りこれを寄せ奉るの状くだんの如し、

幕府の執権・連署が署判して、長楽寺に「上野国平塚郷」を寄進しているのであるが、「仰」の実態は将軍でなく得宗（北条高時）である。北条高時の意向にもとづき、「上野国平塚郷」が長楽寺に寄進されたのである。

平塚郷は新田荘内の郷名であるが、「郷」の名前としては初見である。新田氏のなかでも世良田氏系の人物によって知行されていたと考えるが、それを北条高時が寄進したのである。この寄進状を出すことにより、北条高時は進行している長楽寺再建に対して、檀那の一翼に加わることになる。あるいはその地位からして、多くの檀那の上に立つ「大檀那」として君臨することになる（常陸長勝寺鐘銘の大檀那のように）。

この平塚郷は幕府滅亡後、江田行義《えだゆきよし》（世良田氏庶家、挙兵後の新田義貞に従う）によって寄進し直されているが、その寄進状には「当国新田庄平塚村内得分弐拾貫文地」とあり、平塚郷（村）が新田荘内であることが明示されている。この点、さきの幕府（高時）の寄進状が「上野国平塚郷」とだけ記して、新田荘（新田氏の領有する荘園）に属すことを表示していないのとは対照的である。平塚郷（村）の表示の仕方にも、幕府・北条氏側と新田氏側との違いが際立ってうかがえる。

この幕府からの寄進状の発給日は五月八日であり、『太平記』では新田義貞が北条氏打倒に挙兵した日である。義貞挙兵の正確な日は不詳とするほかないが、この寄進状が長楽寺に届けられたのも五月八日直後であろう（鎌倉～新田の距離からすると当日の可能性もある）。この寄進状を長楽寺に届ける幕府使者は、長楽寺を「氏寺」と意識する新田氏諸家との間に緊張関係を生んだと考えられる。新田氏挙兵の政治的契機は、この寄進状にあったとも考えられよう。

第三章　新田義貞の鎌倉攻め

1　護良親王令旨

義貞、護良親王令旨を受け取る

新田義貞挙兵の大義名分は『太平記』（巻七）では後醍醐天皇綸旨《りんじ》である。「巻七」は大和・河内の護良《もりよし》親王と千剣《ちは》破《や》城の楠木正成とを討伐する幕府軍の動き、赤松・河野両氏の反幕府の蜂起、後醍醐天皇の隠岐脱出・伯耆《ほうき》船上《せんじょう》山臨幸などを叙述し、政治情勢全体が幕府不利に展開していく趣旨を読者に印象づける。そこに「新田義貞賜綸旨事」の一節を設定して、義貞が綸旨を獲得する経緯を記述しているのである。

それによれば、元弘三年正月から三月にかけて、幕府から派遣された関東武士は吉野・千剣破城を攻めていたが、そのなかに新田義貞もいた。義貞は執事船田《ふなだ》義昌《よしまさ》を呼び、「相模入道（北条高時）の滅亡は遠くない、先朝（後醍醐）の宸襟《しんぎん》を休めん、そのため勅命を得ることが必要だ」との旨をのべる。

これを承知した船田は策略をめぐらし、護良親王方と接触し、勅命を得る。それを受け取った新田方が開いてみると、「令旨《りょうじ》ニハアラデ、綸旨《りんじ》ノ文章ニ書レタリ」ということであった。天皇が出す文書たる綸旨が出された、という。その綸旨は次のように記される。

被二綸言一称、敷レ化理二萬國一者明君徳也、撥レ乱鎮二四海一者武臣節也、頃年之際、高時法師一類、蔑二如朝憲一恣振二逆威一、積悪之至、天誅已顕焉、爰為レ休二累年之宸襟一、将レ起二一挙之義兵一、叡感尤深抽賞何浅、早運二関東征罰策一、可レ致二天下静謐之功一、者綸旨如レ此、仍執達如レ件、

元弘三年二月十一日　　左少将

新田小太郎殿

〔読み下し〕

綸言を被るに称く、化を敷き萬國を理するは明君の徳なり、乱を撥《おさ》めて四海を鎮むるは武臣の節なり、頃年の際、高時法師一類、朝憲を蔑如し、恣《ほしいまま》に逆威を振う、積悪の至り、天誅已《すで》に顕る、爰《ここ》に累年の宸襟を休めんがため、将に一挙の義兵を起さんとす、叡慮尤も深し、抽賞何ぞ浅からん、早く関東征罰の策を運《めぐ》らし、天下静謐の功を致すべし、てへれば綸旨此《かく》の如し、仍《よ》って執達くだんの如し、

新田小太郎に「早く関東征罰の策を運らし、天下静謐の功を致すべし」と命じて、「高時法師（北

条高時）一類」討伐を指示しているが、「綸言を被るに称く」・「綸旨此の如し」との文言により綸旨であることを明示している。『太平記』作者は護良親王側が綸旨を発給し、新田側も綸旨として受容したことを示そうとしている。後醍醐天皇はいったん廃されており、護良親王が即位する可能性があることを暗示しているとも見られる。

この『太平記』の叙述がそのままではないにしても、義貞が護良親王から勅命を得たことは事実らしい。足利寄りの『梅松論』にも「潜《ひそか》に勅を承るに依て義貞一流の士族皆打立けり」と記されているし、『太平記』にちかい『神明鏡《しんめいかがみ》』（前田家本）にも「新田小太郎義貞義助一族三十余人宣旨三度拝之…」と見える。『太平記』が綸旨獲得の経緯を詳しく叙述するのは、後にこの綸旨を受けた義貞を北条氏打倒の主役に仕立てる伏線である。

『太平記』の巻一から巻十二は後醍醐の倒幕計画から北条氏滅亡・後醍醐政権成立までを扱うが、北条氏滅亡の過程は源（新田）・平（北条）の相克としてとらえている。そのため『太平記』巻七（新田義貞賜綸旨事）は「上野国住人新田小太郎義貞ト申ハ、八幡太郎義家十七代ノ後胤、源家嫡流ノ名家也、然共《しかれども》平氏世ヲ執テ四海其威ニ服スル時節ナレバ、無力関東ノ催促ニ随テ金剛山ノ搦手《からめて》ニゾ被向《むかわれ》ケル」と書き出す。まさに源氏を代表する人物、源家嫡流として描いている。しかもこの箇所が、『太平記』における義貞の初見である。新田義貞は、このような人物として『太平記』に登場させられるのであり、そのように人物形象されている。このことは十分注意しておかなければならない。

護良親王令旨

義貞が楠木攻撃の幕府軍に加わって千剣破城攻撃に出陣したことは他の史料（楠木合戦注文）でも確かめられるが、護良親王の綸旨（令旨）は実際に出されたのだろうか。もちろん『太平記』に引用されたような文書は残っていないが、出されたと解釈できるのだろうか。そこで現存する護良親王令旨を検討してみよう。

護良親王令旨（元弘３年）

月日	奉者	趣旨	宛所	『鎌倉遺文』文書番号
正月　十日	左少将隆貞奉	馳参を命ず	粉河寺行人等中	三一九六一
二十日	左少将（花押）	本領安堵	三浦和田三郎館	三一九七一
二月　五日	左少将（草名）	合戦忠をほめる	粉河寺行人等中	三一九八二
六日	左少将隆貞奉	東夷追討の軍勢催促	牛屎郡司入道館	三一九八三
三月　三日	左少将定恒（花押）	合戦忠をほめる	大山寺々僧中	三二〇四八
十五日	左少将信貞在判	高時法師追討を命ず	結城上野入道殿	三二〇六〇
四月　一日	左少将隆貞	高時法師追討を命ず	熊谷小四郎館	三二〇七四
同	左少将隆貞	高時法師追討を命ず	伊与国忽那孫九郎館	三二〇七五
同	左少将	所領寄進	能登国永光寺	三二〇七六
十六日	左少将隆貞判	祈禱を命ず	少輔律師御房	三二〇九二
二十一日	右中将（花押）	高時法師追討を命ず	岡本観勝房	三二〇九九
五月　二日	左少将隆貞	東夷追討を命ず	英積太郎兵衛尉殿	三二一二八
同	左少将（裏花押）	寺領安堵	大山寺々僧中	三二一二九

この表を観察すると、護良親王は元弘三年正月から五月にかけて令旨を発給していて、しかも軍勢催促がほとんどである。そのうち、北条氏打倒を指示することを明示するのは、二月六日牛屎《うしくそ》郡司入道殿宛の令旨であり（牛屎院文書）、「為東夷追討、所被召軍勢也」との文で始まる。「東夷」が北条氏を指すことは間違いないが、牛屎郡司入道は九州薩摩国の牛屎郡司であり、九州での蜂起を求めている、と解釈される。

鎌倉の北条氏政権の討伐を指示するのは、三月十五日結城上野入道宛令旨である（結城文書）。

伊豆国在庁高時法師等誇過分之栄耀、頻奉令軽朝威之條、下剋上之至、奇怪之間、所被加征伐也、早相催一門以下之群勢、速可追討彼凶徒等、於勧賞者、宜依請者、依大塔宮令旨、執達如件、

三月十五日　　左少将俊貞在判

結城上野入道館

〔読み下し〕

伊豆国在庁高時法師等、過分の栄耀を誇り、頼りに朝威を軽んぜしめ奉るの條、下剋上の至り、奇怪の間、征伐を加えらるるところなり、早く一門以下の群勢を相い催し、速やかに彼の凶徒を追討すべし、勧賞に於ては宜しく請に依るべしてへり、大塔宮令旨に依り、執達くだんの如し、

この文書（写）は、文書様式として、発給年月日が「三月十五日」と記され、年がないのが気にな

る。さきの表を見ても分かるように、護良親王令旨は令旨一般と同様に、書き下し（一行書き）の年月日を持つ。また奉者の「左少将俊貞」は「左少将隆貞」でなければならない。奉者名の誤りはこの文書が写される過程で生じた問題であろうが、「三月十五日」は写作成のなかで元弘三年が落ちたとは考えにくい。

そうではあるが、この文書は、全体の文言は他の令旨と同趣旨であり、とくに書留文言は問題ない。さらにこの護良親王令旨の宛所（宛名）とされている結城上野入道（結城宗広）は後日に「去る三月十五日　令旨、四月二日到来す、謹んで承り候い了んぬ」と書いていて（結城文書）、三月十五日護良親王令旨は結城家に届いていた、と考えなければならない。

四月一日令旨は二通残っているが、ほぼ同様の文言であり、同じ様式である。熊谷小四郎館宛令旨（熊谷家文書）は「伊豆國在庁時政子孫高時法師、奉蔑如朝家間、所被加征伐也、相催一族、可令馳参戦場之由、依大塔二品親王令旨之状如件」（原文のまま）との文章であり、高時誅罰を促す。奉者は左少将隆貞であり、元弘三年四月一日の書き下し年号である。

義貞宛の護良親王令旨

元弘三年三月から四月、北条氏討伐を呼びかける護良親王令旨がたしかに出されていたことは、このように確認できる。結城氏・熊谷氏のような東国武士にも出されているのであり、新田氏に出されていたことも十分に想定できる。ただ『太平記』に載せられた令旨は、奉者署判はよいとしても、その文章・文言は実際の令旨と大きく異なり、『太平記』作者の述作と見られる。だが、宛名の「新田小太郎」は、当時の義貞は官途を持たないので、

『太平記』作者の知識の正しさを示している。

つぎに発給年月日の「元弘三年二月十一日」であるが、幕府軍と護良親王方との合戦状況の時期としては問題ない。またこの時期に護良親王が軍勢を催促する令旨を実際に出していたことも確かめられる（表の正月、二月）。この時点で、義貞宛に北条高時誅罰を命ずる令旨が出されていた可能性は高い。ただ「高時法師」と名を挙げて、軍勢を催促するのは三月十五日からであり（前掲「護良親王令旨」参照）、義貞宛令旨は一カ月早い。巻十には「義貞去《さる》三月十一日先朝ヨリ綸旨ヲ賜《たまわり》タリ」とあり、義貞宛の綸旨が三月十一日付であった、としている。それを採用すれば、巻七所載の令旨の日付も「元弘三年二月十一日」ではなく、「元弘三年三月十一日」となり、このほうが時貞討伐を明記する令旨としては整合的である。ただ「先朝ヨリ」とあるので、後醍醐天皇からの綸旨であるかのように記している。

新田義貞には、護良親王令旨と後醍醐天皇綸旨の両方が与えられていたとする説もあるが、『太平記』には後醍醐天皇綸旨が新田義貞に与えられる場面はない。もし義貞宛の後醍醐天皇綸旨が出されたとの認識が『太平記』にあるならば、『太平記』（巻一～十二）作者の義貞・後醍醐関係の描き方の傾向（親密さを強調）からして、その場面を作品中に設定しないはずはない。したがって、『太平記』作者には義貞宛の後醍醐発給綸旨が出されたとの認識はないと考えるのが妥当であり、「義貞去三月十一日先朝ヨリ綸旨ヲ賜タリ」のうち「先朝ヨリ」は混乱と解される。「去三月十一日」は前述のように活かされるべきであろう。つまり、新田義貞に宛てた護良親王令旨は元弘三年三月十一日に出された、と解釈しておきたい。

さて『太平記』では、護良親王側は綸旨にして発給したとするが、自らを天皇とする綸旨はありえない。そのような護良親王発給文書は残っていない。それにもかかわらず、なぜ『太平記』作者はそのようなことにしたのだろうか。後述するように、新田一族は挙兵にあたり、綸旨を拝領したと自覚し、それを大義名分にしている。『太平記』のなかでは、新田方は護良親王の発給したのが令旨でなく綸旨様式であることを喜び、なんら疑うところがない。

護良親王の令旨が綸旨として受容された例はなくはない。同時代史料に見つけることができる。

就御祈禱事、綸旨如此、今日自十六日、可被始行一字金輪護摩・同供幷尊勝佛頂法等、十二口僧侶厳蜜可令勤修給之由、
大塔二品親王令旨所候也、
元弘三年卯月十六日　　左少将隆貞判
少輔律師御房
（唐招提寺所蔵文書）

この文書は本文末尾の「大塔二品親王令旨所候也」から明確なように護良親王の令旨である。奉者の左少将隆貞（四条）も問題ない。ところが本文冒頭には「就御祈禱事、綸旨如此」とあり、これが綸旨を受けて出されたことを示している。これに該当する綸旨は次のものである。

□(就)祈禱事、自今日被始行之様、可有御下知之由、
天気所候也、仍執達如件
　　卯月十六日　　　　　左近中将忠顕
謹上　殿法印御坊
　　　　　　　　　　　　　　　　（唐招提寺所蔵文書）

この綸旨は月日がさきの護良親王令旨と同じであり（年も同じと判断される）、綸旨と令旨は一緒に作成されて、同一機関にもたらされたと思われる。少輔律師御房と殿法印御坊の詳細は不明だが、このふたつの文書が同一機関（唐招提寺）に伝来していることも、この推定を助ける。

綸旨を発給する後醍醐天皇は、この時点では、伯耆船上山にいるのであり、畿内の僧に祈禱命令を出したとは考えにくい。この綸旨（後醍醐天皇）は護良親王のもとで作成されて、同時に作成された令旨とともに、畿内大和の寺院に届けられたのであろう。

このふたつの文書は大和唐招提寺に伝来していることから、大和方面では護良親王令旨が綸旨とともに受容されることがあったことを示している。元弘三年の前半は、入京以前、護良親王は大和・河内を舞台に独自の動きを展開していて、ひとつの政治的中心になっていた。護良親王と政治的提携を図ろうとする勢力は護良親王の発給する令旨と、後醍醐綸旨の両方を受けとろうとする傾向があったのだろう。

こうしてみると、新田義貞宛の護良親王令旨が綸旨として発給されたことは、綸旨と令旨をともに

受けたと解釈できようか。ただその綸旨・令旨はともに護良の発給である。東国武士の天皇権威への帰属が強いことを考慮すると、新田氏方が綸旨を求めたことは十分考えられる。
義貞はじめ新田一族はこうした「綸旨」を拝領した、と推定しておきたい。

2 挙兵

挙兵の日時・場所

新田義貞はいつ、どこで、兵を挙げたのか。このことについては確かな史料はない。軍記物・編纂物が残るだけである。代表的な書物を検討しよう。

『太平記』（巻十）は元弘三年五月八日、新田生品《いくしな》神社（太田市市野井に比定）で、新田一族を結集して、挙兵したと伝える。「新田義貞謀叛事付天狗催越後勢事」の一節であるが、そのなかに「同五月八日ノ卯刻ニ、生品明神ノ御前ニテ旗ヲ挙、綸旨三度是《これ》ヲ拝シ、笠懸野《かさがけの》ニ打出ラル、相随フ人々、氏族ニハ…」とみえる。この節の叙述はきわめてリアルであり、作品のハイライトのひとつとなっている。

いっぽう『梅松論』は「五月中旬に上野国より新田左衛門佐、君の味方として当国世良田に討出て陣をはる、これも清和天皇の御后胤陸奥守（義家三男式部大夫義国子息大炊助）義重、陸奥新判官義康の連枝也、潜に勅を承るに依て義貞一流の氏族皆打立けり」と記す。挙兵した日は五月中旬とあいまいであるが、陣を張った場所は世良田である。

また『神明鏡』は義貞挙兵から鎌倉攻めまで、『太平記』とほぼ同様の叙述をしているし、細かな事実記載もきわめて似ている（一部異なる）。もととなった素材はおなじではないかとも思われる。ただ『神明鏡』には「閏〔同〕五月五日新田小太郎義貞義助一族三十余人宣旨三度拝之、笠懸野辺打出」とだけ記されて、挙兵日は五月五日であり、生品神社での挙兵場面はない。生品神社の挙兵は『太平記』に特徴的であり、義貞挙兵の場面を劇的に仕上げる創作であろう。

つぎに義貞が挙兵後に陣を張ったのはどこであろうか。『太平記』・『神明鏡』は笠懸野に打ち出たという。『梅松論』は世良田に打ち出た、とする。笠懸野は旧新田町北部・笠懸町にひろがる。世良田はその南西にある。現在の地名をもとにするかぎり、笠懸野・世良田は別の場所ということになる。だが、往時の笠懸野が現在の地名のところだけとはかぎらない。現在の地名よりも広い場所が、地名変更を経るなかで、現在の地名の場所だけに残った、とも考えられる。これは推量であるが、笠懸野と世良田は矛盾しない（広い笠懸野のなかに世良田がある）と考えたい。したがって義貞は笠懸野・世良田に陣を張った、ということである。

さて義貞挙兵の日はどうであろうか。五月の五日（『神明鏡』）、八日（『太平記』）ともまた中旬（『梅松論』）ともする。足利贔屓《びいき》の『梅松論』が尊氏の六波羅攻略（五月七日）より遅くするのはうなずけるが、その『梅松論』も五月十四日には武蔵野合戦を記す。

義貞軍勢の動きを記す確かな文献史料は、信濃武士市村王石丸代後藤弥四郎が「去る五月十一日御方に馳せ参じ」（由良文書）と記したものである。五月十一日には義貞軍は行動しているのであり、そこに信濃武士市村王石丸代後藤弥四郎が加わったことが確認できる。この場所は西上州か武蔵北部であると推定できるから、新田での義貞挙兵は少なくともその数日前でなければならない。すると、十日以前ということになり、五月八日とするのも妥当かと思われる。挙兵後の新田軍に甲斐・信濃の源氏勢力が八幡荘（高崎市）にて合流したと『神明鏡』は記述するが、こうした動きについては確かな史料で裏づけられない。

この後、新田軍は武蔵入間《いるま》小手指原《こてさしがはら》→武蔵府中分倍《ぶばい》原→鎌倉周辺→鎌倉中と進軍していくが、このうち武蔵府中分倍原での合戦が五月十五・十六日であることは動かない（後述）。したがって入間小手指原での合戦は同十四日以前ということにならざるをえない。

小手指原の合戦

『太平記』によれば、五月九日に義貞は武蔵に入り、十一日には小手指原に臨んだ。この日の合戦では、新田方も北条方も奮戦し、義貞軍は入間川に、北条軍は久米川に陣を取った。明けて十二日の合戦では新田方の優勢となり、北条方は分倍（武蔵府中）をさして退いたという。この十一日・十二日の、小手指原の合戦は事実として確かめられるだろうか。

五月十一日に合戦があったことを知らせる確かな史料は、信濃武士市村王石丸代後藤弥四郎が「去る五月十一日御方に馳せ参じ、同十五日分倍原御陣に於て…」（由良文書）と記したものだけである。信濃武士が分倍原合戦（十五日）前の同十一日に御方（新田義貞）に参陣したことを示しているが、信濃から武蔵府中までのコースで新田軍に合流するとしたら、武蔵北部は適当であり、この「去る五月十一日御方に馳せ参じ」は武蔵小手指原合戦での馳参として理解できる。

また小手指原（入間川）で合戦が行われたことは、小笠原系図（『続群書類従』）の小笠原貞宗の項に

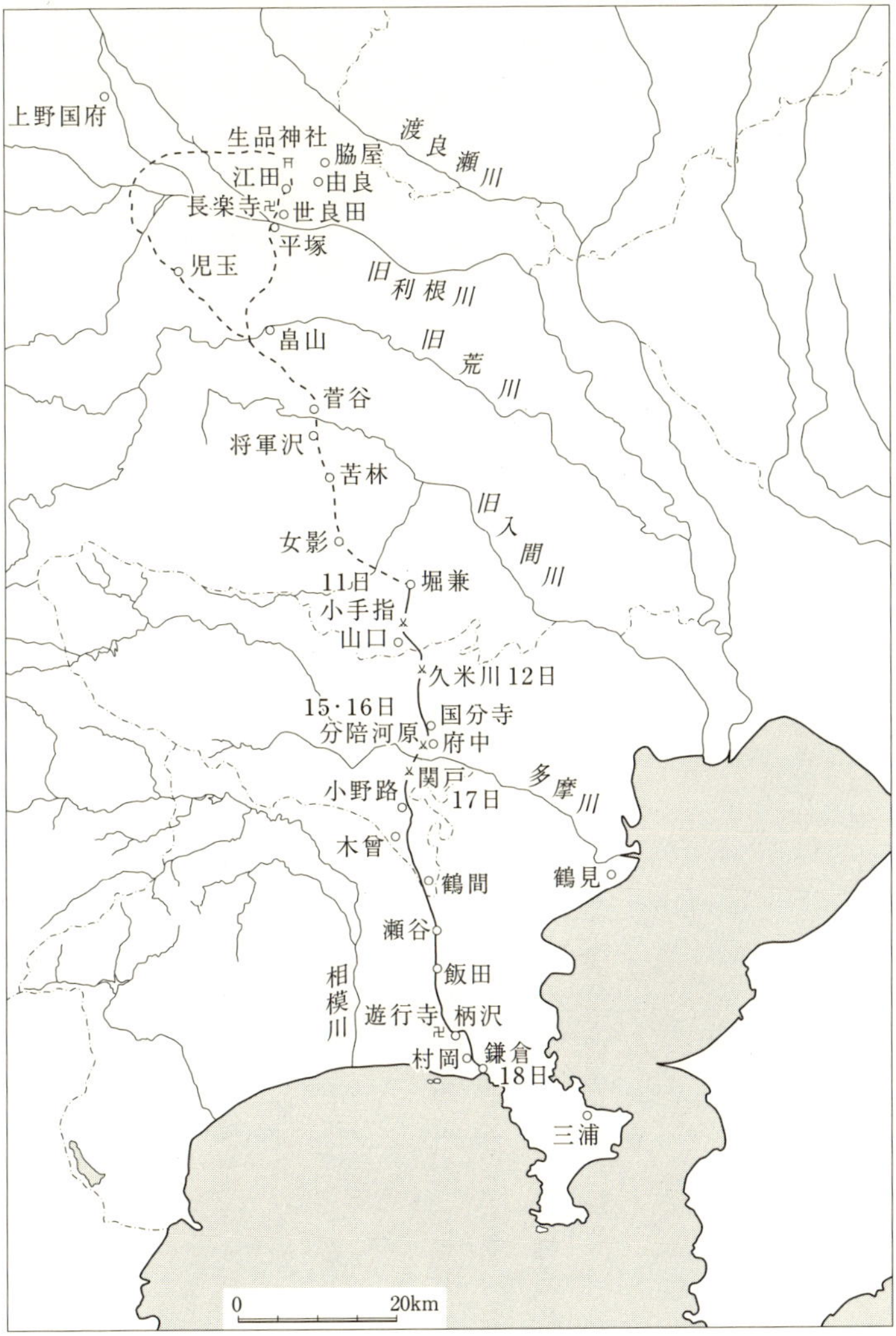

新田義貞軍の鎌倉進撃想定路（『太田市史通史編中世』を改変）

「元弘の戦、義貞旗を挙げるの時、勅定に依り、貞宗信飛勢を引率し、一方大将として、入間河・鎌倉等に於いて、度々武功を顕す」とあり、小笠原貞宗が入間川で新田義貞と一緒に戦ったことが分かる。これは系図のなかの記述であるが、同系図は南北朝期の文書を引用することもあり、信用してよいと思う。

さらに常陸武士の塙政茂《はなわまさしげ》が自らの軍忠（合戦での功績）を述べているなかに「鎌倉高時入道御対治のため、大将御発向の間、五月十六日武蔵国入間河御陳〔陣〕に馳参」と見える。入間河陣（合戦）がここに確かめられる。塙は常陸鹿島社の神官一族である。ただし入間川合戦を五月十六日とするが、これは思い違いであろう。

こうして入間川・小手指原の合戦は、義貞軍に信濃の市村氏・小笠原氏勢、さらに常陸塙氏が加わって展開された。また『太平記』ではここで足利千寿王丸《せんじゅおうまる》が新田勢に合流したことになっているが、千寿王丸については後に述べる。対する北条方の具体的構成は『太平記』では桜田治部大輔貞国を中心に加治・長崎らであり、『神明鏡』でも同様である。ただ、確かな史料では裏づけられない。

3　武蔵府中分倍河原の合戦

武蔵小手指原合戦を終えた義貞軍は、五月十五日多摩川を渡河せんとした。渡河点は武蔵府中の南、分倍河原《ぶばいがわら》であった。この合戦は、鎌倉合戦のひとつ手前の戦であるが、この勝敗はその後の戦局を左右した。
この合戦の確実な史料は次の文書である。

市村王石丸代後藤弥四郎信明、去五月十一日馳参御方、同十五日於分倍原合戦仁依捨身命、令分捕頸壱、則入見参畢、同十八日於前濱一向堂前、依散々責戦左足股被切破畢、然早給御判、為備後代亀鏡、仍目安如件、

元弘三年六月十四日

「承了、（花押）」

（由良文書）

〔読み下し〕

市村王石丸代後藤弥四郎信明、去る五月十一日御方に馳せ参じ、同十五日分倍原合戦において身命を捨てるにより、頸壱を分捕《ぶんど》らしめ、則ち見参に入れ畢《おわ》んぬ、同十八日前濱一向堂前において散々責め戦うにより左足股を切破られ畢んぬ、然らば早く御判を給わり、後代亀鏡に備えんがため、仍《すなわ》ち目安くだんの如し、

元弘三年六月十四日

「承り了んぬ、（花押）」

この文書は、市村王石丸代後藤弥四郎信明（以下では市村氏代後藤信明とする）が新田義貞軍に参加

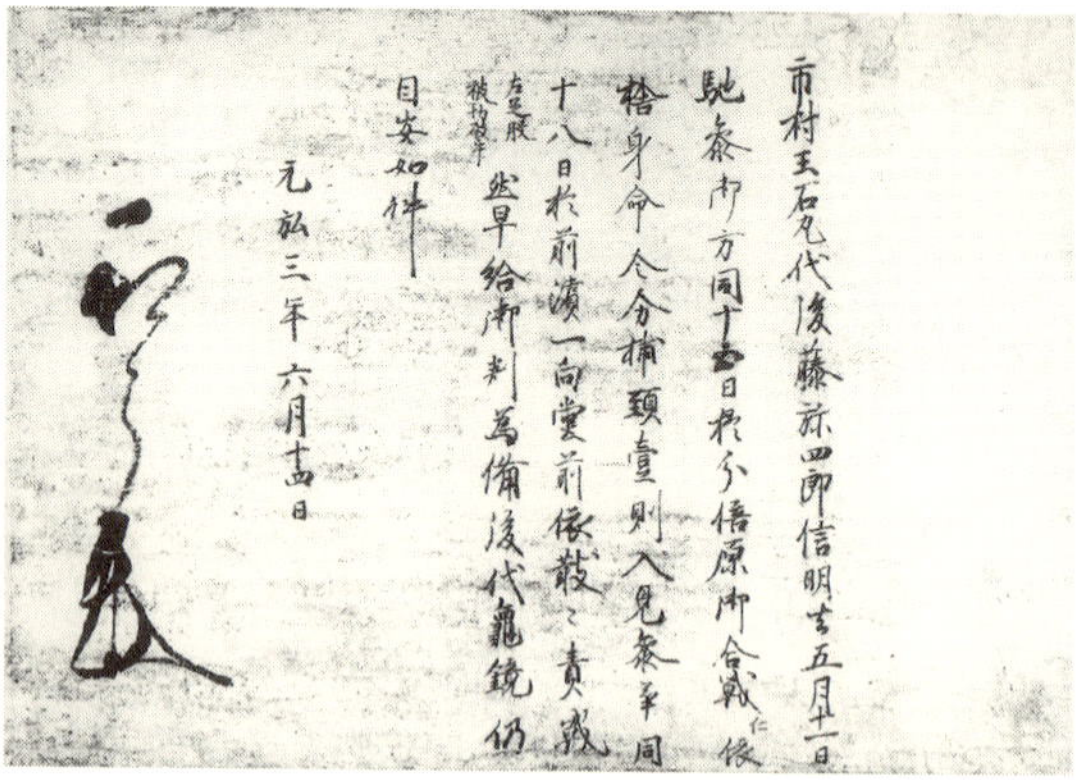
市村王石丸代後藤弥四郎信明申五月十一日
馳参御方同十五日於分倍原御合戦仁依
捨身命令分捕頸壹則入見参畢同
十八日於前濱一向堂前依致々責戦
然早給御判為備後代龜鏡仍
目安如件
元弘三年六月十四日

「新田義貞証判市村王石丸代後藤信明軍忠状」
（由良文書）（東京大学文学部蔵）

して功績を挙げた事例を文章に認《したた》め義貞に提出して、義貞の証判を受けたものである。末尾の「承了、（花押）」は本文とは別の書体であり、別の墨で書かれている。この「承了、（花押）」は新田義貞が書いたもので、花押は義貞のものである。花押は他とくらべて大きく、義貞の自負心を現しているとも見える。

さて市村氏代後藤信明は、五月十一日に参陣し、同十五日の分倍原合戦、同十八日鎌倉前浜一向堂前合戦を戦功に書き上げている。義貞はそれを承認して、証判を与えたのであるが、この文書をこまかに観察すると、「同十五日於分倍原合戦」の部分の「五」が訂正文字であることが分かる。「五」の文字の下には擦り消した痕跡がみとめられる。「五」とは違う数字を擦り消して、その上に「五」が書かれている。さらに詳しく見ると、この「五」の文字の墨は「承了、（花押）」と極めて似ている。同じ墨といってもいい。

この「五」は新田方（義貞自身）が書き入れた、と見てよかろう。市村氏から出された軍忠状を見た義貞は、分倍原合戦の日付が違うのに気づき、十五日と訂正したのである。

分倍河原古戦場跡（東京都府中市分梅町）

こうして分倍原合戦は五月十五日に行われたことが確かめられる。

＊この文書は市村氏方に戻るのが普通であるが、明治期には由良家が所蔵していた。由良家は新田家の家宰であるから、この文書は市村氏に由良氏を媒介にして戻されるはずのものが、なにかの都合でそのままになったとも考えられる。または市村氏に戻ったが、江戸時代以降に巷間に出て、それを新田氏を継承した由良氏が入手したとも考えられる。

飽間氏の参加

東京都東村山市の徳蔵寺には、府中分倍原合戦で戦死した武士を供養する石碑（板碑）が立っている。この板碑は最上部は欠損しているが、緑泥片岩を用いて、上部に光明真言を梵字で記し、中央部に供養の趣旨を次のように刻んでいる。

飽間斎藤三郎藤原盛貞生年廿六　　勧進玖阿□（弥）陀佛
於府中五月十五日令打死
元弘三年癸酉五月十五日敬白
同孫七家行廿三同死　　飽間孫三郎
宗長卅五　相州村岡十八日討死　　執筆遍阿弥陀佛

この碑文に刻まれた人物（三人）は新田軍に参加したと見られる。その理由は次のとおりである。この板碑が建てられたのは埼玉県所沢市の将軍塚であったが、それを管理していた永春庵が徳蔵寺の末寺であった関係から、文政年間に徳蔵寺に移されたという。所沢市の将軍塚は旧入間郡久米村に属し、新田義貞が旗を立てて本陣にしたとの伝承をもつ。その新田軍ゆかりの地に立てられた供養塔に記された人物は新田軍の武士と見なされよう。

碑文によれば、府中の合戦では、飽間《あきま》斎藤三郎藤原盛貞と同孫七家行の二人が、十五日に討死している。二十六歳と二十三歳である。また飽間孫三郎宗長は十八日の相模村岡の合戦で戦死しているが（三十五歳）、この人物も府中合戦に参加していたとみてよい。またこの供養碑は僧玖阿弥陀佛の勧進で建てられたが、この人物は名からして時衆と解される。時衆の僧は戦陣に同行し、戦死者をその場にて供養することが往々に見られるが（陣僧）、この玖阿弥陀佛もそうした存在であろう。

飽間一族は三人が武蔵府中にて合戦していることが確認され、一族を挙げて義貞軍に参加していたと考えられる。この飽間氏は古代の上野国碓氷《うすい》郡飽間郷（『倭名鈔』）を苗字の地とする武士である。飽間郷は室町期には上野国守護上杉氏の所領となっていることが確認されるので（彦部文書）、おそらく鎌倉末期には北条得宗領であった。得宗領を上野国守護が自己の所領に編入したと考えてよい。碓氷郡など西上州は、鎌倉後期、北条得宗領に入った所も多かった。飽間一族は、鎌倉末期には北条氏勢に押さえられて、その周辺に潜伏していたとも想像できる。

戦況

府中分倍原の合戦は五月の十五日と十六日に展開されたが、その戦況はどうであろうか。

結果的には、北条軍が敗れ、勝利した新田軍は相模・鎌倉に進撃することとなった。

『梅松論』は「義貞多勢を引卒して武蔵国に攻入間《せめいるあいだ》、当国の軍勢も悉《ことごとく》従付けるほどに、五月十四日高時の弟左近将監恵性を大将として武蔵国に発向す、同日山口の庄の山野陣を取て、翌十五日分配《（倍）》関戸河原にて終日戦《たたかい》けるに命を落し疵を蒙る者幾千萬といふ数をしらす、中にも親衛禅門の宗徒の者共、安保左衛門入道道潭《どうたん》・栗《（粟）》田・横溝はら、最前に討死しける間」と、北条軍の敗北を直接に語る。合戦は十五日で、場所は分配（分倍）・関戸の河原、という。分倍と関戸は多摩川に面していて、合戦が多摩川両岸の河原でくりひろげられたことを知らせてくれる。そして北条軍は、北条高時によって派遣された左近将監恵性（北条泰家）を大将として安保・栗《（粟）》田・横溝らで、十四日には現地に着いていた（山口庄は不詳）。

ところが、『神明鏡』・『太平記』は十五日には新田軍が敗れ、翌十六日の戦いでは勝利した、と記す。『神明鏡』は次のとおりである。

御方打負由鎌倉聞ケレハ相模入道、舎弟四郎左近将監恵性大将重廿万騎差下、其勢十四日夜半計分倍着、平家勢力得進、源氏平家荒手加タル事不知、十五日夜未明分倍押寄時作、平家荒手大勢一成源氏中取篭不餘《あまさず》責ケレ共、電光激スルカ如クニ戦ケリ、去共《されども》其日打負源氏堀兼差引退、小手指原の敗戦を聞いた相模入道（北条高時）は大軍を重ねて派遣した。左近将監恵性（北条泰家）を大将とする二十万騎は十四日夜半に分倍に到着し、十五日に新田方と戦った。新田方は、荒手（新手）の軍勢が到着したのを知らなかったという。敗れた新田軍は堀兼《ほりがね》を差して退いたのである。

また『太平記』の叙述は以下のとおりである。

> 去程ニ桜田治部大輔貞国・加治・長崎等十二日ノ戦ニ打負テ引退由鎌倉へ聞へケレバ、相模入道、舎弟ノ四郎左近大夫入道恵性ヲ大将トシテ、塩田陸奥入道・安保左衛門入道・城越後守・長崎駿河守時光・左藤左衛門入道・安東左衛門尉高貞・横溝五郎入道・南部孫次郎・新開左衛門入道・三浦若狭五郎氏明ヲ差副《さしそえ》テ、重テ十萬騎ヲ被下、其勢十五（十四）日ノ夜半許《ばかり》ニ、分陪ニ着ケレバ、当陣ノ敗軍又力ヲ得テ勇進マントス、義貞ハ敵ニ荒手ノ大勢加リタリトハ不思寄《おもいもよらず》、十五日ノ未明ニ分陪へ押寄テ時ヲ作ル、鎌倉勢先究竟《くっきょう》ノ射手三千人ヲ勝テ面ニ進メ、雨ノ降如《ふるがごとく》散々ニ射サセケル間、源氏射タテラレテ駈エズ、平家是ニ利ヲ得テ、義貞ノ勢ヲ取籠《コメ》不餘トコソ責タリケレ、新田義貞逞兵ヲ引勝《すぐ》テ、敵ノ大勢ヲ懸破テハ裏へ通リ、取テ返テハ喚《おあい》テ懸入、電光ノ如《ごとく》レ激、蜘手・輪違ニ、七八度ガ程ゾ当リケル、サレドモ大敵而モ荒手ニテ、先度ノ恥ヲ雪メント、義ヲ専《もっぱら》ニシテ戦ヒケル間、義貞遂ニ打負テ堀金（兼）ヲ指シテ引退ク、（巻十）

大筋は『神明鏡』と同じであるが、北条軍の構成がやや細かく記され、北条対新田の戦いも戦法の内容まで叙述されている。新田方が採用した「蜘手《くもで》・輪違《わちがい》」とは騎馬集団の懸け方であるが、騎馬に修練していたことを伝えている。それでも、この十五日は新田方の不利となり、堀金（堀兼）に引いた。

大多和氏の新田与同

この戦局を展開させたのが三浦大多和義勝《おおたわよしかつ》の新田方への参加とされる。『神明鏡』では先の引用につづいて「爰三浦大多和平六左衛門尉義勝相模勢相具、十五日夜入源氏陣馳来、義貞不斜《なのめならず》喜軍談合有義勝被任、去程義勝三浦四万余騎最前進、五月十六日刁（寅）剋分倍川原押寄」と記す。三浦大多和義勝が義貞軍に入り、戦局を任されることになったというのである。十六日の戦は、この三浦大多和らの活躍により、新田方の勝利となり、左近大夫入道（北条泰家）らは鎌倉へ落ち上った。

十六日の戦が新田方勝利に帰した経緯について、『太平記』も内容的には同様であるが、「三浦大多和義勝」（『太平記』でもこの表記）と新田義貞の会話を詳しく記し、北条方が新手の三浦大多和を味方と思い込んでいる様子を述べる。

> 爰ニ寄手相近ヅクヲ見テ、河原面ニ陣ヲ取リタル者、「只今面《おもて》ヨリ旗ヲ巻テ、大勢ノ閑カニ馬ヲ打テ来レバ、若敵ニテヤ有ラン、御要心候ヘ」ト告タリケレバ、大将ヲ始テ「サル事アリ、三浦大多和ガ相模剋勢ヲ催テ、御方ヘ馳参ズルト聞ヘシカバ、一定参加タリト覚ルゾ、懸ル目出度《めでたき》事コソナケレ」トテ、驚者一人モナシ、只兎《ただと》ニモ角ニモ運命ノ尽ヌル程コソ浅猿ケレ、（巻十）

三浦大多和氏は平姓三浦一族であり、北条氏にも親しく、新田方に寝返るとは夢にも思わなかったのである。この三浦大多和氏の動きは北条勢力の政治的・軍事的分解を示す事件であるが、『太平記』作者はここに北条氏の行末を見て、「運命ノ尽ヌル」と予感したのである。

戦局を展開させた三浦大多和氏の行動は、『太平記』ではこの分倍河原合戦だけであるが、事実として確認できるであろうか。常陸武士の大塚員成《かずなり》が同年六月に新田方に出した軍忠状は、五月十八日稲村崎合戦、同二十一日鎌倉前浜合戦、同二十二日鎌倉葛西谷合戦での功績を書き上げ、「件条相模国御家人大多和太郎遠明・同国御家人海老名□藤四郎頼親見知せしめ畢んぬ」と記し、大多和太郎遠《とお》明《あき》らが証人だという（大塚文書）。この大多和太郎遠明は相模国御家人と記されており、三浦大多和氏の一員であることは間違いない。『太平記』の三浦大多和義勝とは実名が異なり、別人と考えるのが妥当であろう。大多和太郎遠明が新田方として鎌倉攻めに加わっていることは確認できるので、他の一族も率いていたのだろうか。三浦大多和氏は一族の大半が新田方に加わったと考えられる。

ところで、大塚員成が大多和太郎遠明を証人として挙げる戦は五月十八日以降の鎌倉合戦である。あるいは大多和太郎遠明が新田方に寝返ったのは鎌倉合戦以降と解釈することもできるが、十八日稲村合戦は鎌倉入口であり、大多和太郎遠明は鎌倉に入る前から新田方に参加していたと考える方がよいと思う。大多和太郎遠明の新田軍参加は、したがって、十六日〜十七日に求められ、府中分倍河原合戦からとする『太平記』の認識も妥当性がある。

十六日合戦の参加者

この十六日分倍河原合戦には、他にも参加したことの確認できる者がいる。元弘三年十月に陸奥大河戸隆行が新田方に出した軍忠状に「武州所領岻須郷代官岩瀬五郎入道妙泉同五月十六日同分倍に於いて御方に馳せ参じ、散々合戦を致す」（朴澤文書）とみえ、武蔵岻須郷の岩瀬五郎入道妙泉が十六日の分倍河原合戦に加わっていたことが分かる。また同年八月の熊谷直経軍忠状は「亡父直春今年〈元弘三〉五月十六日御方に馳せ参じ、数ヶ度合戦を致すの刻、同廿日…」と記して新田方の証判を得ているが、ここから熊谷直春の参加は五月十六日からであることが分かる。これは日時からして分倍河原合戦であろう。

大河戸隆行代官岩瀬五郎入道妙泉と熊谷直経父直春の二人は、こうして分倍河原合戦、それも五月十六日の合戦から、北条討伐戦に参加したのである。三浦大多和氏と同じである。十二日の小手指原合戦に参加していた信濃武士の市村・小笠原氏なども、ひきつづき分倍河原合戦にも従っていたであろうから、この合戦で新田軍は勢力を増やしたのである。

多摩川下流・鶴見の戦

多摩川は武蔵南部の相模との国境近くを流れ下り、江戸湾に出るが、その河口部の右岸に鶴見がある。ここでもほぼ同時期に戦闘があった。『梅松論』に、

かゝりしほどに、三の道へ討手をぞ遣されける、下の道の大将は武蔵守貞将むかう処に、下総国より千葉介貞胤《さだたね》、義貞に同心の義有て責上る間、武蔵の鶴見の辺にをいて相戦けるが、是も打負て引退く、

と見える。義貞に同心した千葉介貞胤が武蔵鶴見で北条貞将《さだゆき》と戦い、破ったという。

この千葉介貞胤の行動は、確かな史料には見えないが、「千葉系図」（『続群書類従』）の貞胤項には「鎌倉高時滅亡以後、新田左中将義貞公御方シテ於二国国一数箇度ノ合戦ニ廻二智謀一」と見える。千葉貞胤が義貞方についたのは北条高時滅亡以後とされ、これは一見さきの『梅松論』と矛盾する。この二つの性格の違う資料（しかも系図は後世の編纂物）を整合的に解釈することがよいのかは疑問だが、千葉貞胤が義貞と面会したのは鎌倉攻略以後であり、鶴見の合戦は義貞方に立った行動と解釈することも可能である。少なくとも、「千葉系図」の記事により、鶴見での千葉貞胤の合戦を否定することはできない。彼が鶴見で北条方を破ったことが、分倍原合戦の形勢にも影響を与えたことは十分想像される。義貞軍の勝利は千葉貞胤軍の優勢と連動していたのである。

4 武蔵国府とその軍事的位置

分倍河原の堤

分倍河原は武蔵国内を流れる多摩川沿いにあり、武蔵府中に近い。新田方はこの河を渡ると低い丘陵となり、それを越えると相模に入る。それだけに、鎌倉防備戦にとって、武蔵府中分倍河原での戦闘が軍事上に占める位置は大きい。そこで、多摩川・分倍河原の様子を整理しておきたい。

多摩川は秩父山系に源を発し、武蔵国南部を東南に流れる。上流は急で、川幅も狭い。それが中流になると、河幅も広くなり、渡河点も出てくる。

青梅《おうめ》ノ辺ヨリ漸々《ようよう》川幅広ク拝島《はいじま》日野《ひの》辺ニ至リテハ急流ナリトイヘトモ水勢ヲタ（穏）ヤカニシテ河原百間或ハ二百間余ナリ、水幅或ハ三十間許《ばかり》東ヘ流ルルニ従テ砂利川トナレリ、渡舟ハ青梅下ヨリ世田ケ谷領登戸《のぼりと》ノ渡《わたし》マデ十二ケ所、

（『新編武蔵国風土記稿』多磨郡）

中流の拝島・日野の辺から川幅が広くなり、百〜二百間（一八〇〜三六〇メートル）にも及び、川は砂利を落としつつ流れる、という。これは近世後期の地誌の記すところであるが、自然地形のことであり、鎌倉末期でも大差ないと見られる。

府中辺はこの中流域にあり、広大な河原が展開していた。現在でも自然堤防の一部や人工堤防が見られるが、河原は堤を築き、洪水を防いでいた。鎌倉後期には、武蔵府中の役人（在庁）が中心となり、堤造営に励んでいた。

府内分陪河防事、去四月以前可令修固之由、被仰下候了、而恩田・鴨志田所課分、以定使度々令申候之処、于今無御沙汰之条、何様事候哉、且国中平均支配之処、両郷許御難渋候、所詮御対捍事可令注進候也、承子細可令存知候、恐々謹言、

七月十六日

左兵衛尉実長（花押）
沙彌阿聖
（金沢文庫文書）

謹上　恩田殿

〔読み下し〕
府内分陪河防の事、去る四月以前に修固せしむべきの由、仰せ下され了《おわ》んぬ、而《しか》るに恩田・鴨志田所課分、定使を以て度々申せしめ候の処、今に無沙汰の条、何様の事に候や、且《かつ》は国中平均支配の処、両郷ばかり御難渋候、所詮御対捍の事注進せしむべく候なり、子細を承り存知せしむべく候、恐々謹言、

これは、「府内分陪河防事」の修固を恩田氏に命じた文書であるが、差出人（二人）は命じる側の立場にある。そのうち「沙彌阿聖」は武蔵国木田見牛丸郷をめぐる相論を裁許した嘉元二年五月一日関東下知状（熊谷文書）に「留守代阿聖」と出てくる。つまり阿聖は武蔵国留守代であった。留守代は武蔵国衙《こくが》の役人（在庁官人）であり、したがってもう一人の左兵衛尉実長も同様の立場にあった、と解釈される。またほぼ同内容の文書が、同じ発給者・日付で市尾入道に宛てて出されている。
この二つの文書は、武蔵国衙の役人が「府内分陪河防事」を恩田氏と市尾入道の二人に命じていることを示している。分倍河原に堤を築くよう命じているのであるが、分担部分があったようで、「所課分」（市尾入道宛では「役所」）と言われている。恩田氏や市尾氏は、四月以前に修固するよう命じら

れながら、実施せずにいたらしい。四月（旧暦）には雪解け水で増水するので、それ以前に堤を築きたい、というのが国衙のねらいであろう。それが実現しなかったので、国衙役人がふたたび七月十六日に命じたのだが、堤は修理されたかどうかは分からない。

ところで、この命令は「府内分倍河防の事、去る四月以前に修固せしむべきの由、仰せ下され了んぬ」と見えて、上意（仰せ）を受けていたことが分かる。この仰せとは武蔵国司の仰せでなければならないが、鎌倉末期の武蔵国司は北条氏嫡流であった。北条氏は武蔵国司として武蔵国衙を従えていたのであり、武蔵国衙（国府）には北条勢力が相当に入り込んでいたと考えられる。

武蔵国府と北条氏

武蔵国は国司（武蔵守）が守護権をも行使し、仁治元年以降は北条氏家督（得宗）の支配下にあったことがすでに究明されている。国内の寺社造営なども北条得宗（国司）からの仰せを受けて現地の留守所が指揮していた。秩父神社の場合は、鎌倉末期に神官中村弥次郎丹治《たんじ》行郷《ゆきさと》申状案は従来の慣例を「当国寺社造営等の事、国司御方に於いて御沙汰を経らるるの条先規傍例なり、就中《なかんずく》当宮造営に於いては、前々より目代御挙に就き公文所に於いて御沙汰あり、公文所より公方に仰せ出さるるの日、又御教書を御内に成され、御施行に就き造らしめ畢《おわ》るものなり」（秩父神社文書）と述べている。つまり、秩父神社造営事業は、国司方で決議→目代から公文所へ推挙→公文所で決議→公文所から公方（将軍）へ上申→公方（将軍）から御内（得宗）へ造営を命ずる御教書→御内（得宗）から目代に施行状、という手続きを経て開始されていた。造営開始はまず武蔵国府で決議され、それが国目代から公文所に提出される。この公文所は全体の経緯からみて得宗公文所と解釈される。国司（武蔵守）が北条得宗であるから、国方での造営開始決議文書も得宗公文所に出される。造営事業を命ずる将軍御教書が得宗に出され、それを得宗が国方に施行するのである。北条得宗家の関与が顕著であるが、それは現地国府を指揮する国目代に北条氏被官が就いていることが支えとなっていた。秩父神社には造営に関する文書目録が残るが、徳治二年造営については次の文書が出されていた。

(1) 徳治二年七月五日御内（得宗）より長崎殿への御勘料米御書下一通
(2) 徳治二年十二月七日長崎殿より留守所への書下一通
(3) 徳治二年十二月十日秩父社造営木作始日時勘文一通
(4) 徳治二年十二月廿二日留守所より宮本への書下一通

この年は造営のための「御勘料米《ごかんりょうまい》」に関する書下（造営を命ずる直状）が、得宗→長崎殿→留守所→宮本と伝達されていったことを示している。「御勘料米」とは造営を賄う費用として徴収する米であろうが、それが国府・国司方に公認されたのである。得宗の書下を受けて、それを留守所（武蔵国府）に伝達する長崎殿は、得宗被官の長崎氏である。この長崎氏の立場は、北条氏被官というよりは、目代であろう。目代であるが、鎌倉住いであり、国元（留守所）に書下を出す。留守所はそれを宮本（秩父社）に伝えるのである。目代長崎氏は鎌倉に居ながら現地を指揮するわけであるが、現地でこれを執行するのが在庁である。

留守所代

「府内分陪河防」の修固を命ずる書状に連署する二人のうち、阿聖が在庁（国府の役人）であることは前述した。この阿聖はたんなる在庁ではなく、留守代であった。彼が留守代として、現地でどのような権限を持っていたか、検討してみよう。

熊谷彦次郎直光《なおみつ》（満）と木田見孫四郎景長《かげなが》は同族であるが、武蔵国木田見牛丸郷の知行をめぐり、争っていた。木田見牛丸郷における木田見孫四郎景長の所領は父長家（佛念）から継承した二十町余であったが、そのうち七町六段半は公田であり、年貢・公事を負担していた。ところがその景長所領（二十町余）のなかから熊谷彦次郎直光（満）に田二町が分給されていて、その二町が年貢や公事を負担するのか否か、いつも採《も》めていた。

田二町を持つ直光の言い分は、年貢・公事地（公田）は全所領（二十町余）の約三分の一なのに、いつも二町分を負担させられている、負担は（二町分の三分の一に）減らすべきだ、というものである。そのため直光の父直高は、弘安年間には国方（武蔵国府）に訴え出て景長方と争ったが、その時は景長方が勝利し、「国方下知状」が景長方に出された。この下知状は嘉元二年の訴訟に証拠文書として提出されたが、幕府が要約するところは次の通りである。

爰如景長所進弘安三年二月廿三日国方下知状者、木田見小次郎長家与熊谷尼代子息直光相論天神宮造営用途事、右、両方雖申子細、所詮、尼知行分不可□（有カ）公事之旨、長家・重員等譲状分明之由、直

光申之間、被召出彼状等之処、無所見歟、任惣領支配、不日可致其沙汰云々、

（嘉元二年五月一日関東下知状、熊谷家文書）

〔読み下し〕

爰に景長所進の弘安三年二月廿三日国方下知状の如くは、木田見小次郎長家と熊谷尼子息直光と相論する天神宮造営用途の事、右、両方子細を申すと雖《いえど》も、所詮、尼知行分公事あるべからざるの旨、長家・重員等の譲状分明の由、直光申すの間、彼の状を召し出さるるの処、所見なきか、惣領支配に任せ、不日その沙汰致すべしと云々、

自分たちの知行分には公事（天神宮造営用途）は懸からないという直光母（熊谷尼）らの主張を退けて、公事を沙汰する（負担する）よう、国方下知状は命じたのである。

この国方下知状を発給したのは国方、つまり国府であるが、弘安年間には武蔵国務は目代と留守所が担当していた。したがって、この下知状も留守所が発給主体であったと推定できる。案件となったのは天神宮造営用途であるが、この天神は現在国府一宮（東京都府中市・大国魂《おおくにたま》神社）に合祀されているので、鎌倉後期には国府に所在したと見られる。国府が武蔵国内寺社造営について、発議権をもっていたことは前述したが、天神社でも確かめられる。

この国方下知状とともに、現地国府の責任者から付属文書が勝者に出された。それは「留守代阿聖書状」である。その要点は「留守代阿聖五月十四日書状の如くは、熊谷尼二町分銭を弁ずべきの由、

これを載せるといえども、」（同前）と整理されるように、熊谷尼に二町分を負担させる旨を明記するものであった。留守代は勝者に、おそらく勝者の求めに応じて、私的書状で尼負担分を明確にしたのである。ここには、武蔵留守所が留守代を中心にして、国内相論を裁き、国内寺社造営事業を遂行している様子が見える。

＊ところで嘉元二年の相論は国方年貢負担をめぐって展開したが、これを扱った幕府は弘安三年国方下知状は公事に関する事であり、留守代書状を「私書状」であると退けて、分限に従って直光方にも年貢を配分するよう命じている。

府中合戦の軍事的位置

このように武蔵府中には、鎌倉末期に在庁勢力が存在し、国府や周辺に分布する寺院・神社の造営事業を第一義的に担っていたわけであるが、この在庁勢力も武士化していたのであり、かれらは元弘合戦でどのような動きをしたのか、興味がわく。だが史料はない。ただ参考になる例はある。足利尊氏と同直義が激しく争った時、観応二年十二月、関東では宇都宮氏綱が上野国那波《なわ》（和）で直義方長尾氏を破り、駿河薩埵《さった》山の尊氏支援に向かったが、その途中の武蔵府中でも両方の軍勢が争っていた。この時、尊氏方の武蔵武士の高麗《こま》彦四郎経澄《つねずみ》は自らの軍忠を次のように記している。

一、同（観応二年十二月）十八日、自鬼窪打立、符（府）中罷向之処、同十九日於羽禰蔵合戦時、難波田九郎三郎以下凶徒等打捕候畢、

一、同夜於阿須垣原取陣之処、御敵吉江新左衛門尉寄来□、致散々合戦□□、薬師寺中務丞令見知畢、

一、同廿日、押寄符中追散御敵等、焼払小沢城畢、

（正平七年正月日高麗経澄軍忠状、町田文書）

〔読み下し〕

一、同（観応二年十二月）十八日、鬼窪《おにくぼ》より打ち立ち、符中（府中）に罷り向うの処、同十九日羽《は》禰蔵《ねくら》合戦の時、難波田九郎三朗以下の凶徒等を打ち捕え候畢んぬ、

一、同夜阿須垣原《あすがきはら》に於いて陣を取るの処、御敵吉江新左衛門尉寄せ来り□、散々合戦を致し□□、薬師寺中務丞見知せしめ畢んぬ、

一、同廿日、符中（府中）に押し寄せ、御敵等を追い散し、小沢城を焼き払い畢んぬ、

十二月十八日鬼窪《おにくぼ》（埼玉県白岡町）を発ち武蔵府中に向かった高麗彦四郎経澄は途中の羽禰蔵（埼玉県浦和市・富士見市）で十九日に合戦し、十九日夜は阿須垣原（東京都杉並区）に陣をとり、そこで敵吉江新左衛門尉を迎え撃った。さらに二十日には府中を攻撃し、敵を退散させたのである。ことの経緯から、高麗経澄が攻撃目標としているのが武蔵府中であることは明白であり、したがって吉江新左衛門尉は府中を軍事的拠点にしていたと想像される。

この合戦は上野国那波合戦とともに、この時期の軍事情勢を左右するものであったので、『太平記』（巻三十）にも叙述が見えるが、そこには「（那波合戦の記述につづいて）是ノミナラス、吉江中務カ

武蔵国守護代ニテ勢ヲ集テ居タリケルモ、那和合戦ト同日ニ津山弾正左衛門 幷《ならびに》 野与一党ニ寄ラレ、忽《たちまち》ニ打タレケレハ、今ハ武蔵上野両国ノ間ニ敵ト云者一人モ無《なく》ナリテ」とある。ここで吉江は武蔵守護代とされている。中務と新左衛門尉との違いはあるが、吉江某が反尊氏（直義）方の武蔵守護代であることは認めてよい。そうであるからこそ、吉江某は府中から阿須垣原に軍を進めたのである。

吉江某はもともと関東に根を張る武士ではなく、越後出身と推定されるので、守護代として府中を政治的拠点にして軍勢を集めていたと見られる。つまり府中を押さえる、それが軍勢動員の要件であり、軍事情勢を左右する。高麗経澄が府中を攻撃しようとしたのも、それが動機であろう。

こうしてみると、武蔵府中を押さえることは軍事的に極めて重要なことであり、情勢を左右することになる。新田義貞と北条方の府中分倍原での合戦も、その一環として府中そのものをどちらが押さえるか、その攻防が展開していたと見られる。『太平記』では鎌倉から北条恵性（北条泰家）を大将とする大軍が分倍に派遣されて合戦に及ぶ様子が記されるが、それとともに府中そのもの（府中勢）を押さえることが期待されていたと見られる。

この元弘合戦での、府中をめぐる合戦の史料はないが、後世の資料のなかには、国分寺が、この時、新田義貞によって焼かれたとの伝承を載せるものがある。武蔵国分寺は、小手指原から府中に向かう鎌倉道沿いにあり、新田勢が攻撃することは十分にありうる。国分寺所蔵の「医王山縁起《いおんさんえんぎ》」（寛文五年奥書、建武二年のものを書写したという）には、元弘三年に分倍合戦で国分寺諸殿堂は焼亡したが、薬師・十二神将は焼け残り、建武元年には新田義貞が物・金を寄進し、翌年には堂舎（薬師堂）が完成

武蔵国分寺跡（東京都国分寺市西元町）

国分寺の西を通る鎌倉道（国分寺市）

した。その供養を、「所以翌年乙亥春三月六丈余之堂、巧営既成、同秋七月修供養畢、導師者府祐賢法師、呪願者国分寺仙快阿闍梨也」と伝える。薬師堂再建供養には「府祐賢法師」が導師として参加している。この僧は「府」とあるので、国府の僧であろう。伝承資料ではあるが、国分寺は国府の僧と近しい関係にあったことを示している。この時期の国分寺などの僧が国衙在庁勢になっていることは常陸国などに見られ、武蔵国府では在庁が天神社などの造営事業を担っていた（前述）。武蔵国分寺が国府と僧のネット・ワークでつながっていた可能性は十分にある。新田義貞勢が国分寺を攻めたのは、国分寺の在庁勢と軍事的に対立したため、とも解釈できる。

新田方が北条氏勢力と戦ったのは分倍原だけでなく、国分寺など府中という政治圏で戦い勝利したのであり、これが鎌倉を攻める政治的・軍事的条件を決定的にした、と考えられる。

＊武蔵国分寺には江戸初期の村絵図が残るが、それには「薬師堂」、「鎌倉海道」が描かれていている。

5　幕府滅亡

武蔵府中から鎌倉へ　五月十五・十六日の府中合戦ののち、新田軍は境川沿いに南下して、十七日には相模世野原（瀬谷原）で戦い、十八日からは鎌倉西部山稜を突破する戦いを展開することとなった。

この十七、十八日には、新たな軍勢が新田軍に加わった。

右者五月十七日元弘三相模国世野原に馳せ参じ、同十八日稲村崎にて散々合戦を致す…

（陸奥国石河七郎源義光軍忠状、読み下し文）

右今年元弘三五月十八日新田大館殿御手に付き奉り稲村崎に於いて車逆茂木を打ち破り…

（常陸国大塚員成軍忠状、読み下し文）

右去〈元弘三〉五月十八日経顕経政最前に馳せ参じ片瀬原…（天野周防七郎左衛門尉経顕軍忠状）

これらは、いずれも、軍忠状の書き出しである。陸奥の石河義光は元弘三年の軍忠を、十七日から新田軍に参加した時に始まったと自覚している。常陸の大塚員成、伊豆の天野経顕は五月十八日に軍忠の始まりを求めている。彼らは、五月十七・十八日から新田軍に加わったと見なしてよかろう。また陸奥白河の結城宗広一族も「自今（去）月十八日始合戦」（結城道忠軍忠状案）といい、十八日から参加したことを明かしている。

こうして、少なからぬ武士が十七日、十八日から新田方の軍勢に参加したことをうかがわせる。多くの武士が情勢を見守っていたと思わせる。新田方と北条方のどちらが軍事的に優勢なのか、情勢を十分に把握したうえで、自己と一族の行動を決しているのである。それだけに、五月十五・十六日の府中合戦が軍事情勢に大きな影響を与えたのであった。

『太平記』の叙述

西から鎌倉に攻め込む新田軍の進入コースとしては、山内からの巨福呂坂《こぶくろさか》（小袋坂）コース、化粧坂《けわいざか》を越えるコース、片瀬浜から極楽寺坂を越えるコース、がある。『太平記』ではこの三箇所での戦闘を叙述しているが、最も劇的なのは極楽寺・稲村崎合戦である。ただその記述は虚構に富んでいるので、確実な史料を検討してみよう。

十八日、稲村崎の合戦

稲村崎での合戦が始まったのは五月十八日である。「同十八日稲村崎にて散々合戦を致すの時右膝を討たれ畢んぬ、同時合戦の間藤田左近五郎・同又四郎見知し畢んぬ」（石河義光軍忠状）と見えて、石河義光・藤田左近五郎・同又四郎が稲村崎で戦った。ただその日には村岡と片瀬原でも戦闘があった。村岡では飽間孫三郎宗長が戦死し（前述）、片瀬原では天野経顕・経政父子が新田方に参加した。村岡と片瀬、そして稲村崎は離れている。戦闘は何カ所かにおいて、距離の離れた場所で展開していたと見られる。極楽寺周辺での戦闘と想定してよかろう。

十八日の稲村崎方面の戦闘は鎌倉前浜にも延びていた。信濃国市村王石丸代後藤弥四郎信明は「同十八日前濱一向堂前において散々責め戦う〈左足股を切破られ畢んぬ〉」（由良文書）というように、前浜一向堂前の合戦で傷を負った。岩瀬妙泉（武蔵武士）も「同十八日鎌倉前濱に於いて、妙泉甥岩瀬孫三郎通行討死せしめ畢んぬ」（朴澤文書）と述べていて、甥の岩瀬孫三郎が鎌倉前浜で討死した。こうして十八日のうちに新田軍は鎌倉中に進入していたのである。「前浜」とは、当時の史料では「五（御）霊前浜」と出てくることが多く、稲瀬川河口西側の浜と考えるのが妥当である（材木座前浜ではない）。前浜は稲村崎のすぐ東にあたる。

この前浜に進入するには、稲村崎を突破しなければならない。海沿いに進入するのである。これが困難を極めたことは『太平記』が強調するところである。北条軍は海上に浮かぶ船から横矢をかけた、という。だが十八日に稲村崎を突破したと語る軍忠状がある。

今年元弘三五月十八日奉付新田大館殿御手、於稲村崎打破車逆茂木、致合戦畢、…　（大塚員成軍忠状）

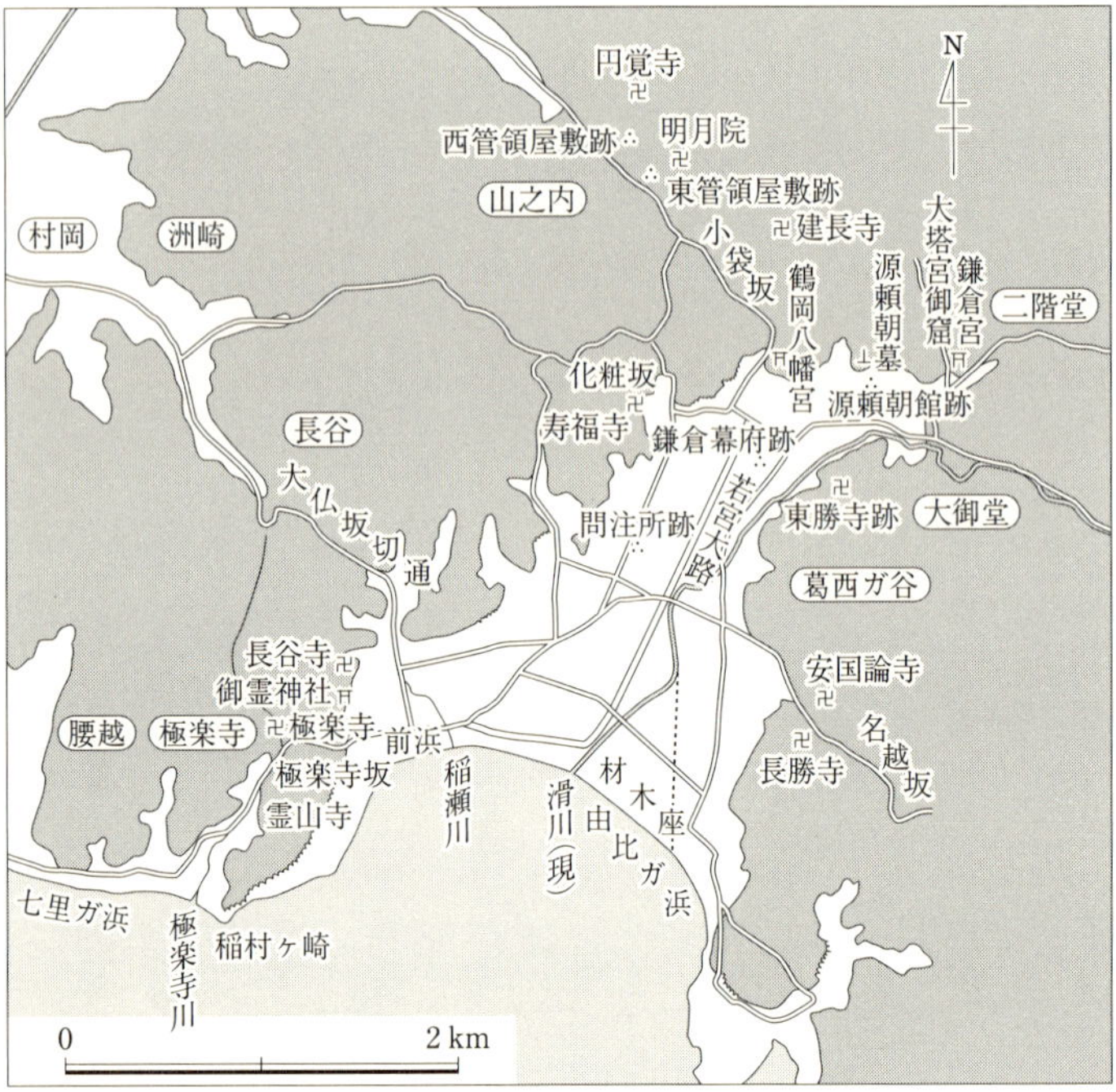

鎌倉略図（『太田市史通史編中世』を改変）

〔読み下し〕
今年（元弘三）五月十八日新田大館殿の御手に付き奉り、稲村崎に於いて車逆茂木を打ち破り、合戦を致し畢んぬ、

去元弘三五月十八日経顕・経政最前馳参于片瀬原、則奉属此御手、懸破稲村崎之陣、迄于稲瀬川并前濱鳥居脇（致脱カ）合戦忠之処…

（天野経顕軍忠状）

〔読み下し〕
去（元弘三）五月十八日経顕・経政は最前に片瀬原に馳せ参じ、則ち此の御手に属し奉り、稲村崎の陣を懸け破り、稲瀬川并びに前濱鳥居脇にまで合戦忠（を致す）の処、…

大塚員成や天野経顕・経政父子は、十八日、稲村崎陣を破ったという。大塚は「車逆茂木《くるまさかもぎ》」を打ち破ったというが、北条軍は稲村崎に「車逆茂木」を構えていたのであった。これは逆茂木に車が付属したものであろうが、海岸線に設置する逆茂木であろう。稲村崎の海岸は狭く、波が荒い。逆茂木自体が波にさらわれる恐れがある。大潮になったら撤去でき、引いたらすぐに設置できるような逆茂木でなければなるまい。車はそのために付けられた、とおもわれる。

＊同様な武具として車盾があげられる。『国史大辞典』の「たて（盾）」には台に立て並べて車をつけた車盾が絵とともに紹介されている。

稲村ヶ崎（鎌倉市稲村ヶ崎）

いっぽう天野経顕・経政は十八日に片瀬原（片瀬浜）に馳せ参じ、そこから稲村崎を破り、稲瀬川・前浜鳥居まで攻め込んだ。稲瀬川は鎌倉大仏谷から流れ出し、前浜に注ぐ川であり、その浜には鳥居・一向堂がある。

こうした大塚氏・天野氏の活動をみると、この十八日の合戦が西は片瀬浜から東は前浜鳥居・一向堂前に及んでおり、その中間に稲村崎が位置する。戦いは稲村崎を越えて鎌倉にまで進んでいたのである。こうした戦況は、鎌倉に在住していた御家人で、いまだ去就を明らかにしていなかった者に、大きな影響を与えたものと思われる。さきに述べたように、結城宗広とその配下の者たちは、この十八日から新田方に加わったが、「道忠（宗広）幷一族等折節在鎌倉仕るの間、……、今（五）月十八日より合戦を始め、毎日連々数戦を企てる」（結城道忠軍忠状案）と述べるように、鎌倉に在住していた。この結城一族が、なぜ十五・十六日の合戦には参加しないで、十八日の合戦から加わったのか。それは自分たちが住んでいる鎌倉に合戦が及んできたためであろう。

またこの日の稲村崎突破を指揮していたのは、大塚員成軍忠状では「新田大館殿」であり、大館宗氏とみられる。また天野経顕軍忠状では「御手」とだけあって明示されていないが、証判を据えているのが新田義貞である。大館宗氏は『尊卑分脈』に「元弘三五十八鎌倉稲村崎に於いて公家のために討死」と注記されているように、この稲村崎合戦で死去した。そのため大塚員成の軍忠状には宗氏子息の幸氏が証判を与えている。稲村崎突破の合戦は義貞と宗氏・幸氏父子を中心に新田本宗系の人々が指揮していたと見てよかろう。ただこの宗氏・幸氏と比べて義貞は一・二世代若く（系図参照）、義貞の動きは敏速であったと思われる。

『太平記』は、五月二十一日夜、義貞の太刀の投下により龍神に祈り稲村崎が干潟になり、そのことで稲村崎突破行動が成功したように描いている。太刀投下・龍神祈誓は虚構であろうし、稲村崎突破は二十一日夜に始まるのではない。だがこの戦術を採用したのは義貞と考えてよいので、その点で義貞の功績は大きいと見てよかろう。

十九日、極楽寺坂・長勝寺前に及ぶ

十九日になると、合戦は極楽寺坂や長勝寺前にも移る。極楽寺坂は、鎌倉西部の山稜地帯で、極楽寺（稲村崎の北にある）から鎌倉市中方面に下る坂である。この周辺の峠・坂は鎌倉防衛の軍事上重要な場所のひとつであり、北条軍が守備固めをしたところである。前日（十八日）の戦闘場所（稲村崎〜前浜）を考慮すると、新田軍のなかには前浜から西に戻るようにして極楽寺坂を攻めた者もいたはずである。まずは十九日の合戦の模様を軍忠状類から確かめてみよう。

（常陸塙政茂）同十九日極楽寺坂於合戦、先手馳向、家人丸場次郎忠邦怨敵三騎討捕、同山本四郎義長討死之事、徳宿彦太郎幹宗・宍戸安芸四郎同時合戦之間、被見知、…（元弘三年六月日塙政茂軍忠状）

〔読み下し〕

（常陸塙政茂）同十九日極楽寺坂合戦に於いて、先手に馳せ向い、家人丸場次郎忠邦は怨敵三騎を討ち捕え、同山本四郎義長は討死の事、徳宿彦太郎幹宗・宍戸安芸四郎同時合戦の間、見知せらる、…

ここから、常陸武士の塙政茂が、十九日に、極楽寺坂にて合戦し、家人山本四郎が討死したこと、その様子は同時合戦の徳宿《とくじゅく》・宍戸《ししど》が見知していたことが知られる。この軍忠状の奥には「承了（花押）」の証判が据えられているが、この花押は新田義貞のものと見てよかろう。義貞がこの戦闘全体を指揮している。

（信濃布施資平）去五月十九日馳参御方、奉属搦手大将軍新田兵部大輔于時下野五郎殿、随侍大将軍岡部三郎下知、於長勝寺前致合戦、同廿・廿一・廿二日於小袋坂抽軍忠之条、…

（元弘三年八月日布施資平着到状）

〔読み下し〕

（信濃布施資平）去る五月十九日御方に馳せ参じ、搦手《からめて》大将軍新田兵部大輔時に下野五郎殿に属し奉り、侍大将軍岡部三郎下知に随い、長勝寺前に於いて合戦を致し、同廿・廿一・廿二日小袋坂に於いて軍忠を抽《ぬき》んずるの条、…

信濃武士の布施資平《ふせすけひら》は、五月十九日に、「搦手大将軍」たる新田兵部大輔（時に下野五郎）に属し、侍大将（日の大将か）の岡部三郎の指示により、長勝寺前で合戦した。長勝寺は由比浜東端の材木座に所在する。戦闘は由比浜に沿って東端まで及んだのである。布施資平が属した新田兵部大輔とは岩松経家であるが、この人物は「搦手大将軍」と言われている。「搦手」は「大手」に対応するから、義貞が大手、岩松経家は搦手、という陣形であった。

二十日、極楽寺霊山寺、小袋坂の合戦

二十日には布施資平が巨福呂坂で戦っていることは、さきの軍忠状で明らかであろう。いっぽう極楽寺坂合戦は霊山寺を焦点に展開した。

（熊谷直春《くまがいなおはる》）同廿日奉属新田遠江又五郎経政御手、就致軍忠、於鎌倉霊□（山）寺之下討死畢、此等子細者大将軍御検知之上、同所合戦之軍勢吉江三位律師慎実・斎藤卿房良俊等所見知也、

（元弘三年八月日熊谷寅一丸申状）

〔読み下し〕

（熊谷直春）同廿日新田遠江又五郎経政の御手に属し奉り、軍忠を致すに就き、鎌倉霊（山）寺の下に於いて討死に畢んぬ、此等の子細は大将軍御検知の上、同所合戦の軍勢吉江三位律師慎実・斎藤卿房良俊等見知するところなり、

熊谷直春が新田遠江経政（岩松）の手に属して、「鎌倉霊山寺之下」で合戦していること、また同

五合桝（『五合桝遺跡発掘調査報告書』より）

所での合戦には吉江慎実《まささね》（武蔵武士）と斎藤良俊《よしとし》が参加していることが分かる。指揮者は新田経政《つねまさ》であるが、この人物は諸系図には見えない。ただ「遠江《とおとうみ》」・「又五郎」を称しているので、岩松氏の惣領系の人物と推定できる。岩松政経の子息と考えられ、この前日（十九日）に布施資平を率いていた岩松経家（新田兵部大輔）の兄弟であろう。そうなると、この兄弟は稲村崎突破の行動は一緒に行ったと見られ、そのうち一人（経政）が霊山寺に向かったのである。

霊山寺は極楽寺東南の丘陵（霊山山《りょうぜんさん》と呼ばれる）のなかにあり、江戸初期の「極楽寺境内絵図」には「仏法寺」として建物・池が描かれている。この一角には「五合桝《ごごうます》」と呼ばれる削平地があり、土塁状地形も見える。近年の発掘調査により、この土塁の内側から鎌倉期の板碑・五輪塔を含む中世石造物が見出され、土塁に沿って溝（あるいは道）も確認された。また五合桝の上方にある三段の雛壇状の地形からは五輪塔・常滑壺、さらに雛壇最上段には石列、霊山山の頂には柱穴が見られる、という。鎌倉末期には、霊山山各所が活用されていることが判明し、北条軍が立て籠っていた場所にふさわしい。

＊平成十五年八月二十四日鎌倉市遺跡調査研究発表会、福田誠「五合桝遺跡の調査」の成果による。また

『五合桝遺跡（仏法寺跡）発掘調査の概要』（鎌倉市教育委員会、平成十五年）に概要が述べられている。

二十一日、鎌倉市中各所で合戦

極楽寺霊山寺合戦の戦局は翌二十一日にも続いた。三木俊連《としつら》なる人物は同行俊《ゆきとし》・貞俊《さだとし》らを率いて霊山寺城を攻めたが、その軍忠状には次のように記される。

右俊連三木村惣領、同行俊・同貞俊並びに一族に相触れ、傍輩等を申し承り引率せしめ、当国を罷り立ち、一番に同大将軍新田蔵人七郎氏義に属し、去る五月廿一日元弘三霊山寺大門に引き籠る敵、大手稲村崎軍勢を散々に射るの間、打ち入り難きの処、俊連峯より折り下り先を懸け、敵の籠る大門挟板を打ち破り戦うの間、…（中略）…はたまた俊連霊山寺峯を責め上り、夜陰に及び戦うの処、…

（和田文書、読み下し文）

ここからは次のことが読み取れよう。北条軍（敵）は霊山寺から稲村崎に向って矢を射ており、これが新田大手軍を悩ませていた。新田軍の稲村崎突入の攻撃は、この二十一日にも展開されていたのである。おそらくは十八日以来継続していたのであろう。三木俊連らは、霊山寺を囲む峰々に登り、そこから霊山寺大門を攻撃する策を採った。それは成功し、大門挟板を撃破したのである。さらに夜には霊山寺峰を攻め上ったというが、これは大門から霊山寺城諸施設を攻撃するのに、稜線づたいに移動した、ということであろう。

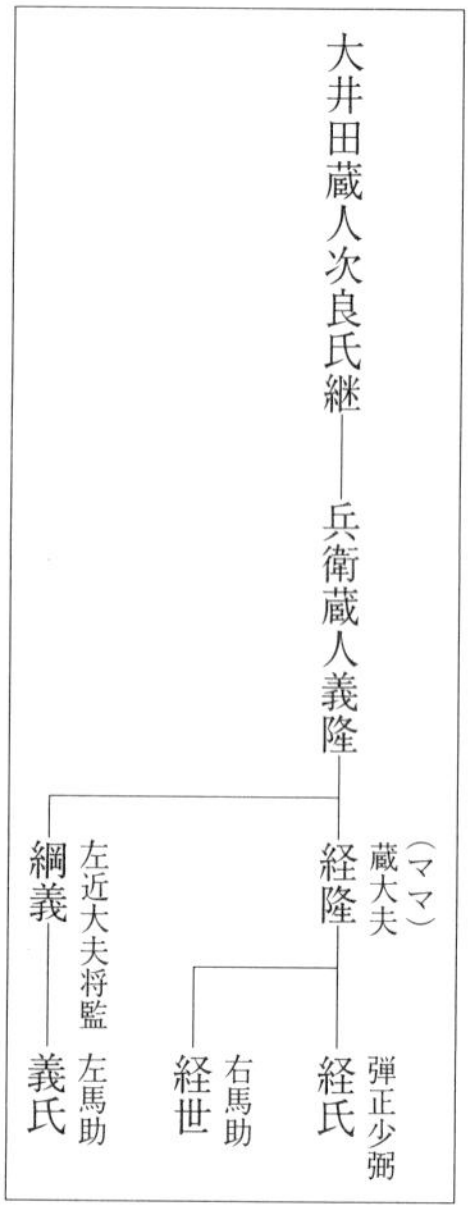

大井田氏系図
（長楽寺所蔵新田氏系図より作成）

三木俊連らは「大将軍新田蔵人七郎氏義に属し」たというが、かれは「日大将軍新田蔵人七郎氏義」とも記される。三木らは「日の大将」新田蔵人七郎氏義の指揮に従ったのである（「日の大将」はその日の将軍・指揮者）。二十日霊山合戦は岩松経政が大将と見えたが、二十一日は新田氏義である。この両人（新田一族）は交替しながら、日の大将をつとめたと思われる。

この「新田蔵人七郎氏義」がどのような人物なのか、確定することは難しい。大館宗氏（五月十八日稲村崎にて討死）の甥に「氏義」がいるが（長楽寺蔵新田氏系図）、大館氏には「蔵人」を称する人物が見当たらないので、該当するかどうか分からない。新田一族のなかで南北朝期に「蔵人」を称するのは大井田氏（越後）に多く、「蔵人七郎氏義」を見つけることはできないが、建武三年には「新田左馬助義氏」がいる。この義氏の前後に「氏」を通字とする氏義がいたとも思われる。「新田蔵人七郎氏義」は、新田諸氏のうち、大館氏または大井田氏に属す人物であろうが、越後大井田氏の鎌倉攻撃参加は確かな史料では認められず、大館一族の稲村崎・極楽寺方面での合戦参加が著しいことから、大館氏の人物であろうかとも考えられる。

この日の霊山寺合戦には南部一族も参加していた。「同廿一日霊山大将軍武田孫次郎相い共に、愚息行長《ゆきなが》先を懸け、若党数輩疵を被り畢んぬ」（元弘三年十二月日南部時長ら目安案）というように、南部行長は武田孫次郎に随って霊山寺城で戦ったのである。指揮者の武田孫次郎の実名は不明だが、甲斐武田氏の人物であろう。南部行長らを率いて霊山寺で戦ったのは甲斐守護家の武田氏であり、新田氏以外の力も大きく作用していた。

二十・二十一日の霊山寺合戦で北条軍は敗北したと見てよかろう。天野経顕軍忠状（元弘三年十二月日）が「廿一日より廿二日迄の葛西谷合戦」というように、葛西谷《かさいがやつ》（東勝寺《とうしょうじ》がある）での合戦は二十一日に始まる。霊山寺の敗退が、北条軍を葛西谷防衛に向かわせたのである。

この霊山寺合戦について『太平記』は記すところない。『梅松論』は「五月十八日の未刻《ひつじのこく》ばかりに、義貞の勢は稲村崎を経て前浜の在家を焼払ふ煙みえければ、鎌倉中のさわぎ手足を置所なく、あはてふためきける有様たとへていはんかたぞなき、高時の家人諏訪長崎以下の輩、身命を捨てふせぎ戦ける程に、当日の浜の手の大将大館、稲瀬川において討取、その手退《しりぞき》て霊山に陳（陣）を取、同十八より廿二日に至るまで山内小袋極楽寺の切通《きりどおし》以下鎌倉中の口々合戦…」と述べる。十八日に稲村崎を突破して前浜で戦った新田軍は、大将大館が稲瀬川で戦死したため、後退して霊山山に陣を取ったという。稲村崎突破・前浜合戦の記述は事実に近く（大館戦死を稲瀬川とするのは疑問だが）、新田が霊山に陣を取ったことが指摘されている。しかも鎌倉中から後退して霊山寺に入る、とある。後退かどうかは不明だが、鎌倉から霊山寺に向かったのは事実である。当然のこととして、極楽寺坂（あるいはその脇）を西に登ったのである。

＊概して『梅松論』の叙述は、鎌倉戦に関しては事実に近いと思われる。

二十一日には巨福呂坂でも合戦が継続していた（布施資平着到状）。また前浜鳥居の近辺でも戦闘があった。前浜では十八日にも戦いが見られたが、おそらくは毎日くりかえされ、この日の戦闘となったものであろう。常陸大塚員成は「同廿一日新田大館孫二郎殿の手に付き、前浜鳥居脇に於いて、懸け入り大勢責め戦うの刻、員成舎弟三郎成光打死せしめ畢んぬ」（元弘三年六月日大塚員成言上状）という。新田大館孫二郎（大館幸氏）の指揮のもと前浜鳥居脇にて戦い、弟成光は戦死したのである。大館幸氏はさきに戦死した大館宗氏の子である。なお、大塚員成はこの軍忠状で、十八、二十一、二十二日の合戦見知人として相模御家人大多和太郎遠明《とおあき》と海老名藤四郎頼親を挙げているので、大多和太郎遠明と海老名藤四郎頼親の二人もこの前浜合戦には新田方に加わっていたことがうかがえる。この日の前浜合戦は石河義光軍忠状（元弘三年十月日）にも「同廿一日□は前浜に於いて忠節を致すの条」と見える。

＊三浦一族の大多和氏であるが、鎌倉末期には幕府使者として見える（金沢文庫文書）。それが元弘三年五月合戦では遠明をはじめに新田方に与同したのである。この後は義貞とともに上洛したと思われ、やがて建武三年五月の播磨の合戦では三浦大多和左衛門四郎入道が足利方軍勢に見える（海老名文書）。

二十二日、葛西谷合戦　二十二日には巨福呂坂でも合戦が続いていたが、本戦は葛西谷に移った。ここには東勝寺があり、北条高時以下が籠っていた。この葛西谷合戦を記す一次史料を列記してみよう（さきの天野経顕を除く）。

同廿二日押寄葛西谷致合戦、若党中野新三郎家宗討死畢、
（元弘三年六月日大塚員成言上状案）

（岩瀬妙泉）同廿二日葛西谷合戦之時、妙泉敵一人令分捕畢、仍同所合戦之間、武州箱田九郎三郎義氏・越州池七郎成清・佐藤兵衛入道見阿・信州大嶋五郎兵衛尉高行等、依立申証人…
（元弘三年十月日大河戸高行言上状）

（南部行長）同廿二日於高時禅門館、生捕海道弥三郎、取高時一族伊具土佐弥七頸畢、
（元弘三年十二月日南部時長ら目安案）

攻撃側として確認できるのは、大塚員成・岩瀬妙泉・箱田九郎三郎義氏・池七郎成清・佐藤兵衛入道見阿・大嶋五郎兵衛尉高行・南部行長らであり、さきの天野経顕や大多和太郎遠明・海老名藤四郎頼親も参加していた、と見てよかろう。

いっぽう防衛側では海道弥三郎・高時一族伊具土佐弥七が見える。海道弥三郎は陸奥出身の北条被官と見られるから、高時の籠る館は一族と被官が守備していた、と考えられよう。

この葛西谷合戦の劣勢により、北条高時はじめ一族が自害し、幕府も滅んだ。『神皇正統記《じんのうしょうとうき》』は

「高時等運命きわまりければ、国々の兵つき随ふ事、風の草をなびかすがごとくして、五月の二十二日にや、高時をはじめとして多くの一族皆自害しければ…」と述べる。

また北条方で、この日の合戦で戦死した人物に加地家貞《かじいえさだ》がいる。埼玉県入間市元加地の円照寺には「道峯禅門」（加地家貞）を供養する板碑が建っている。その紀年は「元弘三年癸酉五月廿二日」であり、この日に死去したことが分かる。円照寺は加地氏の本拠に近接するところの「氏寺」であり、そのためにここに供養塔が造立された。『太平記』には武蔵入間川に向けられた北条軍のなかに「加治次郎左衛門」が記されるが、これが加地家貞に該当するようである。加地家貞が五月二十二日に死去したのは、北条高時滅亡の時であり、鎌倉の合戦で死去したと見られる（供養塔は本拠に近い菩提寺）。

6 『太平記』の描く鎌倉合戦

信頼できる史料を優先して義貞の鎌倉攻めを叙述すると以上の通りであるが、ここで『太平記』の叙述の特徴を整理してみよう。

戦闘の日時・場所

分倍原合戦の後、『太平記』の叙述はすぐに鎌倉合戦に移る。新田軍は鎌倉を西側より三コースから攻める。極楽寺からは大館宗氏、巨福呂（小袋）坂に堀口貞満、化粧坂に新田義貞・義助を配置する。十八日には村岡・藤沢など極楽寺筋で火が懸けられた。これらの戦闘場所・日時・人名は確かめきれないが、前述のように軍忠状等の史料と合う。

一方の北条軍が固めたのは化粧坂・極楽寺・洲崎（山内）である。これも新田勢に対応するものであり、納得できよう。洲崎を固めていた赤橋盛時は十八日晩に敗れて、新田勢が山内まで入りこむ。極楽寺方面では十九日早旦に大館宗氏と本間左衛門が戦い、大館は討たれた、という。

だが、大館宗氏の討死は極楽寺方面とはいっても稲村崎においてであり、十八日とするのが正しい。『太平記』が十九日早旦とするのは、十八日からの合戦のなかで翌朝早くに死去したとの理解であろうか。

『太平記』は続けて、大館死去後に極楽寺筋に移った義貞が、二十一日夜、稲村崎にて龍神に祈って太刀を投下し、干潟を出現させ、軍勢を鎌倉に突入させた、と描く。この方面にて義貞が指揮していたことは確かであるが、稲村崎突破を二十一日夜以降とするのは事実と異なる。また干潟出現は、これを地震の結果と解釈する見解もあるが、確かめられてはいない。干満を利用した岬突破と解釈するのが妥当であり、『太平記』の叙述はここを劇的に描き、翌日の北条高時自害に連続させる企画であろう。

鎌倉市中突入以後は、浜面・稲瀬川・小町口・若宮小路・由比浜・扇谷などでの戦闘が描かれる。これらの場所は大筋で古文書の記述するところと合致する。極楽寺筋を固めていた大仏貞直については「大仏陸奥守貞直ハ、昨日マデ二萬騎ニテ、極楽寺ノ切通ヲ支テ防戦ケルガ、今朝ノ浜ノ合戦ニ、三百余騎ニ討成テ、剰《あまつさえ》敵ニ後ヲ被遮テ、前後ニ度ヲ失テ」と記される。「浜ノ合戦」とは前浜合戦であり、稲村崎を突破した新田軍が展開した合戦である。そこで勝利した新田軍が極楽寺坂に攻めたため、極楽寺切通を固めていた大仏貞直は、極楽寺方面（西）から押し寄せる新田軍だけでなく、前浜方面（東）から攻めてくる新田軍によって、挟み撃ちにされたのである。この記述は軍忠状などの古文書から前述したところと符合する。

また『太平記』は鎌倉合戦にて、多くの北条方人物が劇的な最期を遂げたように描くが、これは戦死者への鎮魂でもあろうが、「高時幷一門以下於東勝寺自害事」と題して高時らの最期を叙述し、「元弘三年五月二十二日ト申ニ平家九代ノ繁栄一時ニ滅亡」と締めくくる。五月二十二日滅亡は古文書でも確かめられる（前述）。

北条方から新田方へ

義貞挙兵以後の戦況の変化のなかで、『太平記』では北条方から新田方へ立場を移した人物が何人か描かれる。分倍原合戦にて新田方に加わった大多和義勝は早い例であるが、戦闘が鎌倉市中に及ぶとこうした者が増えたと思われる。

『太平記』では、そうした最初の人物として島津四郎を描く。「大力ノ聞《きこ》エ」があり執事長崎の烏帽子子《えぼしご》にて「一騎当千ノ兵」の粧いで由比浜に出陣したが、新田勢と戦う前に降参した。この島津四郎なる人物を、実在の人物に比定するのは困難である。おそらくは『太平記』が状況変化を語るのに設定したのであろう。

安東左衛門入道聖秀《せいしゅう》は「新田義貞ノ北台ノ伯父」であるが、稲瀬川の戦いに敗れ、自分の館をも焼失して、高時自害の知らせを受けた。そこに新田殿北台（奥方）から「何《いか》ニモシテ此方へ後出候へ」との手紙が届く。新田方に変わられよ、との趣旨である。安東聖秀はこれに怒り「たとえ女性

（奥方）がこのようなことを言ったとしても、義貞が勇士であるなら止めてしかるべきだ」と言って、書状を持ってきた使者の前で、その手紙で刀を握り、腹を切って失せた、という。

　この安東聖秀なる人物が実在したかも不明だが、義貞の妻方に安東氏がいたことは確かである。「鑁阿寺新田足利両家系図」の新田義顕（義貞の子息）の注記には「母上野国甘羅《かんら》令安東左衛門五郎藤原重保女」と見える。義顕の母（すなわち義貞妻）が上野国甘羅令（甘楽《かんら》郡領主）たる安東左衛門五郎藤原重保《しげやす》の娘とするのである。同じく「左衛門」を称しているので、安東聖秀とこの安東藤原重保は近しい間柄にあるかと思われる。『太平記』の安東聖秀は北条氏被官であるが、北条被官が上野国甘楽郡の領主になることは十分に考えられる。弘安八年の霜月騒動で上野西部の武士で安達方に与同して没落したものが多くいた。その跡（甘楽郡も上野国西部にある）が北条被官に与えられたことは予想できる。

　したがって、安東聖秀のような人物は想定可能であり、あるいは実在の人物かとも思われる。また、たとえそうまで言えなくとも、こうした人物を設定することは説得力がある。『太平記』の言いたいことは、義貞が妻方の縁をも利用して敵を懐柔する傾向にあったということである。このような狡猾さはこの時期の武士に、まま見えることではあるが、『太平記』は義貞を、稲村崎突破のような軍略家として描くとともに、こうした面をも指摘するのである。

7 倒幕軍の性格

足利尊氏の子息千寿王《せんじゅおう》（後の義詮《よしあきら》）は、北条高時滅亡の時わずかに三歳（四歳とも）であったが、その戦乱に参加して、少なからざる影響力を持った。

足利千寿王の挙兵

『太平記』では「元弘三年五月二日ノ夜半ニ足利殿ノ二男千寿王殿大蔵谷ヲ落テ行方不知成給ケリ」（巻十）と見えて、千寿王が義貞挙兵前の五月二日に鎌倉を脱出した旨が記される。つぎに挙兵した義貞軍が武蔵に入ったところで千寿王が参加した様子を「同九日武蔵刻へ打越給フニ、紀五左衛門、足利殿ノ御子息千寿王殿奉具足、二百余騎ニテ馳着タリ」（巻十）と述べる。千寿王は紀五《きご》左衛門に擁立されて参加した、と述べられる。ただ後に「尊氏卿ノ二男千寿王三歳ニ成給シガ軍散ジテ六月三日下野国ヨリ立帰テ大蔵ノ谷ニ御坐《おわ》シケル」（巻十四）とも記されて、千寿王の鎌倉帰還は北条高時滅亡後の六月三日であった旨が述べられていて、矛盾している。

他の軍記物ではどうであろうか。『神明鏡』には「足利殿若君千寿王殿二百騎打出上野」とみえて、千寿王が上野国で挙兵した旨が記される。『太平記』と異なり記述が少なく、挙兵の日や義貞軍との関係はうかがえない。

『梅松論』では「既ニ関東誅伐ノ事、義貞朝臣其功ヲ成トイへ共、如何カアリケン、義詮ノ御所〈于時四歳〉同大将トシテ御輿メサレ、義貞ト同道アリ、関東御退治以後二階堂別当坊ニ御座アリシニ、諸侍悉ク四歳ノ御料ニ属シ奉ル」と述べる。千寿王（義詮）が義貞とともに「関東御退治」の功績を挙げたと指摘し、やがて多くの武士が千寿王に属したのはもっともなこととする。千寿王の行動は義貞と「同道」とされるが、どこからかは不明である。

このように軍記物では、足利千寿王の挙兵があったことでは一致するが、義貞軍への参加は『神明鏡』では見えない。古文書ではどうであろうか。

千寿王軍の独自性

足利千寿王の挙兵は確実な史料でも見える。康永元年八月十五日鹿島利氏言上状写（『後鏡』所収、常陸無量寿寺文書）に「右利氏、元弘三年五月十二日上野国世良田に馳せ参じ、将軍家若君御方に参ぜしむるの処、新田三河弥三郎満義の手に付けられ、数輩子息若党以下討死の忠に依り、将軍家度々御推挙に預る」とある。常陸の鹿島利氏《かしまとしうじ》は五月十二日に上野国世良田に馳せ参じ、「将軍家若君御方」（千寿王）に参じて、そこで「新田三河弥三郎満義の手」に付属されたという。千寿王の挙兵は五月十二日であり、そこでは新田三河弥三郎満義らが支えていたのである。この鹿島利氏言上状（写）の文書としての確かさはすでに検討されている（峰岸純夫「元弘三年、上野国新田庄における二つの倒幕計画」）。付言すれば、新田三河弥三郎満義も、五月二十日の鎌倉合戦で討死した中村常光（南部時長親類）を見知しており（元弘三年十二月日南部時長目安）、鎌倉合戦参加が確認できる。千寿王は、五月十二日の時点で、上野世良田に陣を置いていたのである（したがって五月九日に千寿王が武蔵で義貞軍に合流したとする『太平記』の記事は採用できない）。この時点は、すでに義貞が挙兵した後である。千寿王軍は、軍事的に空白となった世良田に入ったのであろうか。

新田一族である新田（世良田）満義はなぜ、義貞に同道しないで、世良田に残っていたのか。『太平記』でも義貞挙兵場面は一族挙《こぞ》って参加したように叙述し、その代表的人物として義貞以外に十一人の名が記されるが、そのなかに世良田満義はない。つまり一族全体が同時に挙兵したかのように思い込んではならない。世良田満義は義貞挙兵後も世良田に残り、千寿王を支えていたのである。

千寿王はその後どのような動きをしたか。建武元年（月日不詳）大塚員成言上状（後欠、大塚文書）には「右去年元弘三五月鎌倉合戦の時、若御料後座の由承り及び、御方に馳せ参じ、新田中務権大輔行氏于時孫三郎大将軍として軍忠を致すの間、注進分明なり、就中《なかんずく》六月一日より今に至り二階堂御所山上陳（陣）屋勤仕退転せざるの条、紀五左衛門状明白なり」と見える。常陸武士の大塚員成は、五月の鎌倉合戦に「若御料」（千寿王）が出陣していることを聞き及び、馳せ参じた。戦闘では新田中務権大輔幸氏（大館）に随ったが、六月一日からは千寿王の二階堂御所陣屋に勤仕したのである。しかもそれを証明するのは紀五左衛門の状（覆勘状）である。

この言上状は大塚員成の足利千寿王への奉仕を強調するのを趣旨としているが、そのなかでも千寿王との出会いを「五月鎌倉合戦」としている。このことから、大塚の千寿王軍（紀五氏などを含む）への参加は鎌倉市中合戦以降であろう。つまり五月十八・十九日以降である。『太平記』は千寿王が五月九日武蔵で新田軍に加わったように記す。五月九日が採用できないことはさきに指摘したが、武蔵での参加もどうであろうか。武蔵での千寿王軍のことは『太平記』以外には所見がない。上野世良田で千寿王とともにいた世良田満義は五月二十日の鎌倉合戦には加わっているので、おそらく千寿王もこの時に鎌倉に入ったのであろう。

つまり、千寿王は、合戦が鎌倉に移ってから軍事行動に入った、と考えられる。武蔵府中・分倍原合戦までの、戦局がどちらの有利とも判断しかねる段階では、新田軍とも距離を置いていたのである。新田軍の鎌倉突入となり、北条滅亡の状況がはっきりしてから、千寿王軍は倒幕軍に加わった、と考えておきたい。

岩松経家・経政の軍事行動

岩松氏は新田氏有力庶子であるが、本宗家から独立した一つの家を確立し、鎌倉末期には新田氏を代表して鎌倉で御家人奉公していたことが多かった（前述）。その岩松氏では、経家と経政がこの合戦に参加した。

『太平記』では義貞挙兵（五月八日、新田生品神社）に参加した一族の者に「岩松三郎経家」を記すが、これを確認できる史料はない。参加が確認できるのは五月十九日からである。信濃武士の布施資平は「去る五月十九日御方に馳せ参じ、搦手大将軍兵部大輔殿于時下野五郎殿に属し奉り…」と述べており（前述）、五月十九日に「兵部大輔殿于時下野五郎殿」（岩松経家）に属して戦ったことを示している。ここで岩松経家は「搦手大将軍」と言われており、大手（義貞）と連携関係にあったことが知られる。鎌倉市中戦では義貞軍を構成していたのである。おそらく鎌倉突入以前から、あるいは挙兵から、義貞軍に参加していたと見られる。ただその軍事的位置は複雑である。

室町幕府全盛期の応永三十三年に岩松満長が甲斐国安村別府の還補を求めた申状に、北条高時討伐を「曾祖父兵部大輔経家并新田義貞両大将として退治せしめ」た（正木文書）と述べている。北条氏討伐の功績を、義貞だけでなく経家（曾祖父）に求めているのは、直接の先祖を強調しようとするものであり、意図的である。だがこれを荒唐無稽と片づけるわけにはいかない。この申状には五通の副進文書が挙げられているが、そのうちには「一通元弘三年四月廿二日先代退（追カ）罰御内書」・「一通同年七月十九日綸旨」がある。このうち後者は現物が現存する（由良文書）。

前者の「元弘三年四月廿二日先代退（追カ）罰御内書」とは、北条高時討伐を命じる足利尊氏御内書を意味すると思われるが、これは由良文書に現存しない。ただこれがあった可能性は高い。元弘三年四月二十七日には、東国の小笠原某・結城宗広などに対して、軍勢催促の尊氏御内書がいっせいに出されている（『鎌倉遺文』）。同趣旨の御内書が岩松経家宛に出されていても不思議ではない。むしろ、足利氏と岩松氏の関係や北条氏滅亡後の早い時期における岩松経家任官（後述）を想起すると、尊氏から岩松経家に御内書が出されていた可能性が高い。その御内書の日付を元弘三年四月廿二日とするのは四月廿七日の誤字かとも思われる（正木文書は全体が写本である）。こうしてみると、岩松経家は挙兵以前に、足利尊氏から御内書を得ていて、義貞とともに挙兵した、と考えられる。

岩松経家への足利尊氏の指示

また応永二十二年に岩松満親らが認《したた》めた文書注文（目録）にも、岩松氏挙兵問題を考えるに興味深い文書が記される。

御證文注文　　　　　　応永廿二　十　十五

一巻内

一　自紀五方田島方へ内状　一通
一　長寿寺殿御書新田下野五郎殿へ　五通
一　大休寺殿御所同兵部大輔殿へ　一通
い上
（以下略）　（正木文書）

新田下野五郎（岩松経家）に長寿寺殿（足利尊氏）から五通の文書が出されていたことが確認される。その年紀は岩松経家の任官前である。このことは大休寺殿（足利直義）から岩松経家に宛てられた文書の宛所が「兵部大輔殿」と表記されていたことからも分かる。尊氏から岩松経家に宛てられた文書五通は、経家の任官前であることは確かなこととしなければならない。さて岩松経家の任官（兵部大輔）は元弘三年七月十九日には確認できる（後述）ので、それ以前に、尊氏から岩松経家（新田下野五郎）にこれらの文書が出されていたのである。さきに想定した同年四月二十二（二十七）日御内書もこのうちの一通であろう。この五通は北条高時滅亡前後に出されたと推定してよかろう。

また「自紀五方田島方へ内状　一通」も実際上の宛所は岩松経家であろう。この文書が入れられた一巻は岩松経家宛の文書をまとめたものと考えられるからである（他の巻とは内容的に区別されている）。この紀五とは足利千寿王を擁した紀五左衛門であり、田島とは岩松氏一族の田島氏である。「内状」とあり、極秘の文書を思わせる。千寿王の行動（おそらくは挙兵）に関する書状であり、千寿王・紀五左衛門の行動は岩松経家との連携に基づいていた、と考えられる。

こうした岩松経家・千寿王・紀五左衛門の動きは、畿内の足利尊氏からの指示を受けてのものであり、おそらく使者のやりとりをしていたであろう。北条高時討伐の軍事行動のなかには、足利氏の力が予想以上に関与していたのである。

経家のほかに、新田遠江又五郎も五月二十日の鎌倉霊山寺城合戦で軍事指揮をしていたことは前述したが、この人物は「遠江」を称しており、岩松系の人間である。おそらくは経家の兄弟であろうが、その後しばらくは史料に見えない。建武三年には足利方斯波家長《しばいえなが》に随う相馬氏軍勢のなかに見えるので、この人物にも足利方の影響が認められよう。

鎌倉の東部戦線——千葉氏の動き

義貞の鎌倉攻撃は西からであったが、東からの攻撃はなかったのだろうか。『太平記』には記述が見出せないが、『梅松論』には「下の道の大将は武蔵守貞将むかふ処に、下総国より千葉介貞胤、義貞に同心の義有て責上る間、武蔵の鶴見の辺にをいて相戦けるが、是も打負て引退く」とみえる。鎌倉下道を固めていた金沢貞将《さだゆき》を千葉貞胤《さだたね》が武蔵鶴見で破った、というのである。金沢貞将が下道の防衛にあたったことは『太平記』にもある。千葉貞胤の鎌倉攻めは十分考えられる。だが鎌倉市中合戦では史料に表れない。

鎌倉の東側の山陵部は、西側に比べて厚く深い。この山稜の東は金沢・三浦であり、北条氏与党勢力が蟠踞《ばんきょ》している。千葉貞胤はここで手間取ったのではないか。南部時長《なんぶときなが》は「将又（元弘三年）七月十二日三浦山口に押し寄せ、三浦若狭判官相い共に、悪党退治せしめ畢んぬ」（元弘三年十一月日南部時長等日安）と言っており、三浦半島東部での合戦は七月まで及んでいる。

こうした事情があり、東部戦線は長引いて、鎌倉攻めは西からの新田氏勢の活躍となった、と思われる。千葉貞胤と義貞の自覚的な連携があったかどうか。『梅松論』はあったように書くが、これは結果から見てのものであろう。

白河結城氏の挙兵

次に白河結城氏を例にとることにしよう。結城上野入道館（宗広）宛の後醍醐天皇綸旨が元弘三年四月一日付で出されている。結城上野入道宛護良親王令旨（三月十五日付）を受けていたことは前述のとおりである。さらに結城上野入道宛に軍勢催促の尊氏書状（四月二十七日付）も出されている。ただ結城宗広がこれらの文書を受理したのは、令旨が四月二日、綸旨が六月三日、尊氏書状も六月三日という。六月三日は、すでに幕府滅亡して十日経つ。これは結城宗広が出した書状に書かれている日付であり、言い訳かもしれない。

結城宗広らが挙兵したのは、前述のように、五月十八日であり、合戦が鎌倉市中にまで及んだ日である。宗広自身が「道忠幷一族等折節幸在鎌倉仕候之間」というように、たまたま鎌倉にいたので幸いにも合戦功績をあげられた、という。実際は合戦が鎌倉市中に及んできたことが契機であろう。つまり結城宗広は五月十八日にはじめて行動を起こしたのである。護良親王令旨（三月十五日付）はすでに受理していたが（四月二日に）、この日までは動かなかったのである。軽々に行動を起こさない、慎重な態度が見受けられる。それが、五月十八日鎌倉市中合戦となり、否が応でも、態度決定を迫られたのである。

北条氏を倒した軍事勢力には、以上のように、新田義貞を中心とする新田氏勢、千寿王を中心とする勢力、それに千葉氏勢や結城氏勢などがいた。新田氏勢のなかでも、世良田氏は千寿王と行動をともにし、岩松氏は足利尊氏と強い連携にあった。倒幕の軍事勢力は、ひとつの計画に基づいて軍事行動を展開した、と考えることはできないように思う。結城宗広のように独自判断で戦況を測っていた者もいる。結城のような人物は意外に多いかとも思う。

倒幕軍のカオス状況

東国武士はそれぞれの政治主体として、畿内の後醍醐天皇や足利尊氏の動きを知り、関東の戦局を判断して、そのうえで挙兵したのである。それぞれがうねりとなり、北条氏を倒したのであるが、義貞のつくり出したうねりが大きな力となったことは確かであろう。

第四章　鎌倉滞在

1　北条打倒直後の義貞

北条高時らを倒して鎌倉を制圧した義貞らは、鎌倉中心部に陣を置いたであろう。史料に欠けるが、新田一族の鎌倉家地のあった甘縄《あまなわ》を本拠にしたのであろうか。

義貞の使者、鎌倉の戦勝を上奏する

新田義貞は、鎌倉での戦勝を、いち早く後醍醐天皇に知らせようとした。「新田足利両家系図」（鑁阿寺蔵）の義貞の項には「正慶二年五月八日義兵旗を挙げ、所々戦勝し、同廿二日鎌倉に攻め入り、高時運命尽き自害す、一家悉《ことごと》く滅亡す、時日を移さず、長井六郎、大和田小四郎、両使を以て注進に立つ」と見えており、北条高時ら一家滅亡から「時日を移さず」使者を立てて注進したことを伝えている。

この件について『太平記』（巻十一）では次のように記されている。

…其日午刻《うまのこく》ニ羽書ヲ頸ニ懸タル早馬三《〔二〕》騎門前マテ騎打《のりうち》ニシテ、庭上ニ羽書ヲ捧《ささげ》タリ、諸卿驚テ急キ披《ひらい》テ見給ヘハ、新田小太郎義貞ノ許《もと》ヨリ、相模入道以下ノ一族従類等、不日ニ追罰シテ東国已《すで》ニ静謐ノ由ヲ注進セリ…（巻十一）

義貞からの早馬使者（三人、または二人）が、「相模入道以下ノ一族従類等」の滅亡を注進したのである。「其日」とは前後の叙述から六月一日であり、場所は兵庫（摂津国）であった。

義貞が関東戦勝を注進した史料は、このように二次史料だけだが、こうした注進はあったはずである。後醍醐天皇は大いに喜んだであろう。『太平記』では、「西国洛中ノ戦ニ官軍勝ニ乗《じょうじ》テ両六波羅ヲ攻落ストイヘトモ、関東ヲ攻ラレン事ハユヽシキ大事ナルヘシト叡慮ヲ廻サレケル処」に、この注進を受けて「宸襟ヲ休メ欣悦称嘆ヲ尽サレ」、使者に「勲功ノ賞」が行われた、と述べる。

これらから見て、新田義貞は北条氏打倒後、すぐに使者を立てたのであろう。五月二十二日直後に鎌倉を発ち、六月一日に摂津兵庫にて注進は叶ったのである。後醍醐天皇と義貞の本格的な接触は、この後約束されたようにも思われる。

軍忠状・着到状

北条高時滅亡後、鎌倉では多くの武士が自らの（一族の者も含めて）軍功を書きあげて、恩賞獲得に備えようとした。それらは軍忠状や着到状であるが、軍功申請者に対して、合戦指導者は証判（花押）を据えて、その軍功が偽りないことを保証した。証判は「承了（花押）」「一見了（花押）」などと書かれているが、その花押により証判者が分かる。

鎌倉攻めの武士たちが証判を求めた相手は新田氏である（現在のところ、新田氏以外の証判は見当らな

元弘三年新田氏証判の軍忠状・着到状一覧

	証判日付	文書名	評判	評判者	出典
①	六月七日	信濃市河経助着到状	承了（花押）	新田義貞	市河文書＊
②	六月七日	信濃市河助房代助泰着到状	承了（花押）	新田義貞	同右＊
③	六月十四日	信濃市村王石丸代後藤信明目安	承了（花押）	新田義貞	由良文書＊
④	六月十四日	常陸税所久幹・同幹国着到状	承了（花押）	新田義貞	税所文書（影）
⑤	六月　日	常陸大塚員成言上状（案）	一見了	大館幸氏カ	大塚文書（影）
⑥	六月　日	常陸塙政茂言上状	承了（花押）	新田義貞カ	塙文書（影）
⑦	八月　日	武蔵熊谷直経言上状	承了（花押）	岩松経政カ	熊谷文書（写）
⑧	八月　日	信濃布施資平着到状写	一見了（花押影）	岩松経家カ	有浦文書
⑨	十月　日	陸奥石川義光言上状	一見候了（花押）	大館氏明	角田石文文書（写）
⑩	十月　日	大河戸隆行・岩瀬妙泉言上状	一見候了（花押）	大館氏明	朴澤文書＊
⑪	十二月　日	天野経顕言上状	一見了（花押）	大館氏明	天野文書（影）

出典欄の＊は原本、（影）は影写本、（写）は写真（図録など）による。

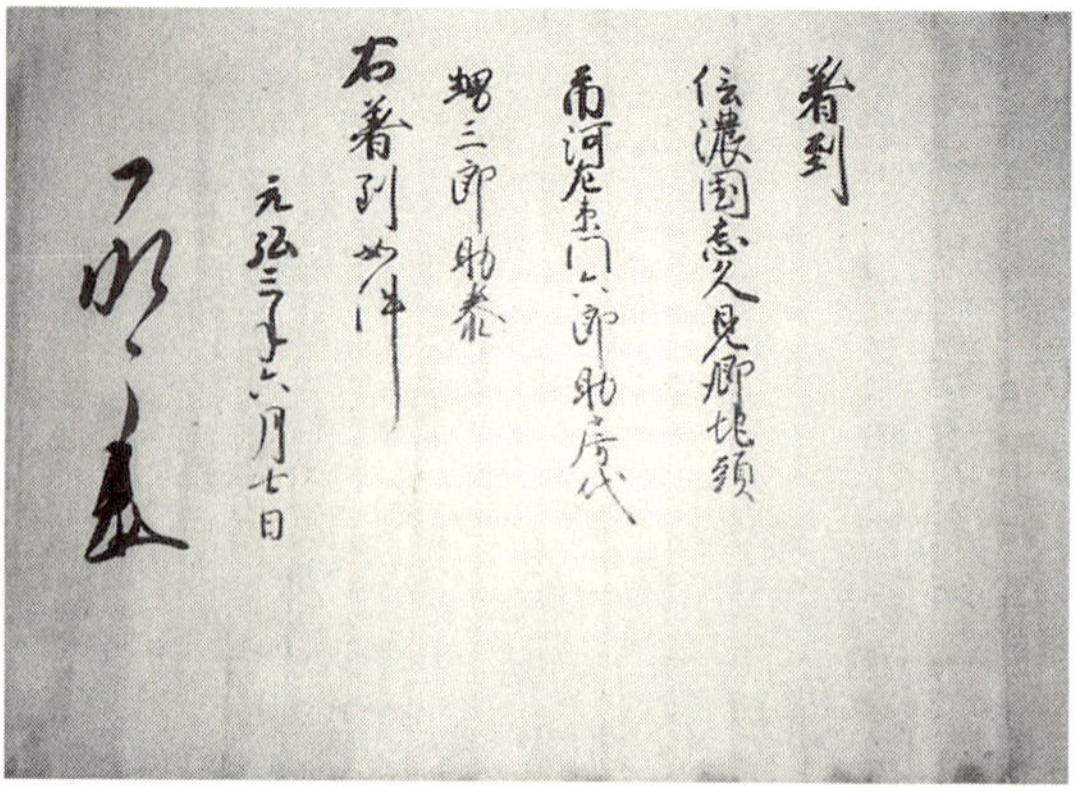
着到
信濃国志久見郷地頭
市河左衛門六郎助房代
甥三郎助泰
右着到如件
元弘三年六月七日
（花押）

「新田義貞証判市河助房代助泰着到状」
（市河文書）（本間美術館蔵）前頁表②

い）。鎌倉攻めの武士の軍忠状・着到状と証判者を一覧表にすると、前頁のようになる。

申請のうち早いのは、六月七日であり、同十四日が続く。他に六月中が二件あり、六月が多い。戦乱がほぼ終息して、各武士は功績を整理することとなったのであろう。

八月にも二件あるが、この時期までが鎌倉での証判であろう（その後、新田氏は上洛）。十月、十二月のものは京都での軍忠状作成と証判と見られる。

証判者

証判を与えている人物は、六月中は新田義貞がほとんどで、大館幸氏《ゆきうじ》が一件見える。大館幸氏は稲村崎で戦死した大館宗氏《むねうじ》の子である。大館宗氏は義貞祖父（基氏）と同世代にあたるので、その子幸氏も義貞の一世代前になる。世代では年齢は分からないが、若くとも義貞と同年代か、年上であろう。

大館氏では十月段階の軍忠状に氏明《うじあきら》が証判を与えているが、この人物は幸氏の舎兄である。したがって氏明も義貞より年齢が上である可能性が高い。

義貞と幸氏・氏明は、新田氏のなかでも、同じ本宗家の人物である。本宗家でも義貞弟たる脇屋義《わきやよし》助《すけ》が証判者に現れないのは、どう考えるべきだろうか。義助は義貞と一緒に行動している様子が『太平記』に見られるので、そこに参加した武士は義貞の証判を求めたとも考えられる。

とすると、大館幸氏・氏明の証判は、彼らが義貞軍勢とは離れた軍事行動をしていたことを思わせる。大館氏は初めから極楽寺方面にあって稲村崎突破をもくろんでおり、稲村崎から鎌倉前浜・霊山寺で合戦を展開していた。この方面の武士は大館幸氏・氏明の証判を得ている。

また前ページ表⑧（証判は岩松経家）は五月十九日以降の長勝寺・小袋坂合戦のものであるが、経家は前述のように「搦手大将軍《からめて》」と言われており、この立場の証判である。

義貞の証判

義貞が与えた証判は、③（由良文書）の例のように、「承了（花押）」である。「承了」と花押は同筆・同墨であり、本人が一気に書いている（花押だけ本人というものもある）。義貞証判は（軍忠状では）すべて同じであり、武門に生まれて武士を統率している者としての自負がうかがえる。

また義貞の「承了（花押）」が大きい。①・②・③ともにそうである。花押の大きさは、他の文書（国宣など）でも見られ、花押だけ据える場合でも大きい。このことは尊大さを表現しようとしているのではないか。義貞は、新田氏惣領であり、足利氏（尊氏）とも並ぶ家柄にある。その源氏新田氏の地位を、証判花押のなかに表現しようとしているように見える。

2 足利千寿王の御所

千寿王は鎌倉に入り、二階堂に陣を置いた。常陸の大塚員成が後日の軍忠状に「（鎌倉）二階堂御所山上陣屋勤仕退転せざるの条、紀五左衛門状明白なり」（大塚文書）というように、大塚員成は二階堂御所山上陣所を警固していたのである。それを証明したのが「紀五左衛門状」であるから、紀五左衛門が二階堂御所警固の指揮者であった。その紀五左衛門は千寿王を擁していた人物であるから（前述）、二階堂の千寿王御所は紀五氏が中心となって営んでいたことが分かる。

千寿王御所の警固

陸奥の武士である曾我乙房丸は、元弘三年十月十日に「二階堂三辻役所警固事」を紀五左衛門（政綱）から命じられている。紀五は一階堂警固（警衛）を命ずる文書も発給していたのであるが、それは元弘三年六月三日に遡る。

曾我人々相共、常葉《盤》可警固之由、被仰下候、御書下如此候、仍執達如件、

元弘三年六月三日　　　　左衛門尉政綱（花押）

曾我左衛門太郎入道殿

〔読み下し〕

曾我の人々相い共に、常葉（常盤）を警固すべきの由、仰せ下され候、御書下《かきくだし》此《かく》の如く候、仍って執達くだんの如し、

常葉（鎌倉常盤）の警固を命じる文書だが、「仰」を受けて出している。左衛門尉政綱（紀五）が奉じる「仰」は千寿王のものであり、ここに千寿王御所が六月三日には定まっていたことが分かる。千寿王御所は二階堂に造られたが、ここには永福寺《ようふくじ》があり、大蔵谷の範域である。『太平記』でも千寿王は鎌倉脱出の時、大蔵谷で行方知れずになったとあり（前述）、大蔵谷二階堂に縁が深い。ここに御所を構えたというのは自然なことであろう。しかも六月三日には常葉（常盤）警固を命ずる文書を出しているのである。

千寿王の仰せを奉ずる紀五政綱の奉書が常葉警固を命じていることは、常葉が鎌倉西部の大仏坂寄りにあることから、鎌倉市中全体の警固を実行しようとするものであろう。千寿王御所は、六月の早い時期に（幕府滅亡から十日後）、鎌倉を治めようとしているのである。

さらに二階堂警固を示すのに次の史料がある。

□（着）到

二階堂釘貫際警固事、

石河蒲田大炊助余四郎源光隆

右自去七月廿二日至于今月無懈怠令勤仕候、仍着到之状如件、

元弘三年九月日

「自去五月廿六日以来三十三ケ日被勤仕候了、

同十九日　泰政（花押）

親平（花押）」

〔読み下し〕

石河蒲田大炊助余四郎源光隆

右去る七月廿日より今月に至り懈怠なく勤仕せしめ候、仍って着到の状くだんの如し、

「去る五月廿六日より以来三十三ヶ日勤仕せられ候了んぬ」

石河光隆の二階堂釘貫際勤仕の着到状であるが、この警固は七月二十二日から九月にまで及んでいる。さらに末尾異筆の覆勘状によれば、五月二十六日以来の勤仕である、という。この文書は写であり、数字がこの通りなのか不安が残るが、この通りだとすれば、五月二十六日には二階堂御所の勤仕は始まっていたのである。

足利尊氏の支援

足利高氏（高氏の時期が少し続くが、煩雑なので以下尊氏とする）はすでに、五月七日に六波羅探題を攻略し、京都を制圧していた。後醍醐天皇を迎えた六月五日、尊氏は内昇殿を許され、同十二日従四位下・左兵衛督となった。

尊氏は関東の状況に高い関心を示していた。以前から交信のあった小笠原宗長《むねなが》に次のような手紙を送っている。

関東合戦、無程静謐之処、委細承候之条、為悦候、恐々謹言、
（元弘三年）六月七日　　　　　　　　高氏（足利）（花押）
　　　　小笠原信濃入道（宗長）殿
（小笠原文書）

足利尊氏は、関東の合戦（北条高時滅亡の戦い）が静謐した（収束した）との連絡を受けて、感謝の返事を出したのである。信濃武士の小笠原宗長は、軍忠状などは残していないが、鎌倉合戦に参加していたのであり、高時ら北条氏滅亡をいち早く尊氏に伝えたのである。小笠原宗長の手紙を伝える使者は六月七日には京都に着いているので、五月末には鎌倉を発ったのであろう。さきの義貞使者の出発には少し遅れたものと思われる。尊氏は、それに対して、すぐに返事を送ったが、いっそうの支援を求めたものであろう。

また尊氏は関東を立て直すため、また鎌倉の千寿王御所を支援するため、輩下の軍勢を鎌倉に送っていた。『梅松論』には「爰《ここ》に京都より細川阿波守（和氏）・舎弟源蔵人・掃部介《かもんのすけ》兄弟三人、関東追討の為に差下さるゝ所に、路次にをいて、関東はや滅亡のよし聞え有けれとも、猶《なお》〱下向せらる、かくて若君を補佐し奉る…」と見えて、京都から鎌倉に下向した細川和氏ら三人が「若君」（千寿王）を補佐した、

という。

この『梅松論』の叙述は、細川和氏らの京都出発が北条高時滅亡直前であった旨を意味しているが、あるいは千寿王の鎌倉入りと関係しているかもしれない。新田勢の鎌倉突入により、千寿王の鎌倉入りも日程に上り、そこで尊氏は細川氏三人を急ぎ鎌倉に送りこんだのであろう。鎌倉に下向する細川一族のなかには、この三人に少し遅れて出発した者もいた。

関東下向之間、国々軍勢、相従于信氏、雖被同道、於蒲総検校者、為神職之上者所令免許也、仍状如件、

元弘三年七月五日　　源信氏（花押）

蒲総検校殿

（蒲神社文書）

〔読み下し〕

関東下向の間、国々の軍勢、信氏に相い従い、同道せらると雖も、蒲総検校に於いては、神職たるの上は免許せしむるところなり、仍って状くだんの如し、

この文書は、源信氏《のぶうじ》が遠江蒲御厨総検校に同道する義務を免除したものである。源信氏は細川師氏《もろうじ》の次子であり、和氏《かずうじ》の甥にあたる。細川信氏は東海道を下りながら、「国々の軍勢」を同道させていたことが分かる。

この文書が元弘三年七月五日付であることから、細川信氏の京都出発は六月下旬、遠江通過が七月上旬、鎌倉到着は七月十日頃となろう。足利方の鎌倉（千寿王）支援の動きは、こうして五月下旬から七月上旬まで続いていたのである。

3　新田・足利の確執

両家確執の内容

細川氏などに支えられた足利千寿王と新田氏とは、鎌倉にて紛争を起こしたようである。それを伝える一次史料はないが、『梅松論』は次のように述べる。

（細川氏三兄弟）かくて若君を補佐し奉るといへとも、鎌倉中、連日空騒して、世上穏かならさる間、和氏・頼春・師氏兄弟三人、義貞の宿所に向て、事の子細を問尋て、勝負を決せんとせられけるに依て、義貞野心を存せさるよし、起請文を以て陳し申されし間、せいひつす

鎌倉中で「空騒《からさわぎ》」が続発し、その原因が義貞にあると見た細川三兄弟が義貞を質《ただ》した。義貞は野心なき旨の起請文を出した、という。起請文云々は足利寄りの『梅松論』の述作であろうが、細川氏三兄弟が義貞の行動に不審を持ったのだろう。「空騒」と義貞がどう関係するのか、実情は不明だが、鎌倉に烏合した武士たちを、義貞は掌握しきれないところがあったと思われる。

『太平記』では千寿王が鎌倉に帰還したことに続けて「又尊氏卿都ニテ抽賞他ニ異ナリト聞テ、此ヲ輙《たやす》ク上聞ニモ達シ恩賞ニモ預ラント思ヒケレバ、東八箇国ノ兵共心替シテ大半ハ千寿王殿ノ手ニソ属タリケル」と述べる。武士たちは、都での尊氏の名声を聞き、尊氏の推薦で恩賞に預かろうとしたという。これは六月〜七月の状況を考えるともっともなことである。尊氏は従四位・左兵衛督、義貞は任官していない。そうであれば、鎌倉に駐屯した武士たちが、尊氏の子（千寿王）に接近するのも無理からぬことである。

義貞の政治力

この時期（元弘三年六・七月）、義貞がどのように中央政界と接触を持ったのか、持とうとしたのか、わからない。中央政界の人脈との接点が見出せない。そうであると、いくら源氏嫡流の家柄の惣領であるにしても、恩賞を求める武士たちを糾合するのは困難とならざるをえない。上洛までの、鎌倉での二カ月間、義貞にとって政治上重要な時期が、政治的成果を生むことなく過ぎたのである。この時期の新田と足利の確執は、政治対立にまでは発展しなかったが、政治力の上では差が広がっていた。

また鎌倉の戦後処理に関する動きも見られない。三浦半島では七月下旬にも合戦が見られることから、戦争状態が続いていたと見るべきかもしれない。だが北条高時勢力を滅ぼした後、義貞はどのような政治プランを持って、鎌倉にいたのか。鎌倉の寺院・神社勢力に対してどのような基本態度でいたのか、史料にも、史書にも、見えないのである（この点、成良親王を奉じて鎌倉に入った足利直義の動きは鎌倉の寺社勢力をたくみにつかむところとなった）。鎌倉を本拠として武士を糾合する政治勢力を形成する可能性はあったと思うが、そうした動きは見えない。

4　岩松経家の任官

新田氏のなかでいち早く官職を得たのは岩松経家である。経家は元弘三年五月当時は「新田兵部大輔殿于時下野五郎殿」と記されるように（元弘三年八月日布施資平着到状写）、任官していなかった。それが七月十九日には兵部大輔となっている。

兵部大輔岩松経家

飛驒国守護職事、可令管領者、
天気如此、仍執達如件、
元弘三年七月十九日　式部少輔（岡崎範国）（花押）
兵部大輔殿
（由良文書）

これは兵部大輔（岩松経家）を飛驒国守護職に任ずる後醍醐天皇綸旨である。この時期、綸旨による守護職補佐には、他に島津貞久《さだひさ》を日向《ひゅうが》国守護とする例（元弘三年六月十五日）がある。事例が少ないだけに、しかも島津氏とならぶ事例であり、岩松経家の政治的位置が思いやられる。

このように七月十九日には岩松経家は「兵部大輔」として確認できたが、その任官の日はいつなの

伊勢国笠間荘　維貞跡
遠江国渋俣荘　泰家法師跡
同国蒲御厨　泰家法師跡

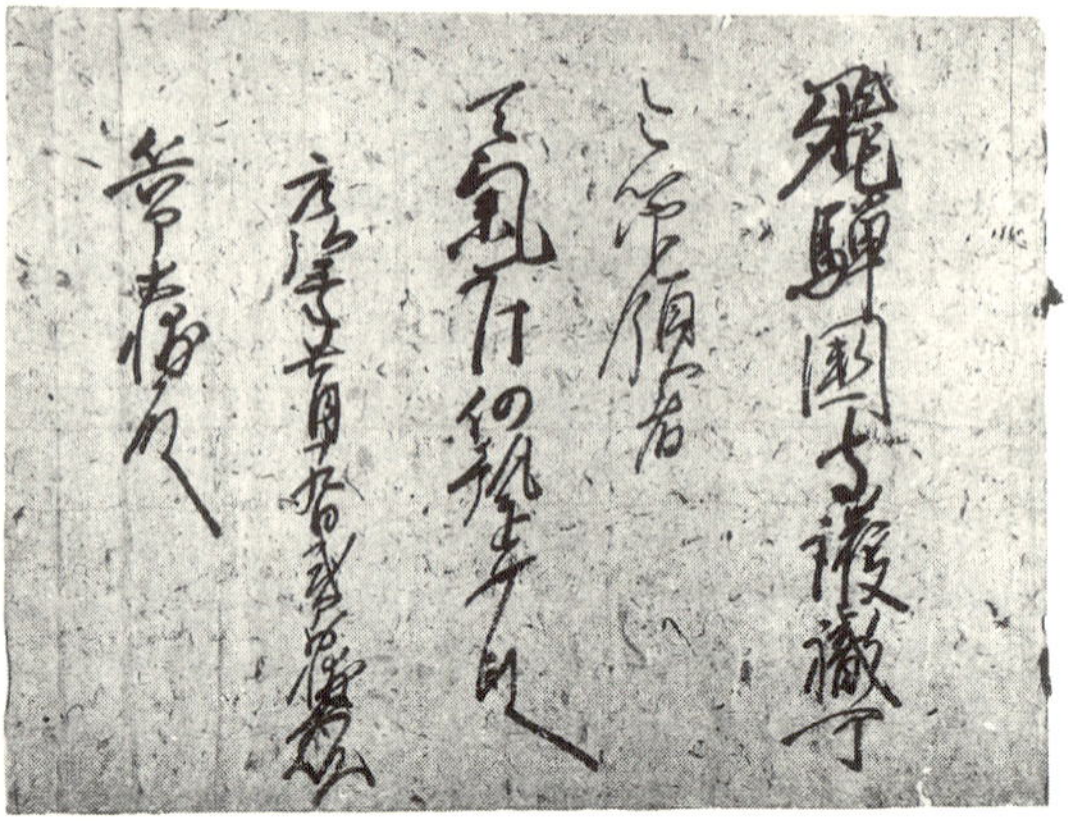

「後醍醐天皇綸旨」（由良文書）（東京大学文学部蔵）

か。これを確認できる史料はない。これ以前において関連する事柄は、六月十二日の除目であろう。この日には大臣クラスにも動きがあったが、足利尊氏（前治部大輔・従五位上）が従四位下に、足利直義（兵部大輔）は左馬頭となった（『公卿補任』など）。ここで兵部大輔のポストが空いたことになり、この日から七月十九日まではわずかである。この期間に、岩松経家は兵部大輔の官に就いたといえよう。

所領宛行

岩松経家は、飛騨国守護職を与えられたが、同日に所領十カ所を後醍醐天皇から与えられた。この綸旨は『根本史料』に掲載された写真によれば、二紙（継紙）に書かれており、飛騨国守護職補任の綸旨と同筆である。

同国大池荘　　　　　　　　高家跡
駿河国大岡荘　　　　　　　泰家法師跡
甲斐国安村別府　　　　　　同跡
陸奥国泉荒田　　　　　　　同跡
出羽国会津　　　　　　　　顕業跡
播磨国福居荘　　　　　　　維貞跡
土左国下中津山　　　　　　泰家法師跡
右所々地頭職、可令管領者、
天気如此、仍執達如件、
元弘三年七月十九日　式部少輔（岡崎範国）（花押）
兵部大輔殿
（由良文書）

伊勢国笠間荘以下十カ所の地頭職を兵部大輔（岩松経家）に与えるものである。これらは「維貞《これさだ》跡」などの注記から、大仏維貞・北条泰家《やすいえ》・名越高家《なごえたかいえ》の所領であったと分かる。北条一族からの没収領なのであり、これを岩松経家は与えられたのである。

岩松氏の家柄

岩松氏は新田一族であるが、その成立からして足利氏の血筋が入り込んでいる（前述）。しかも岩松経家には、挙兵前から、尊氏御内書が届けられている。

岩松経家の任官（兵部大輔）、飛驒守護職、所領獲得には、おそらく足利尊氏・直義の力が関与しているであろう。足利氏との接触が、岩松経家の政治的位置を高めたのである。

5　義貞上洛

義貞上洛の時期

義貞がいつ上洛したのか、それは何を契機としていたか、確実には分からない。ただ周辺の事情を総合的に判断すると、元弘三年八月初旬のことと見られる。

八月五日には除目《じもく》があり、義貞は上野・越後・播磨の国司に任ぜられたと考えられる。この国司任官は、必ずしも上洛の必要はない。しかし七月二十三日に当知行安堵が国司に委ねられるところとなり、しかもそれは綸旨など（十月になると雑訴決断所牒）の中央権力発給文書との整合性が求められる。このため、三カ国の国司を兼ねる義貞は在京することが必要となってくる。

一方、義貞への国司庁宣（国宣）申請はこの年の十月から頻発している。十月には上洛していたことは間違いない。こうしたことから、義貞の上洛は国司任官の八月五日頃と推定できる。

上洛した新田一族がどこに居を定めたかは分からない。洛中宿人注文（断簡）には四条油小路以東北頰に「新田殿手者　井《一井》二郎」が見えるが、ほかは他氏である。上洛した武者は散在して宿所を定めたと思われ、新田一族も分散的であったと思われる。

元弘三年八月五日の除目

八月五日、叙位・除目があった。北畠顕家は従三位となり、左中将・弾正大弼に陸奥守を兼ねることとなった。足利尊氏も従三位になり、武蔵守を兼ねた（同時に「高氏」から「尊氏」と正式に改めた）。この時すでに「鎮守府将軍」であったとする史料もある。

新田義貞はこの日に、越後・上野・播磨の国司に任ぜられたと見られる。この年の十月には国司庁宣を求める言上状が出され、十二月には義貞がそれに国司として外題安堵している。義貞は十月段階で、これら三国の国司として確認されるが、その除目は八月五日とするのが妥当であろう。さらに元弘三年十一月三日義貞寄進状（大徳寺文書）には「治部大輔源朝臣（花押）」と署判しているが、治部大輔に任ぜられたのも八月五日であろう（あるいは十月か）。

義貞の弟脇谷義助が駿河国司に任ぜられたのも、おそらくこの時期であり、岩松氏以外の新田一族も官職を得たのである。

この任官をした元弘三年、義貞はどの位の年齢だったのであろうか。系図類からは義貞死去（延元三年）は三十九歳と（四十歳とも）見えるので、この年は三十三歳位であろう。また子息義顕も、この直後と見られることから、義顕もこの頃には成人（元服）していたはずである。

三十三歳であれば、物事を判断する力、一族や武者を統轄する力、それと権勢者との距離のとり方などに熟していたであろうが、この後の義貞の行動を見ると、そうした面があまりうかがえない（この点、岩松経家の方が考えた動きをしている）。鎌倉末期には幕府政治から離れていたと思われるが（「小太郎義貞」という呼称に表現される）、政治世界での訓練を経ていないように見える。

元弘三年八月の政治情勢

それでは、義貞が上洛したと考えられる元弘三年八月の京都政界はどのような状況にあったのだろうか。

後醍醐天皇は人心を一新し、旧体制を否定し、天皇発給文書たる綸旨を多発した。所領については、失われたのを旧主に返還することとしたが、その裁定も綸旨にて行われた。この綸旨の発給は蔵人が起草するもので、太政官などの官制に関わることなく、発給される。この文書で裁定されることは、天皇の判断が直接に日本全国に及ぶところとなり、後醍醐天皇の権威は社会の底部にまで広がることとなった。

この綸旨万能主義が、七月二十三日には国（国司）に所領安堵が委ねられるところとなった。元弘三年七月二十三日能登国宛官宣旨（総持寺文書）は「自今以後此法を閣るところなり、然して高時法師党類以下朝敵与同の輩の外、当時知行の地依違あるべからざるの由、宜しく五畿七道諸国に仰すべし」と述べ、当知行安堵を国に命じたのである。北条高時与同の輩は朝敵没収とし、それ以外の人々の当知行を安堵することが、国（国司）の役割となったのである。ほぼ同文の官宣旨が信濃国・伊与国に宛てて出されている。また八月以降、当知行安堵を旨とする国司発給文書が信濃・出羽・丹後・伊予・和泉などで見られるようになる。国司による当知行安堵が進行していることが分かるが、元弘三年八月がこの動きの始点となっているのである。

新田義貞の国司任官も、こうした動きのなかで理解されるのであり、八月五日除目に上洛したものと推定できよう。

足利尊氏の政治的地位

八月五日の除目により、足利尊氏は従三位・左兵衛督兼武蔵守となり、後醍醐天皇（尊治）の「尊」を与えられ、正式に「尊氏」と改めた。弟直義も十月十日五位下、十一月八日には相模守となった。

元弘三年の五月から年末までの、足利尊氏発給文書を通覧していくと、御教書《みぎょうしょ》様式の文書が多く見える。五〜八月は凶徒討伐・濫妨停止・狼藉禁止を内容とするものが多く、九月以降には所領交付・宛行・安堵を旨とするものが出てくる。同年五月二十四日の吉見円忠《えんちゅう》に伊勢凶徒の討伐を命ずる文書は、それを施行《しぎょう》した吉見が「今月廿日御教書」と呼んでいる。尊氏発給の直下状が、五月末段階で御教書と認識されていたのである。このほか、五月二十八日には長井貞頼に宛て、また六月四日には長曾我部・甲斐孫四郎に宛てて、濫妨者を注進し、濫妨を停止させる文書を出している。「…状如件」の書止文言、日下に「源朝臣（判）」と署判する。いわゆる御教書である。

同様の様式の文書は、六月十三日召人・降人沙汰に関して大友貞宗に宛てて出され、八月九日には東海道野路《のじ》宿での狼藉を禁じる旨（禁制）が出されている（後者は署判が花押のみ）。尊氏の御教書発給は、このように八月五日の叙位（三位）以前からであり、三位となったこととは直接的な関わりはない。

足利尊氏は将軍に近い立場の者として文書を出しているわけである。この尊氏の立場は「鎮守府将軍」（『武家年代記』では五月六日鎮守府将軍）に引きつけて解釈できるかもしれない。ただ同年五月二十七日に出された護良親王令旨（歓喜寺文書）の書止文言は「依将軍家仰、執達如件」であり、護良親王を「将軍」と認識している。

この尊氏のもとに、元弘三年八月には、諸国から武士が馳参している。彼らは着到状を出し、尊氏から「承了（花押）」の証判を与えられた（筑後上妻教信、筑前僧円海ら）。尊氏のもとには西国（とくに九州）の武士が集まりつつあった。

護良親王の勢い

護良親王が元弘三年に将軍に任ぜられたことは『職原抄《しょくげんしょう》』に「征夷使、大将軍一人、……元弘一統之初、兵部卿護良親王暫任之」とあり、確実なことである。『太平記』には、尊氏誅伐と将軍就任を求める護良親王に対して、後醍醐が将軍就任だけを許したので、志貴山《しきざん》を発った護良は七月二十三日に壮大な行列で入京した、と伝えている。

この護良親王は、五月末以降令旨を発給しているが、畿内近国を対象とするものが多い。内容は所領安堵・寺坊安堵・祈禱命令など多様であるが、七月、八月には着到を受けている。七月肥後松浦亀鶴丸着到状には左少将が、八月筑後荒木家秀着到状には側近が、それぞれ証判を与えているのである。西国の武士が護良親王陣営にも馳参していることが分かる。

さらに八月十八日には令旨にて、紀伊白鬚《しらひげ》党の功を賞して課役を免除し、九月二日には同じく令旨にて和泉久米田寺領での濫妨を停めている。

このように、護良親王と足利尊氏は、発給文書から見ても、軍勢糾合から見ても、競合関係にあった。元弘三年八月は、この両者の競い合いが、都において展開していたのである。

第五章　建武政権下の新田義貞

1　武者所

八月に上洛し、義貞・義助は国司になったが、十月には武者所に入った。後醍醐天皇は中央政府の政治機関として、記録所・雑訴決断所・窪所・武者所を置いた。十月九日には尾張国衙宛の雑訴決断所牒が出ているので、これまでにはこれらの機関が設置されたと見られる。『梅松論』には、設立の様子が次のように記されている。

武者所を統轄する

…御聖断の趣、五畿七道八番にわけられ、卿相を以《もって》頭人として決断所と号《ごうし》て、新に造らる、是《これ》は先代引付の沙汰のたつ所也、大議にをいては記録所にをいて裁許あり、又窪所と号して土佐守兼光・太田大夫判官親光・富部大舎人頭・参河守師直等を衆中として御出有て聞召《きこしめし》、むかしのことく武者所を、かる、新田の人々を以《もって》頭人にして諸家の輩を詰番せらる、…

大儀を裁く記録所、引付沙汰の雑訴決断所、これらは訴訟を裁く機関である。窪所は武士の統轄、武者所は内裏警備を担当した。『梅松論』には、武者所は新田氏の人物を頭人とし、その下に武士が編成された旨が記されている。文面には見えないが、全体を統轄したのは新田氏惣領の義貞と見てよかろう。

武者所の構成

武者所が全体としてどのような構成であったかは、元弘三年十月段階では分からないが、延元元年（一三三六）四月時点での構成は『建武記』に収められている「武者所結番事」にうかがうことができる。

これによれば、全体は六番編成であり、各番は十一人で構成されている（六番のみ十人）。一番には新田義顕（筆頭）、新田（堀口）貞政、二番には新田貞義（筆頭）、三番には新田（江田）行義、五番には新田義治（筆頭）と、新田一族が五人見える。そのうち四人は番筆頭であり、新田氏が武者所に力を持っていたことが分かる（二番の貞義は義貞とは別人）。

ただ、この構成は延元元年四月のものであり、元弘三年十月まで遡るものではない。この時の武者所構成員でない一色頼行《いっしきよりゆき》も建武元年には武者所に属していたことが分かっている（『尊卑分脈』）。それでも、『梅松論』が言うように、新田氏の人々が多く入っていたことは確かなことであろう。

2　義貞の「国務」

播磨国司となる

新田義貞は播磨国司となった。その地位は「大介《おおすけ》」であり、「守《かみ》」として確認することはできない（『異本元弘日記』には元弘四年二月十三日に「播磨守」を兼ねた旨が見えるが、これ以降も「大介」である）。「国務」とは国司が任国において実施する政治である。主要なのは所領相論の裁許・執行であるが、国司義貞に接触してきたのは主に国府近辺の寺・社の人々であった。

奉寄進　大徳禅寺
　播磨国三方西事
右、依当寺帰依之志深、殊所奉寄附也、向後更不可有依違者也、仍寄進之状如件、
　元弘三年十一月三日　　　　　治部大輔源朝臣（花押）
（大徳寺文書）

〔読み下し〕
寄進し奉る　大徳禅寺
　播磨国三方西の事
右、当寺帰依の志深きに依り、殊に寄附し奉る所なり、向後《きょうこう》更に依違あるべからざるものなり、

一　仍って寄進の状くだんの如し、

この文書は播磨国三方西《みかたさい》（郷）を山城大徳寺に寄進した文書であるが、十一月三日は義貞の国務関連史料としては早いものである。三方西郷は地頭職を武蔵出身の中村氏が室町期まで保持しつづけるので、義貞が寄進したのは正税部分であろう。寄進状には「当寺帰依の志深きに依り」の文言が見えて、義貞の大徳禅寺（妙超上人）への信仰が深いようにも読める。

義貞の署判は「治部大輔源朝臣」であり、この時までには治部大輔に就いていた。この寄進状が播磨国司としての立場から出されたことは、この寄進状を公認した同年十一月十日後醍醐天皇綸旨（大徳寺文書）が「播磨国三方西庄事、国司寄進の由、聞召《きこしめ》され了《おわ》んぬ」と書いていることから明らかである。

後醍醐天皇綸旨が七日後に出ていることから、義貞のこの寄進は天皇側からの働きかけによるものと見ることもできよう。後醍醐は大徳寺妙超を厚遇しており、大徳寺財政のために所領を確保させようとしていた。翌年八月二十一日には大徳寺妙超上人の申請に基づいて所領六カ所が「一円不輸寺領」とされたが（官宣旨、大徳寺文書）、そのなかに「同（播磨国）三方西郷」も入っている。義貞寄進の三方西郷は「一円不輸」として国司・守護使などの入部が停止された。

建武元年（一三三四）になると、称名寺（正明寺、姫路市）に次のような文書を出した。

庁宣　　留守所

可令早任先例、停止武士甲乙人等乱入狼藉、全寺領専祈禱事、

右、播磨国称名寺領等不可有相違、任先例、可致沙汰之状、所宣如件、在庁官人等敢勿違失、故以宣、

建武元年四月三日

大介源朝臣（花押）

（正明寺文書）

〔読み下し〕

庁宣　　留守所

早く先例に任せ、武士甲乙人等の乱入狼藉を停止せしめ、寺領を全うし祈禱を専らにすべき事、

右、播磨国称名寺領等相違あるべからず、先例に任せ、沙汰致すべきの状、宣するところくだんの如し、在庁官人等敢《あえ》て違失するなかれ、故に以て宣す、

義貞は「大介」（播磨国司次官）として、称名寺の寺領を安堵し、武士・甲乙人の乱妨狼藉を禁じている。こうした文書は寺側からの要請に基づいて出されるのが通例であり、この例も称名寺の要望が国司義貞のもとに届いていたのであろう。

この称名寺は「播磨国□（府）中姫道村称名寺」（正応五年三月二十五日譲状）と書かれるように、「府中」（播磨国府中）に所在した。この寺の伝来文書には鎌倉期の国司庁宣・留守所下文などの国衙関係文書

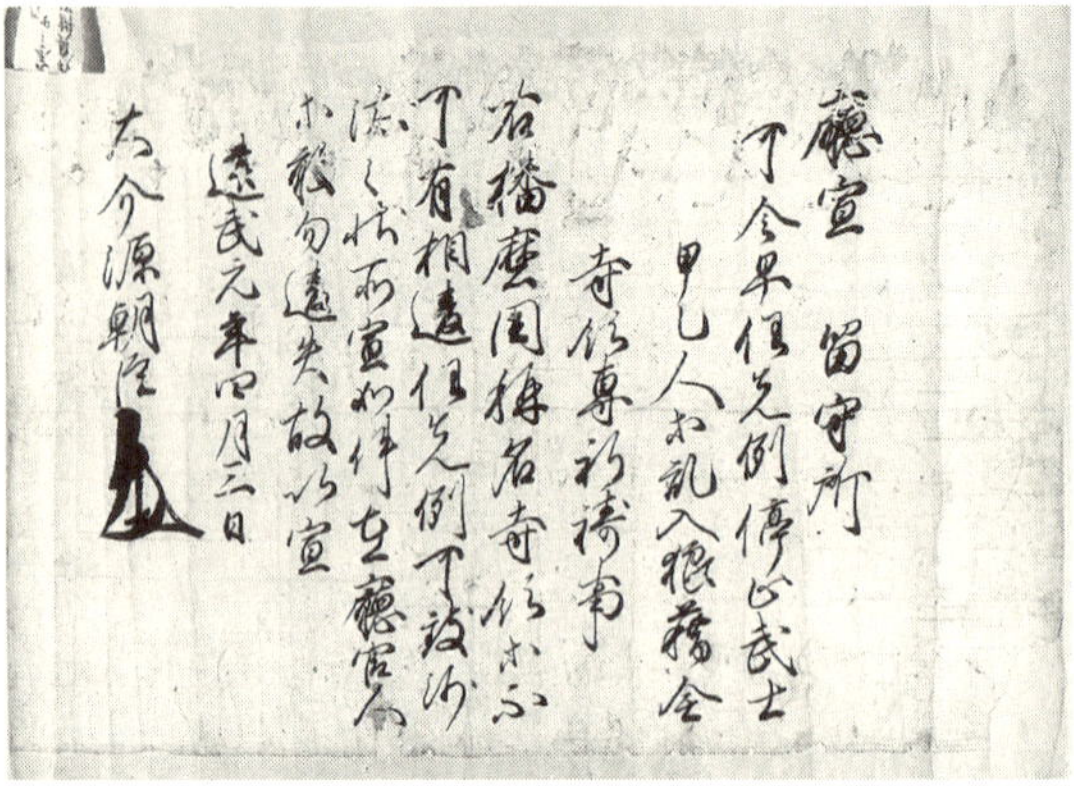

「新田義貞奥判播磨国司庁宣」（姫路市・正明寺蔵）

が多く、国衙に保護された寺院であった。称名寺は新任の義貞とさっそく接触して、義貞の国宣（庁宣）を得たのである。国務担当のため、義貞一族・郎党が播磨国府に入ったであろうが、彼らの乱妨を防ぐことを称名寺は期待したのである。

また、建武元年九月二十四日には、松原八幡社検校兼公文任耀《にんよう》の申請を受け「当職幷散在神領講田畠寺」を雑訴決断所牒の旨に基づいて安堵した（松原八幡神社文書）。この文書は「国宣」であり、「御目代」（播磨国目代）に宛てられているが、目代はこれを受けて豊後三郎なる人物に実行を命じている（松原八幡神社文書）。

＊「国宣」とは本来知行国主発給文書であり、国司発給の「国司庁宣」とは別であるが、鎌倉後期から国司庁宣も「国宣」と呼ばれるようになった。

この神社も「播磨国八幡松原別宮」と言われるように、本来は「国八幡」（国府八幡）と見られる。検校兼公文の任耀なる僧は、鎌倉末期からこの神社の祭礼・財政基盤を整備しており、所領寄進も受けている（同前）。新国司の新田義貞に接近し、いち早く、自己の地位と権益を確保したのであった。

このように、義貞の播磨国務は、国府近辺の寺・社（その僧）への特権付与であり、武士への所領安堵・裁許は見られない。

越後国務

義貞が発する越後国司庁宣（国宣）は元弘三年十月、その申請も同十月から見えるので、この時期には越後守となっていた。義貞子息の義顕も系図に「越後守」とあり、元弘四年二月十五日に従五位上に叙せられているので（『異本元弘日記』）、あるいはこの頃に越後守となったのかもしれない（次頁の表が示すように義貞の越後国宣も建武元年三月十八日を最後としている）。

義貞発給の越後国宣は次頁の表のようになる。申請者は当知行安堵を求めている。十月には色部《いろべ》高《たか》長《なが》が小泉荘加納牛尾条の当知行を確認する「安堵国宣」発給を義貞に申請したが、義貞は同年十二月十四日に当知行安堵の旨を申請文書の冒頭（袖という）に書き入れて戻した。同様に十一月には須和《すわ》部《べ》円教《えんきょう》らが佐味荘《さみのしょう》赤沢村内松分地頭の当知行を、また和田茂長女子は奥山荘内鍬柄《すきがら》村など三カ村の当知行を、それぞれ確認する国宣を申請して、安堵されている。申請文書の袖には「任今年七月廿六日宣旨、知行不可有相違之状、国宣如件、元弘三年十二月五日　源朝臣（花押）」のような文言が書き入れられたのである。「宣旨」（天皇発給文書）の趣旨に則《のっと》っての「国宣」であることを明記している。

表に見える国宣申請者は、いずれも越後国北部に本拠を置く人物であり、係争物件もその地域にある。これらの国宣が遂行されるためには、現地に強制力を持つ権力が樹立されなければならない。越後国府（上越市直江津）にあって、国宣を実行したのは、目代と守護代官であった。建武元年（一

新田義貞署判の越後国司庁宣一覧

申請氏名	年月日	所領	新田義貞署判形式	年月日	出典
須和部円教ら	元弘三年十一月日	佐味庄赤沢村内松分地頭	（外題）源朝臣（花押）	元弘三年十二月五日	佐方文書
和田茂長女子	元弘三年十一月日	奥山庄内鋤柄など三ヶ村	同右	元弘三年十二月十日	反町氏所蔵和田文書
色部長倫	元弘三年十月日	小泉庄内色部条総領職・粟島地頭職	同右	元弘三年十二月十四日	反町氏所蔵色部文書
色部高長	元弘三年十月日	小泉庄加納牛尾条	同右	元弘三年十二月十四日	古案記録草案
和田茂実	建武元年二月五日	奥山庄中条・金山両郷	（袖判）（花押）	建武元年二月五日	反町氏所蔵和田文書
和田茂泰後家尼代	元弘三年十二月日	奥山庄高野郷内田在家	（外題）源朝臣（花押）	建武元年二月十四日	山形大学所蔵中条文書
和田義成	元弘三年十二月日	奥山庄中条内羽黒・鷹巣幷加地庄古河条内田畠在家	同右	建武元年二月十四日	同右
佐々木左衛門女子尼明泉	元弘三年十二月日	加地庄内高浜条内田畠・同桜曾根条内田畠	同右	建武元年三月十八日	東京大学所蔵中条文書

（『上越市史通史編中世』，作成山本隆志）

三三四）二月五日越後国宣（写）は奥山荘中条・金山両郷の和田茂実への交付（打渡）につき、中条は実行されているが、金山郷では和田又次郎家人らの悪党人が城郭を構えて合戦に及んでいるので、守護代とともに近隣地頭を動員して治罰を加えるよう、目代に命じている（反町英作氏所蔵和田文書）。

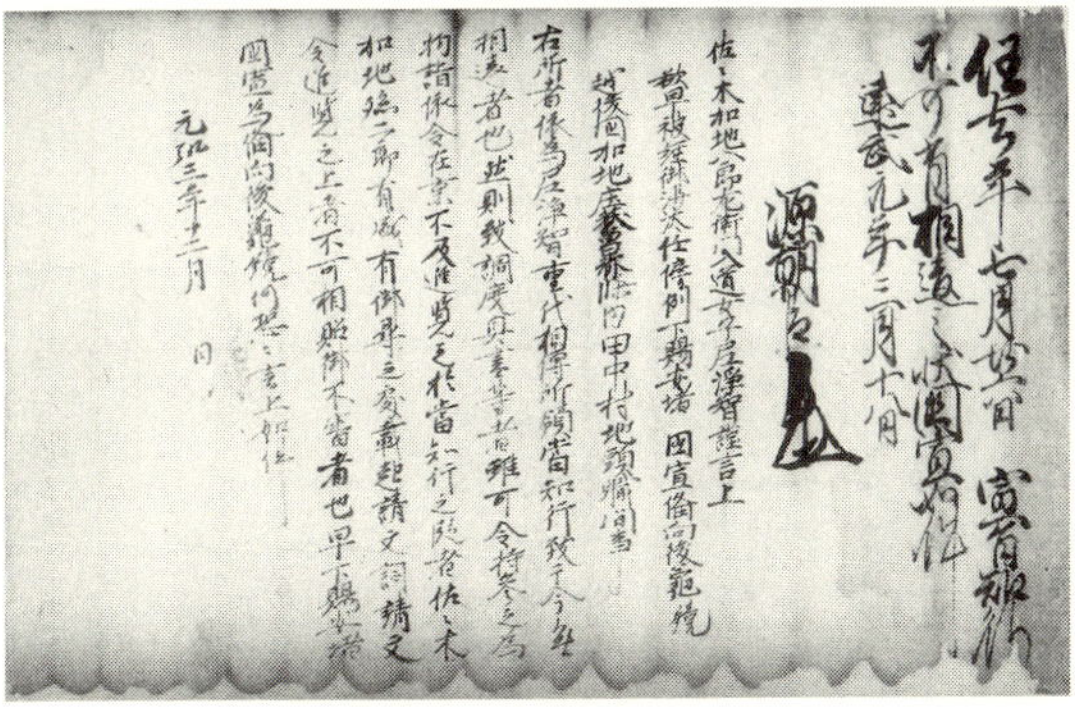

「新田義貞署判越後国宣」
（中条家文書）（山形大学附属図書館蔵）

国宣がなかなか実行されない場合、目代と守護代が係争地近隣地頭を動員して、国宣実行（所領の打渡）を図っているのである。この目代は越後国府にあって京都からの国宣を受け取る立場にあり、守護代とともに国司（新田義貞）の指示に従っていたのである。こうした目代としては新田彦二郎（実名不詳）・船田入道（実名不詳）が確認されるが、前者は義貞同族と見られる。後者は義貞被官船田義昌、あるいはその同族であろう。

一方の守護代（守護代官）としては屋蔵《やくら》与《よ》一《いち》、里見伊賀五郎・原大弐房《はらだいにぼう》・由良入道（いずれも実名不詳）が見える。この時期、義貞は越後守護でもあったため、その代官として採用された人々である。この四人のうち、里見伊賀五郎と由良入道は新田一族であるが、他の二人はどのような存在か分からない（越後国住人か）。守護代も複数見られるのであり、後の上杉氏守護代長尾氏のような存在ではない。

このように、国目代・守護代官は新田一族が中心となって構成されており、これが越後府中を支配下に置いていた（だが現地に新田氏の痕跡を見つけることは難しい）。

越後国では、目代・守護代は軍勢催促をしている。建武元年七月二十四日、大面《おおも》荘（栄村）で小諸・林一党の反乱に際して出陣した妹尾右衛門入道に守護代里見伊賀五郎と目代新田彦二郎が一見状を与えている（竹内文平氏所蔵文書）。目代と守護代は妹尾右衛門入道とともに大面荘で戦っていたのである。また同七月十二日・八月十日に色部《いろべ》長倫《ながみち》は瀬波《せなみ》郡・岩船《いわふね》郡で小泉持長《もちなが》と戦ったが、これはいずれも守護代官（屋蔵与一・原大弐房）に従った行動であった（「古案記録草案」所収文書）。建武二年九月二十一日源某は色部惣領（長倫）・一族に対して悪党人対治に出陣するよう命じているが（反町英作氏所蔵色部文書）、この源某の立場も守護代官と思われ、新田一族の人物と推定される。

目代・守護代の下には、守護使がいて、所領打渡（交付）を実行した。建武元年八月二十三日、頸《く》城《き》郡薗田《そのだ》保《ほ》地頭職を村山隆義に打ち渡したのは左兵衛尉なる人物であるが（反町英作氏所蔵文書）、この人物は「綸旨・国宣の旨に任せて」実行している。同様な人物として、建武二年八月十五日に奥山荘中条を和田茂継に打ち渡した貞久（山形大学所蔵中条家文書）、延元元年四月二十一日同荘黒河条を斉藤実利子息重定に打ち渡した源為経《ためつね》がいる（伊佐早文書）。前者の貞久は「守護使貞久（在判）」と署判しており、守護系統の使節であった。これらの守護使は国宣・施行状に基づいて、打ち渡している。

このように、越後国では新田氏が国司・守護を兼ねており、越後国府では複数の目代・守護代官が現地の守護使を通して国務を遂行していた。しかも国務と軍勢催促（軍政）が結びついて展開していたのである。

上野国務

義貞は上野国司となったが、成良《なりよし》親王が「守」となったため（元弘三年十二月に鎌倉下向）、実質的には大介であった。それでも義貞は上野国宣を発給している。

義貞発給の上野国宣は現在三通が確認されている（他に奉書が一通存在する）。もっとも早いのは、元弘三年十月日の伊達《だて》貞綱《さだつな》言状の袖に、元弘三年十二月五日付で安堵したものである。伊達貞綱が上野国公田郷（前橋市）一分地頭の安堵を申請したところ、義貞は「源朝臣（花押）」の署判にて安堵した。伊達貞綱は陸奥の武士であるが、上野国内の所領の安堵を求めたのである。

上野国内の武士では、寺尾光業《あきなり》が元弘三年十二月日言上状にて上野国上野上郷内田畠井落合村田在家の安堵を申請し、義貞の安堵国宣を受けている（この文書は最近紹介されたものである）。寺尾氏は鎌倉初期に幕府に仕えた上野国御家人として見えるものの、鎌倉後期以降はその姿が史料から消えていた。寺尾氏の本拠（寺尾郷）は佐野郷などとともに得宗領となり、寺尾氏も政治的には没落していたものと見える。寺尾氏では応安年間に守護上杉氏の被官として次郎左衛門尉なる人物が確認できるが（八坂神社記録）、この光業はこの同族であり、南北朝期以降の寺尾氏の出発点となる人物であろう。

＊この文書は最近、村石正行「史料紹介　寺尾氏の遺した文書一通」で紹介されたものであり、私も実物を調査した。正文であると認めてよいと思う。

この元弘三年十月日言上状には寺尾左衛門尉光業が「和田五郎」を證人に立てている旨が見える。

和田氏は、南北朝期には和田左衛門尉基業なる人物が見え（熊谷家文書）、室町期には「和田五郎」仮名（けみょう）となっている（那須文書）。南北朝期以降の寺尾氏・和田氏の出発点となる人物がここに登場したのである。

寺尾光業が知行安堵を申請した上野国上野上郷・落合村はともに多胡郡に属し、鏑《かぶら》川沿岸に位置する。本領たる寺尾郷（高崎市）にも近く、寺尾氏知行地として自然である。証人に立てた和田五郎の本領（和田郷、高崎市）も近い。

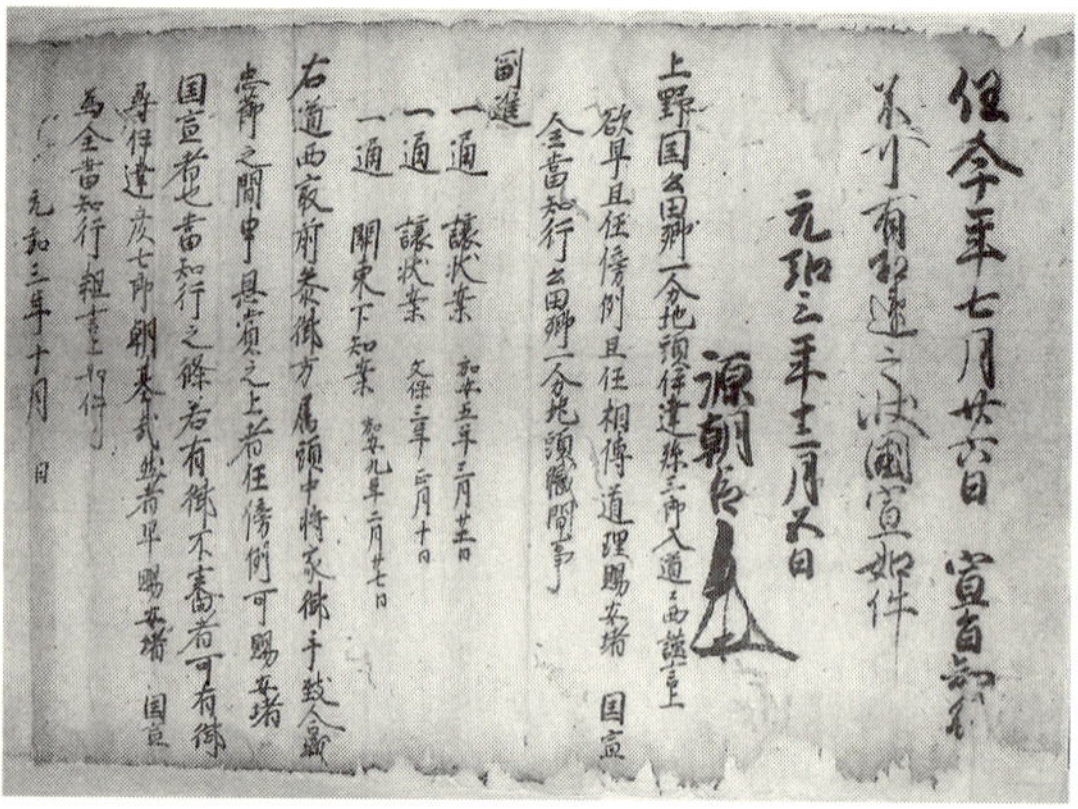

「新田義貞署判上野国宣」（伊達家文書）（仙台市立博物館蔵）

寺尾光業が言上状を提出したのは元弘三年十二月であり、伊達貞綱に少し遅れたが、すぐに「任今年七月廿六日　宣旨之旨、不可有相違状、国宣如件　元弘三年十二月十六日　源朝臣（花押）」という安堵（国宣）を受けた。言上状提出から一カ月以内である（伊達氏は約二カ月後）。国司義貞の外題安堵国宣は同年は十二月に集中していることが分かる（越後国宣も）。十二月裁許を聞きつけて、それに間に合わせたものだろう。

翌年（建武元年）三月に「上野国大塚郷幷中村田在家」の安堵を申請した小林重政（孫五郎）も同三月十九日に外題安堵（国宣）を受けている。この小林重政は高山御厨地頭であったが、北条専制時代には姿を消していた。安堵された大塚郷・中村は高山御厨内の地であり、本来所有していた所領であろう。義貞が上野国司になったので、その回復をはかったものと見られる。

所領安堵に打渡（交付）が必要であるが、それは使者が担当した。建武元年八月二十九日、「下佐貫内羽祢継」を別符幸時《ゆきとき》代に打渡した兵庫助氏政は（別符文書）、国目代から使者に指令された人物であろう。この打渡状は「綸旨・国宣」に基づいて打渡すことが明記されているが、この件に関する綸旨と国宣が出されていたのである（この綸旨は現存するが、国宣は残っていない）。

義貞発給の上野国宣

申請者	年月日	所領	新田義貞署判形式	年月日	出典
伊達道西	元弘三年十月日	公田郷一分地頭職	（外題）源朝臣（花押）	元弘三年十二月五日	伊達文書
寺尾光業	元弘三年十二月日	上野上郷・落合村田在家地頭職	同右	元弘三年十二月十六日	長野県個人蔵文書
小林重政	建武元年三月日	大塚郷幷中村田在家地頭職	同右	建武元年三月十九日	小林文書
（長楽寺了愚上人）		大胡郷内野中村地頭職	（袖判カ）	建武二年六月十九日	長楽寺文書

こうして上野国では、北条氏時代に没落していた上野国西部の武士が所領安堵を求めて、国司義貞に接近してきたのである。

長楽寺住持を任命する

義貞は建武元年六月十日、長楽寺住持を任命した。長楽寺は新田氏全体の菩提寺的位置にあり、鎌倉後期には世良田氏は「氏寺」と認識していたが、鎌倉末期には再建過程のなかで北条得宗体制化に組み込まれていた（前述）。北条高時一党が滅亡した直後には、新田一族では江田行義が元弘三年七月二十日新田荘平塚村を長楽寺に寄進して（長楽寺文書）、長楽寺支援の態度を表明した。

義貞は、北条高時によって任命された住持の牧翁了一《ぼくおうりょういつ》を退け、鈍翁了愚《どんおうりょうぐ》を任じた。

「上野国長楽寺々
務事、「任先例、可令
「住持給候、謹言、
六月十日　治部大輔（花押）
東栄寺長老了愚上人
（長楽寺文書、改行は原本通り、「は墨継）

〔読み下し〕
上野国長楽寺々務の事、先例に任せ、住持せしめ給べく候、謹言、

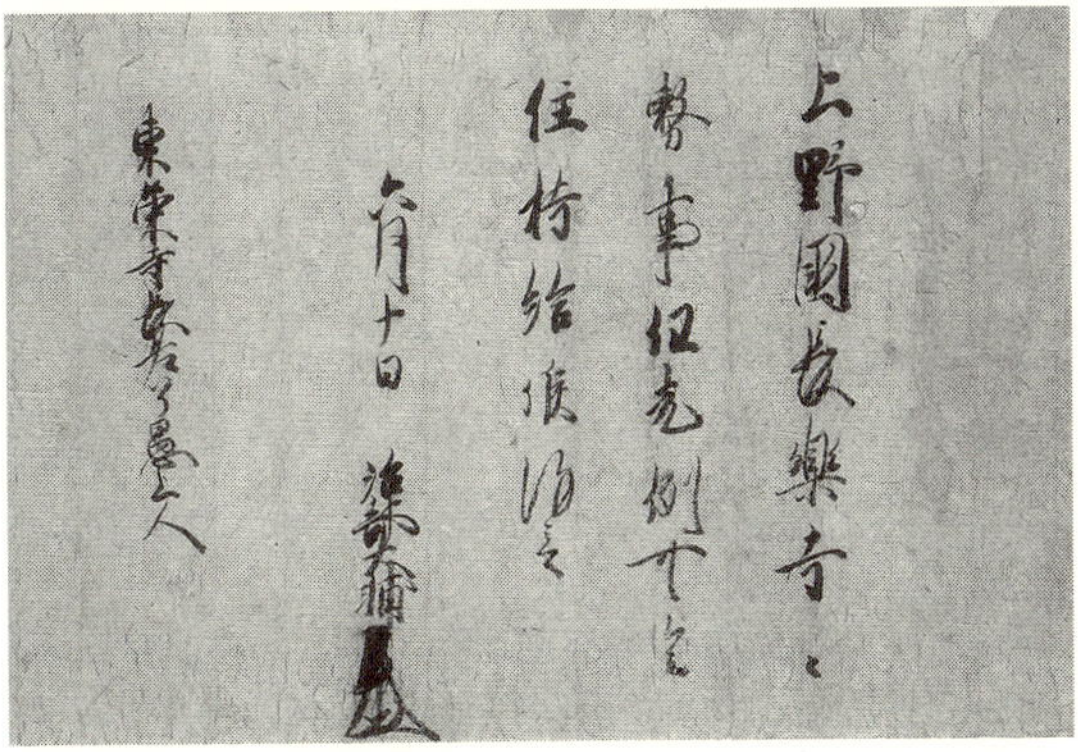

「長楽寺住持補任状」（長楽寺文書）

この文書は了愚上人に長楽寺寺務を委ねたものであるが、形式は書止文書が「謹言」であり、書状形式である。だが、この文書を私的性格なものとして理解するのは妥当ではない。

この文書は写真を見れば分かるように、書体は真書に近く（行書に近くない）一字一字も大きい。また料紙も縦三二・八センチメートル、横五二・七センチメートルと大きいものであり、極めて公的性格が強い。したがって発給者である義貞の立場は、新田氏惣領という私的立場ではなく、何らかの公的立場をも体現していると考えられる。義貞はこの時点で上野国司であり、この立場をも踏まえているであろう。ただ、この時期、国司による禅寺住持補任状（公帖）は類例がない。義貞も、国司としての立場から発給することはできなかったのであろう。

住持に任命された了愚上人は、「禅刹住持籍」（長楽寺）に「十三世、鈍翁了愚、嗣月船、建武元年甲戌入寺、歳六十二、同三年丙子退院」と見えることから、長楽寺に入ったのは建武元年であったことが分かる。したがって義貞による補任状も建武元年（一三三四）に比定できる。

また了愚上人は月船琛海《げっせんちんかい》の法系を引いているようである

が、六十二歳の高齢で長楽寺に入寺した。また義貞が京都政界から越前に下向した建武三年には、了愚も長楽寺を退いており、義貞の政治的位置と連動している。長楽寺住持たる了愚の立場は、義貞の政治力に支えられているのである。義貞は明確な意志をもって了愚を任じたと考えられよう。

長楽寺に所領を寄進する

長楽寺に入った了愚上人を財政的に支援するため、義貞は所領を寄進した。ここには、旧態を残す長楽寺に入った了愚を支援する義貞の強力な意思がうかがえる。

□(上)野国大胡郷内野中村地頭職事、長楽寺了愚上人禅庵義貞寄進被聞召了、不可有相違之由、綸旨如此、早可被沙汰付之旨、国宣所候也、仍執達如件、

建武二年六月十九日

平（花押）

源（花押）

沙弥（花押）

謹上　御目代殿

（長楽寺文書）

〔読み下し〕

□(上)野国大胡郷内野中村地頭職の事、長楽寺了愚上人禅庵に義貞寄進聞し召され了んぬ、相違あるべからざるの由、綸旨此の如し、早く沙汰し付けらるべきの旨、国宣候ところなり、仍って執達くだんの如し、

この文書は、上野国大胡《おおご》郷内野中村（前橋市）が長楽寺了愚上人禅庵に寄進されたことを確認し、その沙汰付（打渡）を上野国目代に命じたものである。発給者は平・源・沙弥であるが、彼らは国司（新田義貞）の「国宣」を命じたのである。

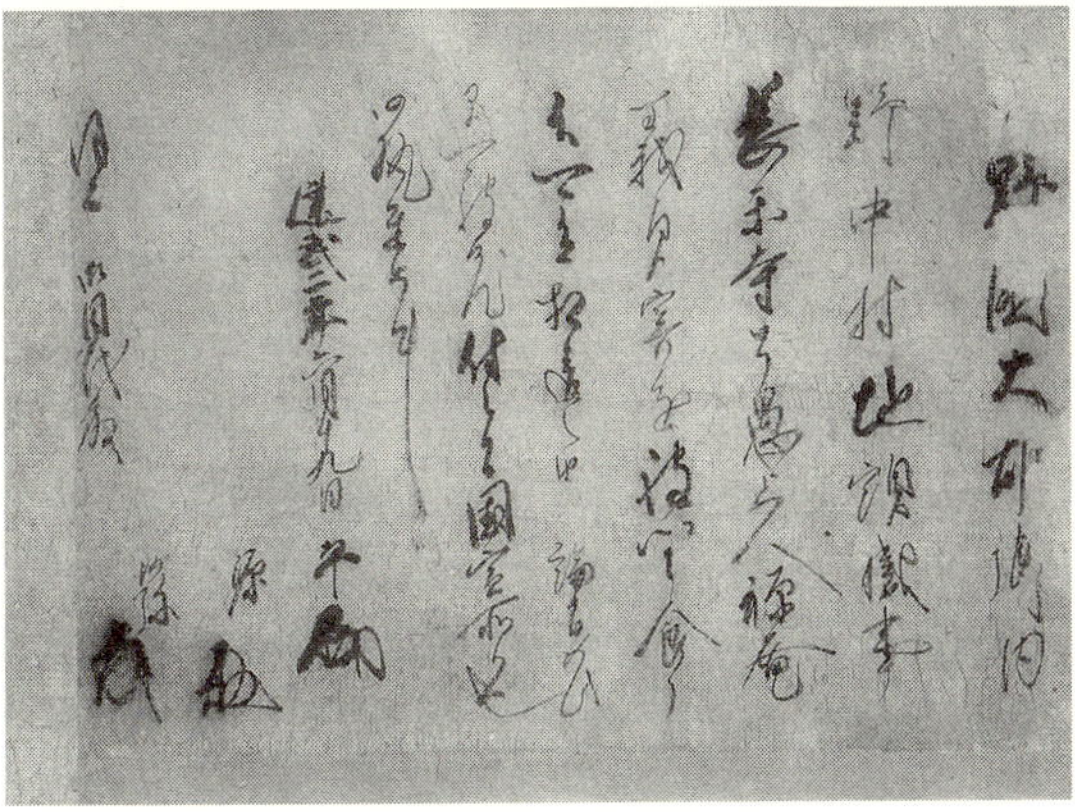

「上野国宣」（長楽寺文書）

文言を検討すると、「義貞寄進聞《きこ》し召され了んぬ、相違あるべからざるの由、綸旨此の如し」とあり、まず新田義貞が寄進し、それが後醍醐天皇に許され、「綸旨」も出されていたことが分かる。義貞寄進状→後醍醐天皇綸旨、という順に文書が出ているが、これは播磨国での三方西郷寄進の例に似ている。

上野国司としての義貞はその綸旨を受けて、この国宣発給を指示したのであり、長楽寺了愚上人禅庵を上野国司義貞は強力に支援したのである。

寄進所領の「大胡郷内野中村地頭職」は、本来は大胡氏所領と考えられる大胡郷の一部であり、元弘没収領の一つであろうか。

3 東国統治の始まりと岩松経家

後醍醐政権の地方統治は国司と守護を併存させる方式であったが、それを補強する体制を敷いた。

陸奥府の整備

元弘三年（一三三三）十月二十日、北畠顕家は義良《のりよし》親王を奉じ、多くの貴族を伴って奥州に下向した（同十一月二十九日到着）。顕家は八月五日の叙位・除目で、三位となり左中将・弾正大弼に陸奥守を兼ねていた（弾正大弼は九月十日に罷免）。これには北畠親房も同行し、結城宗広が補佐した。義良親王と北畠顕家を中心として、その周辺に奥州武士を従えようとする意図である。奥州では、鎌倉幕府滅亡の一因となった大乱が奥州北辺で起こり、その余波も続いていた。政府としてはここを鎮めて、政治秩序を回復することが課題の一つであった。そのため北畠顕家は出羽国をも管領するところとなった。

翌年（建武元年）正月には国府の職制が編成されたが、式評定衆には北畠一門の貴族（三人）と結城宗広・二階堂行珍《ぎょうちん》・伊達行朝《ゆきとも》らの武士（五人）が入った。武士は奥州の有力者と旧幕府法曹家である。引付奉行には旧幕府法曹家のほかに多くの奥州武士（旧北条氏系も）が入って体制を固めた。

陸奥国府の国宣は、建武元年には多く出されるが、大半は所領関係のものである。所領宛行は袖判（顕家）の下文様式であり、遵行は「郡奉行」に命ぜられた。国府―郡奉行の命令手続が成立しているが、この郡奉行は、警察権を担当する郡検断とともに、郡奉行所を構成していた。こうして、義良親王―北畠顕家を中核とする陸奥府は支配体制を整備して、北辺統治体制は鎌倉時代よりも前進したのである。

鎌倉将軍府

足利直義は元弘三年十一月八日左馬頭に相模守を兼ねるところとなり、同二十日に親王となった成良《なりよし》を奉じて、十二月十四日鎌倉に下向した。成良親王は翌年正月十三日には上野太守、建武二年八月一日には征夷大将軍となるが（『相顕抄』）、そのことは『神皇正統記』にも「同十二月左馬頭源直義の朝臣相模守を兼して下向す。是も四品上野の太守成良親王をともなひ奉る、此親王後にしはらく征夷大将軍を兼ねさせ給ふ」と見える。成良親王が将軍であり、足利直義はそれを補佐する（執権）体制である。

成良親王・足利直義の鎌倉下向前後から、中央権力による鎌倉・関東支援の動きが展開する。後醍醐天皇は綸旨にて、十二月二十日浄光明寺を祈願所に、同二十一日覚園寺《かくおんじ》を勅願所とした。また同十二日「武蔵法華寺当知行地」を安堵する綸旨が出されていた。

京都の足利尊氏は建武元年（一三三四）二月六日に次のような文書を出した。

武蔵国飯塚村法華寺住持是徹申寺領事、被下綸旨之処、大河原又三郎致濫妨云々、早可被沙汰付于是徹之状如件、

建武元年二月六日　　尊氏（花押）

伊豆守（上杉重能）殿

（武州文書、法華寺文書）

〔読み下し〕

武蔵国飯塚村法華寺住持是徹申す寺領の事、綸旨を下さるの処、大河原又三郎濫妨を致すと云々、早く是徹に沙汰し付けらるべきの状くだんの如し、

法華寺住持是徹《ぜてつ》は「寺領」安堵の綸旨を受けたものの、現地では大河原又三郎の抵抗にあっていたのであり、「沙汰付」（大河原を排除して是徹に交付する）を尊氏に要請したのである。尊氏は沙汰付を伊豆守（上杉重能）に命じているが、この時尊氏は武蔵守である。したがって武蔵国司から上杉重能《しげよし》（目代にあたる）への下達文書であるが、それを国宣様式ではなく、御教書様式の文書として発給している。

尊氏はさらに同年四月十日に受西堂（丹波国光福寺）に宛てて「関東万寿寺住持職事、守先例、可被寺務之状如件」（関東万寿寺住持職の事、先例を守り、寺務せらるべきの状くだんの如し）という御教書（署判は左兵衛督・花押）を発給した。「関東万寿寺」なる寺院は該当するものが見当たらないが、東国を対象にした御教書様式の住持補任状として注目されよう。

いっぽう鎌倉の直義は建武元年二月五日に上杉左近蔵人（頼成《よりなり》）に宛てて「大御厩事、被仰付状如件」（大御厩の事、仰せ付けらるの状くだんの如し）と御教書様式（署判は直義・花押）の直下を出して、御厩を管轄する役に任じた。この「大御厩」は上杉家厩というよりは鎌倉将軍府の厩と解する方がよい

のではなかろうか。この上杉頼成といい、さきの上杉重能といい、足利氏の関東支配の中核には上杉氏が据えられた（上杉憲顕《のりあき》も同様である）。

建武元年三月二十五日には鶴岡八幡宮にて尊勝護摩供が行われた。この日の護摩供は鶴岡検校の覚《かく》助《じょ》法親王が主催し、八大仏頂を擬し八口衆を定め置くこととなり、「御教書」が出された。この御教書で僧八人が差定されるわけであるが、その発給者は鎌倉将軍府の成良親王あるいは足利直義であろう。いずれにしても鶴岡八幡宮の法会が鎌倉府の後援で遂行されているのであり、鎌倉の寺・社勢力を再編しつつあった。

関東廟番と岩松経家

鎌倉将軍府を支える武士組織としては建武元年正月に廟番が設置された。一番から六番まで、各番ごとに六、七名が配置され、「結番次第を守り、懈怠なく勤仕せしむべきの状、仰により定むるところくだんの如し」と勤仕を義務づけられた。

各番に配置された武士はいずれも有力な人物であるが、二番には兵部大輔経家（岩松）が蔵人憲顕（上杉）とともに入っている。新田一族ではこの岩松経家の一人だけである。

足利氏系では、渋川刑部大輔義季《よしすえ》（一番）、上杉憲顕（二番）、吉良宮内大輔貞家《さだいえ》（三番）、一色右馬権助頼行《よりゆき》（四番）、吉良中務大輔満義・上杉伊豆守重能・高太郎左衛門尉師顕《もろあき》（六番）がいる。これだけ足利氏系がいるのは、この廟番が足利直義主導のもとに編成されたことを示していよう。

このほか二階堂氏が六人も入っていること、相馬小次郎高胤《たかたね》・（南部）遠江七郎左衛門尉時長という奥州武士も加わっていることが注目される。二階堂氏では、ほぼ同時に編成された奥州式評定衆に二階堂行珍・同顕行が入り、政所執事・評定奉行を担当している。二階堂氏は鎌倉幕府の法曹官僚であったが、北条高時滅亡後も奥州・鎌倉の将軍府に編成されたのである。

関東廂番に編成された岩松経家は、この年（建武元、一三三四）奥羽でも公権力を担う活動をする。岩松経家代寂心は、岩松本阿弥陀仏（実名不詳）が陸奥国府にて奉公しながらもその代官が千倉荘に城郭を構え、合戦に及んでいると訴えた。同年三月十九日には陸奥国宣が出され、千倉荘に軍勢が発向するところとなったが、ここからは陸奥での岩松一族の動きがうかがえる。岩松本阿弥陀仏は陸奥千倉荘に本拠を置きながら、「在府」している。千倉荘に所領を与えられた陸奥将軍府奉公衆であろう。ところが、その本阿弥陀仏の代官が千倉荘で城郭を構えて合戦に及んでいると、岩松経家代官が陸奥国府に訴えているのである。この岩松経家代官の立場は、千倉荘での「合戦」により被害を受けているというものであろうか。

もう一例ある。次の史料を見よう。

出羽国屋代庄地頭職事、被充行正成（楠木）畢、早可被沙汰居彼代官於庄家者、
天気如此、仍執達如件、
（建武元）四月九日　　左衛門権佐範国
新田兵部大輔殿
（由良文書）

〔読み下し〕

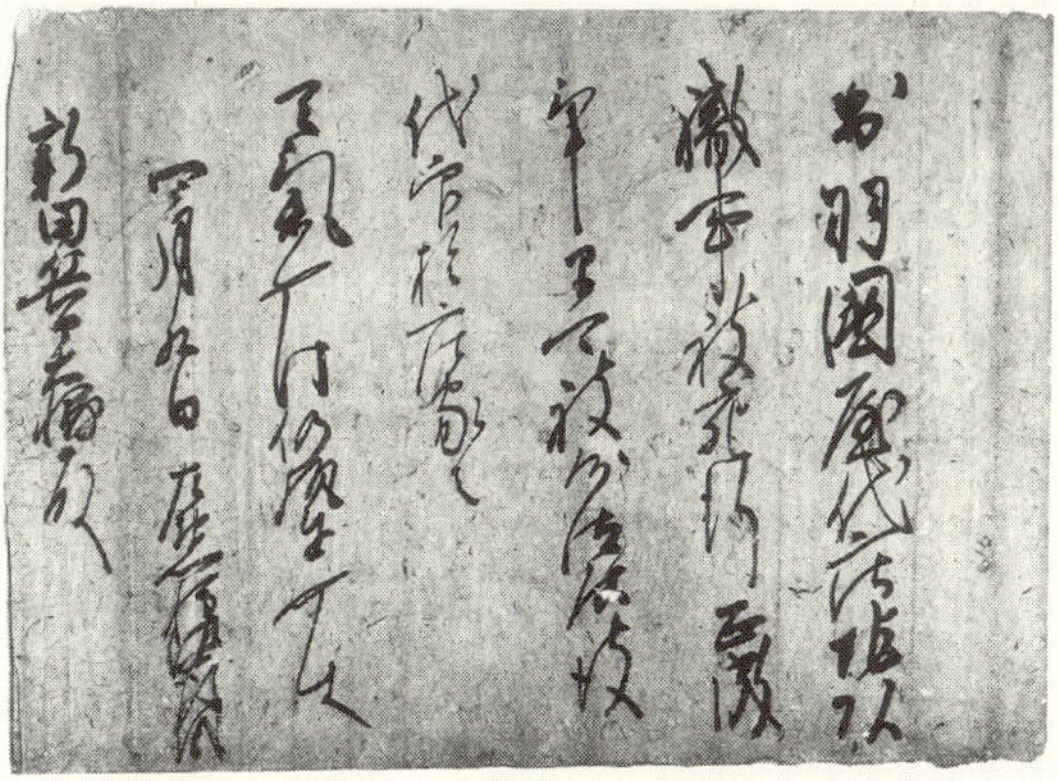

「後醍醐天皇綸旨」（由良文書）（東京大学文学部蔵）

出羽国屋代庄地頭職の事、正成に充行われ畢んぬ、早く彼の代官を庄家に沙汰し居えらるべきべ
してへり、
天気此の如し、仍って執達くだんの如し、

この文書は後醍醐天皇綸旨であるが、出羽国屋代荘地頭職を楠木正成代官に交付するよう新田（岩松）兵部大輔に命じている。沙汰居（付）を命令するのはふつうは国宣であるが、それを綸旨で行っている。それは所領受給者が楠木正成であることにもよるだろうが、特例である。その沙汰付を岩松経家が命じられている。しかも場所は出羽国である。出羽国は陸奥将軍府の管轄下に入れられたが、遵行体系が整っていなかったのだろうか、岩松経家にそれが命じられたのである。

このように岩松経家は、陸奥・出羽にて、陸奥将軍府権力を補完するような活動を展開している。千倉荘での濫妨を訴えたのも単なる所領関係ではなく、公的地位に基づくとも考えられる。こうした活動を関東廟番衆の岩松経家が展開したのである。

関東管内においても岩松経家は同様な活動を行っていたと思われ、（史料には見えないが）同様な活動を奥羽でも担っていた。関東と陸奥の両管轄圏にまたがって活動していたのである。

こうしたことは、陸奥府と鎌倉府が、その人的構成の面から見られるように、連携して運営されていたことを想像させる。

4　護良親王の没落

建武元年の京都政界における最大の事件は護良親王が捕らえられ、鎌倉に送られたことであろう（十月末～十一月）。これを決めたのは後醍醐天皇であるが、足利尊氏の強力な圧力によるものであった。

義貞ら、尊氏に対抗する

この年の前半は、三月に旧北条氏与党勢力が関東・奥州・九州で挙兵するなど不穏な社会状況にあった。京都でもどの政治勢力が主導権をにぎるのか、不安定な情勢にあった。『梅松論』は「翌年改元有て建武元年なり、元三節会以下の儀式、雲客花の袂をつらね、むかしにかへる体なり、然《しかれ》とも世中の人々心も調《はか》らす、よろつ物さ（騒）はかしくみ（見）えしかは、此まゝにてハよもあらしとおそろしくそ覚えし、去程に兵部卿親王護良・新田左（右カ）金吾義貞・正成（楠木）・長年（名和）潜《ひそか》にゑいりょ（叡慮）を請て打立事度々に及《およぶ》といへとも、将軍（足利尊氏）に付奉る軍勢其数をしら（知）さる間、合戦にをよ（及）はゝ、難儀たるへきによりて…」と述べている。護良親王・新田義貞・楠木正成・名和長年が、足利尊氏に対して軍事的発向に及ばんとした、というのである。このことは他の史料では確かめることができないが、ありそうなことではある。『梅松論』の叙述では、新田義貞らの発向が「度々」に及んだこと、しかも「ゑいりょ（叡慮）を請て」いた、という。こうしたことも確かめようもないが、後醍醐の意向が働いていたものだろうか。新田義貞は足利尊氏に対立する側の人物として位置づけられている。ただ義貞の中央政界での政治的軍事的行動を示す姿（史料）は、建武元年については、この『梅松論』だけである。「国務」関係の文書発給は多く見られるが、政局にからむような資（史）料がないのである。このこと自体が、この年における義貞の政治的位置を示しているのかもしれない。

『梅松論』には続いて「建武元年六月七日兵部卿親王を大将として将軍《（尊氏）》の御所に押寄らるへき風聞しける程に武将の御勢御所の四面を警固し奉り、余りの軍勢ハ二条大路充滞しける程に、事の体大義に及によつて、当日無為になりけり」と記され、六月七日に護良親王が尊氏を攻めようとして、一触即発寸前になったが回避されたことが分かる。この記事も確かめられないが、京中には軍事的緊迫感が漂っていたことを表現したものであろう。

足利尊氏の政治的上昇

尊氏は前年（元弘三年、一三三三）以来、配下に多くの武士を集めていて、武士勢力の指導的地位にあった。官位は従五位・左兵衛督・鎮守府将軍・武蔵守であるが、正月五日には正三位に叙せられた。

七月二十日、尊氏は「笙始《しょうはじめ》」を行った（『足利家官位記』）。尊氏は鎌倉住いの時から笙を習っていたとも思われるが、この日公家の例にならって笙始となった。笙は南北朝時代には朝廷で盛んとなり、「琵琶から笙へ」とも言われるような変化が進んでいた。尊氏は翌年（建武二）五月二十五日の禁中御講でも「荒序」（笙の曲）を受けている。公家文化を身につけつつ、朝廷政治内に足場を築いてもいるのである。建武元年九月十四日の除目では参議となり、名実ともに朝廷政治を支える一員となった。

尊氏の政治的位置は、後醍醐天皇を武家として補佐するところにあった。同年九月十日綸旨は島津貞久に「鎮西警固事」を命じているが、その二日後に尊氏は同人に宛てて「鎮西警固幷日向薩摩両国事、任綸旨、可被致其沙汰之状如件」（鎮西警固幷びに日向薩摩両国の事、綸旨に任せ、その沙汰致さるべきの状くだんの如し）という御教書を下している（島津文書）。署判は花押のみであるが、綸旨を施行する御教書であり、天皇の武士（島津貞久）に対する直接統治を補佐する位置にある。

後醍醐天皇は、同年九月に石清水八幡・東寺・賀茂神社に行幸したが、石清水護国寺礼仏（九月二十一日）では足利尊氏・楠木正成・名和長年以下の武士が警固している（『護国寺供養記』）。三人の名前が記されているが、「足利左兵衛督随兵幷正成・長年以下武士」とあるように、尊氏が警固役の中心的存在となっていた。

九月二十七日の賀茂社行幸には、尊氏は軍勢を率いて扈従《こしょう》したが、その名簿が残っている（朽木文書）。武田・佐々木・千葉・小笠原・宇都宮・上杉・島津・小早川・南部・山名らの計三十九名の有力武将であり、これを従える尊氏の実力の程がうかがえる。

尊氏は多くの軍勢を統率して、後醍醐天皇を武士として補佐する位置を確保しつつあったのである。

こうした尊氏の政治的上昇は朝廷政治内での位置と連動しているものであろうが、競争者を焦らせることとなった。

護良親王の敗北

護良親王は当初、畿内武士を組織しつつあったが、やがて南部・工藤らの奥州武士が支援者となっていた。護良はそれだけでなく、仏教勢力とも提携するようになった。元弘三年十二月十一日南禅寺に詣でた護良は、そこで楚俊《そしゅん》禅師から兵仏一致の説を解説された。南禅寺は禅院第一の寺院であり、「大日本国皇太子、深通教法、武略過人」（大日本国皇太子、深く教法に通じ、武略人に過ぐる）と言われる護良に、楚俊は武事と教門の一致するという天台智者の言を説いたのである。

こうして禅院勢力の一部とも接触していた護良は、建武元年六月七日に軍勢を催して尊氏を攻めようとしたが、この時は大事に至らなかった。ところが七月以降の尊氏の政治的上昇を眼のあたりにして、十月に行動を起こした。

…十月二十二日の夜、親王御参内《さんだい》の次を以《もって》、武者所に召籠奉て、翌朝に常盤井殿へ遷し奉り、武家輩警固し奉る、宮の御内の輩をは武者の番衆兼日勅命を蒙りて、南部・工藤を初として数十人召預けられける…（『梅松論』）

護良は参内して拘束され、武者所に召し籠められた。武者所の活動を示しているが、護良に近い南部・工藤を捕らえたのも「武者の番衆」である。武者所には新田一族が多く参加していたが、この時新田氏がどう行動していたかは分からない。

『保暦間記』では護良捕捉を十月二十日のこととしているが、護良の計画を「粤《ここ》ニ兵部卿親王、世ノ心ニ任ヌ事ヲ安カラスニ覚エテ、天下ヲ乱シ給ヒ、御位ヲ退テ、我御宮入道親王妹腹二歳ニ成《なら》セ給フ宮ヲ位ニ奉レ付テ、尊氏以下可レ去武士ヲ打テ、天下ヲ我儘《わがまま》ニセント思立《おぼしたち》賜フ」と記している。現状に憤懣やる方なくして、わが子を皇位につけ、また尊氏を討とうとした、というのである。これが確かな史料では検証できないのが残念である。

『太平記』（巻十二）では、護良の行動を「内内隠密ノ儀ヲ以テ諸国ヘ令旨ヲ成サレ兵ヲソ召レケル」と記し、これを知った尊氏が阿野廉子を奏者にして「兵部卿親王帝位ヲ奪奉ラン為ニ、諸国ノ兵ヲ召候ナリ、其ノ證拠分明ニ候」と天皇に上奏した、と述べる。護良に帝位奪取の明白な証拠がある、というのである。その証拠が上覧され、天皇は逆鱗して、「中殿ノ御会」に参内した親王を結城判官（親光）、名和長年に命じて捕らえさせた、という。

いずれの書物も、護良捕縛を命じたのは後醍醐としている。後醍醐が護良に危険な面を見たのは確かであろう。護良は天皇の子であり、武芸にすぐれ、仏教界にも通じていた。ただこうした面は建武元年当初から見えたわけであり、十月段階に固有なものではない。

建武元年十月政変

この年の十月、朝廷周辺は緊迫の度を増していた。五日、万里小路《までのこうじ》藤房《ふじふさ》が出奔した。藤房は元弘政変で下総に配されていたが、北条高時滅亡により結城宗広に伴われて上洛し、後醍醐政権の中枢にあった。正二位で中納言に右衛門督・検非違使別当を兼ねていた。『公卿補任』には「出家」とだけ記されるが、『太平記』では後醍醐に向かって時局批判を展開して後に密かに出家した様子が描かれる。後醍醐は驚いて藤原宣房《のぶふさ》（藤房父）に探索させたという。藤房が天皇に何を諫奏したかは分からないが、朝廷中枢人物の失脚となったのである。

藤房については、その後相国寺《しょうこくじ》（山城）に住すとも、越前に隠れた後、筑紫に赴くとも、土佐に向う途中溺死すとも、臆説が生じた。「越前のくにたかの巣の山」では法華経を読み修行している人物が「藤房卿の面影して侍る」と、刑部卿（新田）義助朝臣が一条少将に知らせた、という（『吉野拾遺』）。もとより後世の臆測であるが、越前国は新田左馬権頭（堀口貞義に該当、『尊卑分脉』）が守護として決断所諜を受けており（建武元年三月二十四日、円覚寺文書）、越前国の概要は新田氏を通じて京都にもたらされていた。それを義貞弟の脇屋義助に仮託しての伝聞ということであろうか。

十月十日には南禅寺住持楚俊が退けられて、臨川寺《りんせんじ》夢窓疎石《むそうそせき》が入れられた。楚俊は浄土院に退居するところとなったが、この人物は前年末に南禅寺にて兵仏一致説を護良親王に解説していた。この更迭も護良捕縛直前であり、護良―楚俊ラインには政治的圧力が強化されたのである。

こうした政治状況のなかで、護良は捕らえられ、やがて十二月には鎌倉の足利直義のもとに送られていった。この政変はこの年の政治情勢の変化を象徴する事件であるが、このなかで新田義貞らはどう動いたのか。確実なことは分からないが、武者所が護良を捕縛したことは確かであろう。また「宮の御内の輩」を召し預かるよう勅命を受けていた「武者の番衆」（『梅松論』）のなかに新田氏がいたかもしれない。義貞はじめ新田氏も武士所の一員としての役割を果たしたと考える方が妥当であろう。義貞は元弘三年三月には北条氏討伐の令旨（綸旨）を護良から与えられており、行動の名分は後醍醐―護良に置いていたと考えられる。その護良を、義貞は天皇の命とは言いながら、武者所の中心として捕縛した。後醍醐の忠実な武者ではあるが、武士として独自な政治的位置を築きつつあった尊氏と比べると、その政治的成長に大きな差を認めざるをえない。

5　北条時行の乱と新田氏の動き

足利尊氏、北条高時霊を鎮魂する

建武二年（一三三五）、東国における戦乱をめぐり、政治情勢は急展開した。七月の北条時行《ときゆき》軍の鎌倉占拠と、それに対応する中央政府の動き、とくに足利尊氏の出兵である。尊氏はこの関東出兵後、後醍醐政権から離れて、武家政権樹立の方向に歩み出す。

尊氏の関東に対する指導的立場は、北条時行の乱以前から明白になっていた。自身は関東統治の伝統的ポストである「武蔵守」の立場にあり、弟直義は「相模守」として成良親王を奉じて鎌倉府の中心にあった。すなわち兄弟で「武蔵守」・「相模守」に就任しており、鎌倉北条執権体制の政治的伝統を継承しつつあったのである。

建武二年三月二十八日足利尊氏は相模金目郷を円頓宝戒寺《えんとんほうかいじ》に寄進した（相州文書）。その寄進状は

「右相模守高時法名（崇鑑）天命已尽、秋刑忽臻、是以当今皇帝施仁慈之哀恤、為度怨念之幽霊、於高時法師之旧居、被建円頓宝戒之梵字」と始まる。天命尽きた北条高時の「怨念之幽霊」を鎮めようと、後醍醐天皇が高時旧宅に円頓宝戒寺を建てるよう命じたという。尊氏がどうして、この命を受けたのか。寄進状は続けて「爰《ここ》に尊氏武将の鳳詔を奉《うけたまわ》り、逆徒の梟悪を誅し、征伐の時を得、雄勇に功を遂ぐる、然《しか》る間滅亡の輩、貴賤老幼、男女僧俗、勝《あ》げて計《かぞ》ふべからず」という。尊氏は武将として逆徒征伐の詔《みことのり》を受けて功を遂げたと自負している。京都六波羅を攻略したのはたしかに尊氏であるが、鎌倉（北条高時）を倒したのは新田義貞ではないのか。

円頓宝戒寺（鎌倉市小町）

尊氏は北条高時自害についても、自らが詔を受けて展開した軍事行動全体のなかで起こった出来事と意識しているのであろう。だからこそ旧高時邸での寺院建立を自らの仕事としたのである。寄進状はかの戦乱で多くの死者が出たことを記しているが、「之により金目郷を割分し宝戒寺に寄する所なり、是偏《ひとえ》に亡魂の恨を宥《なだ》め、遺骸の辜《こ》を救うためなり」と、高時はじめ亡魂を宥めるための、宝戒寺への所領寄進であると明記する。

この円頓宝戒寺建立は前年（建武元）冬に始まっていた。『宝戒寺縁起』は「建武元年冬、尊氏に勅、高時旧跡於いて、梵字を結構し、遺骸辜を救ふべし、尊氏勅を奉り、執権左馬頭直義在鎌倉に命じ申沙汰せしむ、同霜月二十二日斧始」と見える。十一月二十二日には斧始をしているのであり、尊氏寄進状の三月二十八日には完成に近くなっていたであろう。

北条高時一党の亡霊を、当の鎌倉において鎮める寺院を建立するという行為は、後の安国寺・利生塔にも見えるように、戦乱での死者を敵・味方に関わらず供養しようとするものであり、怨霊にさいなまれないようにするための行為である。

このことは、尊氏が、北条氏の政治を、そのままでないにしても、その政治圏において継承しようとする姿勢を示していよう。北条氏怨霊を鎮めてこそ、関東での足利氏支配を築くことができる。したがって、この事業の発案は尊氏にあるだろう。それを天皇公認の事業として展開したのであり、そこに政治的見識をうかがうことができる。

またこの事業は、天皇（勅）→尊氏→直義（申沙汰）という経路で展開している。尊氏→直義は御教書が出されたと考えられ、それに「申沙汰」を義務づけている。この「申沙汰」は直義から成良親王への「申沙汰」と解釈すべきであろうから、後の京都将軍→関東管領→鎌倉公方の文書伝達経路が成立しつつある。

宝戒寺建立と北条一族鎮魂法会は、このような国家的体系で遂行されているのであり、それが尊氏によって実現されている。しかも寄進状宛所の「円頓宝戒寺上人」は恵鎮《えちん》上人（円観）である。恵鎮は叡山僧であるが、ここに尊氏との連携が見える。

北条高時一党滅亡の経過からすれば、新田義貞こそがこの事業主体にふさわしい人物と考えられる。にもかかわらず、義貞がこうした事業に熱心であった様子は全体的に見られず、意欲もなかったとも思われる。だが政治的情勢は、直義が成良とともに鎌倉に下向して以来、国家支配の一環としての鎌倉統治は、足利尊氏・直義に主導権が移っていた。義貞も、よもやこのような事態になるとは予想していなかったであろう。

西園寺公宗の謀反

六月二十二日、権大納言正二位西園寺公宗が勅勘を受け召し捕えられ、日野資《すけ》名《みつ》・氏光《うじみつ》父子も召し預けられた（『公卿補任』）。京中でも不穏な動きがあり、建仁寺前では楠木正成・高師直《こうのもろなお》（尊氏の被官）が「隠謀輩」を召し捕えたのである（建武二年六月記）。

西園寺公宗はどのような動きをしたのか。『太平記』では奥州に逃れていた北条高時弟（四郎左近大夫入道、時興《ときおき》）が上京し、西園寺公宗に頼るところとなり、両者の結託が成立したという。挙兵にあたっては、京都では公宗・北条時興が、関東では北条時行が、北国では名越時兼が、それぞれ中心となる計画があったともいう。

挙兵計画の真偽のほどは不明であるが、「勅勘」を蒙った旨が各種古記録に見えるので、政治的反対派と見なされたのであろう。また建仁寺前で隠謀者を捕らえたのが楠木正成と高師直であることは武者所が中心となっての武力発向であったと考えられる。楠木と足利勢の共同行動は前年の天皇行幸供奉にも見えたことであるが、彼らがこの時点での天皇側近武者であったことを示していよう。

新田氏も武者所に多く入っていたが、この時の発向者には見えない。義貞勢は西園寺公宗召捕に加わっていないと思われる。これと関連するかもしれないのが、播磨府中での新田氏落命事件である。「新田里見式部大輔義俊、当年《（建武二年）》六月中於播磨国府中、自被堕命以来」（建武二年十一月二十八日山内通継譲状）と史料に見える。播磨国府を本拠にした里見義俊は中国地方の山内通継と婚姻関係を結んでいた。里見義俊と通継娘との間に生まれた子（土用鶴《とよつる》）を養子にして、所領を譲ろうというのである。この新田里見式部大輔義俊とは新田氏諸系図には見られないが、新田一族たる里見氏の一員であることは間違いない。この譲状は翌年六月に足利氏の安堵を受けており、尊氏に提出されたものと見られる。そのためわざわざ「新田里見…」と記し、義貞の直系ではないと表現したのかもしれない。

その新田里見義俊は、この年（建武二年）六月、播磨国府中にて「命を堕《おとさ》れ」たという。この文言は落命理由を明示しないものであるが、これは足利氏（文書提出先）を意識してのことである。六月であれば京都における西園寺公宗事件と連動している可能性がある。尊氏側近の高師直が摘発の先頭に立っていることを考えると、この時の播磨府中での里見義俊は反足利の側にあったかと思われる。これは想像であり、これ以上の類推（播磨国府での新田勢全体の動きなど）は控えたい。ただ播磨守が義貞であり、府中に新田勢が入り込んでいるからこそ起こる事件である。しかも京都において謀反摘発行動に新田勢の動きが見られないのである。

北条時行の乱

建武二年（一三三五）七月、北条高時の子である時行らが信濃で蜂起し、鎌倉を攻めた。比較的信頼できる史料には「建武二年七月、先代余類相模守次郎時行蜂起す、七月廿五日鎌倉に入る、渋川義季・小山秀朝・細川頼員討死す」（『鎌倉大日記』）と見える。この戦乱のなかで鎌倉にいた護良親王が殺害されたが、「建武二乙亥七月廿三日兵部卿宮東光寺に於て、直義のために生害す」（同前）と見えて、七月二十三日のことであるから、戦乱の始まりはその直前であろうか。

発向した者のうち小山《おやま》秀朝《ひでさと》は武蔵府中で敗死した。「元弘日記裏書」には「今年建武七月信濃国凶徒蜂起し鎌倉を襲う、直義没落す、護良親王弑《し》に遇う、藤原（小山）高朝武蔵国府に於いて自害す、大江時古成良親王を抱き奉り帰洛す」と記される。藤原（小山）高朝が武蔵国府で「信濃国凶徒」（北条時行を担ぐ諏訪頼重ら）と戦い、自害したという。さきの『鎌倉大日記』では小山秀朝である。この秀朝・高朝は兄弟であり、『尊卑分脈』では秀朝にこの自害の注記がある。鎌倉を防衛する戦いが武蔵府中であることは、義貞の鎌倉攻めの時も見られたが、ここでも再認識させられる。

発向者のうち渋川義季は関東廂番衆の一番頭人であるが、『梅松論』・『太平記』によれば武蔵女影《おなかげ》原《はら》にて敗死した。「渋川系図」でも義季に「刑部大輔、建武二年七月廿二日武蔵国女影原に於いて自害す、年二十三」の注記がある。これにより、武蔵での合戦がまず女影原で展開されたことが分かる。ここでの合戦の後、武蔵府中へと北条時行軍は進んだのであり、元弘三年の新田義貞と同じコースを進んだのであった。

また七月二十四日には武蔵鶴見にて合戦があった。佐竹貞義《さだよし》子息の五郎義直《よしただ》は「去年（建武二）七月廿四日武蔵国鶴見合戦の時討死致す」という（建武三年九月廿八日佐竹貞義言上状）。二十四日は北条時行軍が鎌倉に入る前日であり、北条軍与同勢力が鶴見方面に向かったものと思われる。鶴見合戦も、義貞鎌倉攻めの際に見られたが（前述）、ここでも同様である。

渋川義季と同時に、同じ場所で岩松経家も敗死した。岩松経家も渋川同様に廂番衆であり（二番頭人）、いち早く出兵したのである。『太平記』によれば、岩松経家は北条軍が武蔵に入る手前の「上野国利根川（天正本では鏑川）」で防戦した、という。利根川では地理的条件が合わないから、鏑川であろう。北条軍は鏑川沿いに上野国西部を南下して、その延長線上に武蔵国に入ったのである。

北条軍の進路を整理してみると、（信濃）→上野国鏑川→武蔵（女影原）→武蔵府中→鎌倉となる。迎え討つ側は、鏑川に岩松経家、女影原に渋川義季、武蔵府中に小山秀朝、という布陣を敷いたのである。合戦は、北条軍が勝利を続け、女影原では退去してきた岩松経家と渋川義季が、武蔵府中では小山秀朝が敗死したのである。

岩松経家の敗死

岩松経家は、義貞らの新田勢が上洛した後も、鎌倉にとどまっていた。経家にかぎらず岩松一族は同様であったが、この合戦により戦死者を多く出した。「新田氏系図」（長楽寺蔵）では経家の兄弟に五人を配し（義政・本空・禅師・四郎・経家）、禅師に「兄弟三人建武二七廿二、女影一所に於いて討死し畢んぬ」の注記を付す。経家を含めて兄弟三人が討死したのである。これだけでなく被官も相当数が死去したものと思われ、岩松氏にも存亡の危機が訪れた。

6　義貞―尊氏の対立

尊氏、鎌倉を攻略する

北条時行が鎌倉に入ったことが京都に知らされると、いち早く足利尊氏が討伐に出立した。出発に際して征夷大将軍を求めたが、「征東将軍」として八月二日に京都を発った。鎌倉に向う途中、八月十日には下野那須資宿《すけすく》に軍勢催促の御教書を出し（結城白河文書）、十九日には鎌倉に入った（鎌倉大日記）。北条時行は姿をくらましていた。

これより前、後醍醐は綸旨を発し、時行ら凶徒の討伐を命じていたが、この綸旨を受けて大友貞載《さだのり》や新田貞政《さだまさ》が軍勢催促をした。

信濃国凶徒蜂起之間、綸旨如此候、早相催一族、可被致軍忠之状如件、

建武二年八月廿六日　　民部大輔貞政（花押）

村山弥二郎殿　　（村山文書）

〔読み下し〕

信濃国凶徒蜂起の間、綸旨此の如く候、早く一族を相い催し、軍忠を致さるべきの状くだんの如し、

文書発給者の貞政は、新田一族の堀口貞政である（長楽寺蔵新田氏系図）。堀口貞政は村山弥二郎に一族を率いて軍忠を致すよう命じているが、その名分は「綸旨」にある。「信濃国凶徒」（北条時行軍）討伐の綸旨を奉じる形で、堀口貞政は越後武士（村山弥二郎）を軍勢催促しているのである。越後国は、この時新田氏が国司であり、守護も兼帯していたが、堀口貞政は現地にて軍勢を催していた。

同様な軍勢催促御教書を大友貞載が八月二十日に発給しているので（宗像文書）、この綸旨は八月十日頃には出されていたと思われる。尊氏が京都を出発してまもなく出されたものであろうか。

鎌倉を回復した尊氏に対して、八月三十日朝廷は勲功賞として従二位とした。将軍としては認められないが、功績は評価されたのである。尊氏はここに東国に対する主《あるじ》となり、奥州についても強力な支配権を置いた（「奥州管領」ではないが、斯波家長《しばいえなが》に管轄せしめた）。さらに九月二十七日には諸将に対して下文形式にて所領を宛行った。

（花押）（尊氏）

下　小笠原信濃貞宗

可令早領知信濃国住吉庄幷武田孫五郎長高跡・市河掃部六郎跡事、

右人、為勲功之賞、所宛行也、守先例、可致沙汰之状如件、

建武二年九月廿七日

（小笠原文書）

〔読み下し〕
下す　小笠原信濃貞宗
早く信濃国住吉庄幷びに武田孫五郎長高跡・市河掃部六郎跡を領知せしむべきの事、
右の人、勲功の賞として、宛行うところなり先例を守り、沙汰致すべきの状くだんの如し、

袖に花押を据えた下文である。このような様式の文書で所領を与えたのであるが、この時のものが現在では少なくとも五通残るが、いずれも東国（奥羽を含む）を対象としている。尊氏発給文書で、袖判下文様式は八月（末）以降に見えるが、九月には数多く発給されたのである。袖判の下文は、北畠顕家発給の陸奥国宣にも見えて、尊氏はこれに影響されたのかもしれないが、鎌倉の主として、所領宛行をしたのである。

尊氏―義貞の政治対立

鎌倉での尊氏は頼朝を彷彿させるものがあったが、新田一族内には深刻な問題をもたらした。

武蔵国内矢野伊賀入道善久跡所領事
合
一所　小泉郷男衾郡内
一所　須江郷比企郡内

一所　片橋郷足立郡内
一所　久米宿在家六間　多東郡内
右、任御下文幷施行之旨、奉打渡岩松兵部大輔経家跡代官頼円・定順候畢、仍渡状如件、
建武二年十一月九日　　橘行貞在判　　（正木文書）

この文書は、橘《たちばな》行貞《ゆきさだ》が遵行使として、武蔵国小泉郷以下を「岩松兵部大輔経家跡代官頼円《らいえん》・定《てい》順《じゅん》」に交付したものである。岩松経家は七月の武蔵女影原合戦で討死したのであるが、その後継者（代官）に所領が交付されたのである。橘行貞の行為は「御下文幷御施行の旨に任」せてのものであるが、この「御下文」こそ先に見た尊氏袖判下文と同様式文書であろう。岩松経家跡に宛てた尊氏袖判下文は残ってはいないが、これが出されていたのである。

岩松経家跡代に与えられた所領四カ所（矢野伊賀入道善久《ぜんきゅう》跡）は、おそらく北条時行与同として没収された地であり、それを討死勲功の岩松経家跡に与えたのである。ところで、岩松経家兄弟は、この時、三人が討死していたのであり（前述）、家の存続も危ぶまれる状況にあったと見られる。こうしたなかで、尊氏は経家後継者未定でありながら、一族を代表する代官（僧頼円と定順）に所領を宛行ったのである。袖判下文で所領を与えられた岩松経家跡は、その下文発給者の足利尊氏との間で主従関係に入ったことになろう。

これまでも岩松氏は経家をはじめ足利氏に近しい関係にあったが、それが主従関係に変化したので

ある。これにより義貞の立場は損なわれた。義貞は新田氏惣領として、また源氏嫡流の家柄として尊氏と対決することとなった。

足利直義の手腕

十一月に入ると、鎌倉では尊氏弟の直義が政治的・軍事的に主導権を発揮した。尊氏とともに武士を指揮・命令したのである。

可被誅伐新田右衛門佐義貞也、相催一族可馳参之状如件、
建武二年十一月二日　　　左馬頭(足利直義)（花押）
那須下野太郎(資宿)殿　　　　（結城白河文書）

〔読み下し〕
新田右衛門佐義貞を誅伐せらるべきなり、一族を相い催し馳せ参ずべきの状くだんの如し、

直義が下野国那須資宿に義貞誅伐を命じているのである。同様な文書は諏訪部《すわべ》三郎（扶重）、播磨の広峯貞長《ひろみねさだなが》、長門の長田内藤次郎（教泰《きょうたい》）、九州の田代市若《いちわか》（顕綱《あきつな》）、渋谷新平二《しぶやしんぺいじ》入道などに出されている。また信濃の市河孫十郎近家、陸奥の伊賀左衛門三郎盛光、丹波の小河小太郎成春らは、これに応じて挙兵している。挙兵した市河らはさきの直義発給の軍勢催促状を「関東より御教書成下さるるにつき」、「十一月二日御教書」などと呼んでいる。御教書と理解しているのである。
諸士に対して、所領宛行には尊氏袖判下文、軍勢催促には直義（御判）御教書という、二つの文書

様式をもって対処しているのであり、足利氏は幕府権力に近いものになっていた。

ただ二人が分担関係にあったかは不明である。むしろ、尊氏には後醍醐天皇に敵対するのを悩んでいる節があり、弟直義の登場となったとも思われる。『梅松論』には、尊氏が出陣する高師泰《こうのもろやす》に対して、矢作川《やはぎ》を越えないように命じたという。また『太平記』では、後醍醐天皇に向かって弓を引くのは罪科遁れがたく、剃髪染衣の姿となり、出兵する意志のないことを諸将に言ったり、また直義の矢作での敗戦を聞き、建長寺に入り出家しようとしたという。これらの話は、尊氏が後醍醐天皇と敵対するのを避けようとしていた行動として解釈できよう。それだけ出京までは良好な関係にあったと見られる。

直義の軍勢催促の御教書も新田義貞誅伐を前面に出しているのは、後醍醐天皇との対立を避けようとする意図であろう。

尊氏は奏状を出し、これが十一月十八日、京都にもたらされた（元弘日記裏書）。『神皇正統記』にも「尊氏望む所達せすして、謀叛をおこすよし聞えける、十一月十日あまりにや、義貞を追討すべき奏状を奉《たてまつ》る」と見える。尊氏は謀反の意志はなく、義貞討伐こそが本意である旨を奏上したのである。『太平記』には尊氏奏状の本文が載せられているが、もとより述作であろう（またそれに反駁する義貞奏状をも載せているが、この内容も『太平記』叙述と整合するようにできており、現実性が薄い）。

＊この尊氏・義貞の奏状は互いに人柄を非難しあっているが、最大の対立点は鎌倉攻めの功績は義貞にあるのか、尊氏子息（千寿王）にあるのか、という点にある。これは『太平記』の叙述でも特に力を入れてい

ることでもあり（前述）、『太平記』の叙述に合うよう二人の奉状が作成されていると見なすことができる。

義貞ら、足利討伐に向かう

十一月十九日、尊良《たかよし》親王以下、東征に発った（元弘日記裏書）。『神皇正統記』には「追討のために、中務卿尊良親王を上将軍といひて、さるへき人々もあまたつかはさる、武家には義貞の朝臣をはしめて、おほくの兵を下されしに」と見えて、義貞が多くの武家を率いたことが分かる。

ここでの義貞登場には護良親王臣下の働きかけがあったらしい。『保暦間記』は「故兵部卿親王（護良）ノ御方臣下ノ中ニヤ有ケン、尊氏謀反ノ志有ル由讒シ申テ、新田右衛門佐義貞ヲ招テ種々ノ語《かたら》ヒヲナシテ、左中将ニ申成テ、上野国ハ尊氏分国也、義貞ニ申充ケリ、何《いか》ナル明主モ讒臣ノ計《はかり》申《もうす》事ハ昔モ今モ叶ヌ事ニテ、尊氏上洛セハ道ニテ可レ打由ヲ義貞ニ仰ス」と記す。護良臣下が義貞を招き、(1)尊氏に与えられた上野国はもともとは義貞に与えられたものだ、(2)尊氏が鎌倉を発ち上洛に向かおうとしたら途中で討つように、(3)左中将にもしよう、との趣旨を言ったという。「左中将」任官は翌年二月であるが、(1)は義貞が心を動かされそうな言説である。この護良臣下は特定できないが、四条隆資・隆貞父子と想像できる。隆貞は護良親王令旨の奉者となっていることが多く、隆資には義貞は延元元年五月に鵤《いかるが》荘の件で書状を送り、問題処理を委ねている。また湊川合戦（延元元年五月）以後では後醍醐方軍のなかに四条隆資軍が見えて、義貞と共同戦線を張っている。義貞と四条隆資は近しい関係と見られるのであり、四条父子が義貞を、尊氏討伐の先鋒に引き出すことは十分に考えられる。

『太平記』（巻十四）では、義貞はこの時「節度」を下されたとし、次のように述べている。

十一月十八日、新田左兵衛督義貞朝臣、朝敵追罰ノ宣旨ヲ下シ賜テ、兵ヲ召具シ、参内セラル、馬物具真ニ爽《さわやか》ニ勢有テ被出立タリ、内弁・外弁・八座・八省、階下ニ陣ヲ張、中議〔儀〕ノ節会行レテ、節度ヲ下被、治承四年ニ権亮三位中将惟盛ヲ、頼朝追罰ノ為ニ被下時、鈴計《すずばかり》給リタリシハ不吉ノ例ナレバトテ、今度ハ天慶承平ノ例ヲゾ追レケル、義貞節度ヲ賜リテ二条河原へ打出テ、先尊氏卿ノ宿所二条高倉へ、舟田入道ヲ差向テ、鬨《とき》ノ声ヲ三度挙サセ、流鏑《かぶら》ニ矢射サセテ、中門ノ柱ヲ切落ス、…

朝廷では、次第の儀式を行い、義貞に「節度」を与えたという。この節度とはふつうは節刀のことであり、この時の先例となった天慶の例でも、征夷大将軍（藤原忠文）が節刀を賜り進発している（『貞信公記』天慶三年二月八日）。ただ『太平記』では先の引用部分の直後に「其後一宮中務卿親王、五百余騎ニテ三条河原へ打出サセ給ヒタルニ、内裏ヨリ下サレタル錦ノ御旌《おんはた》ヲ差挙タルニ」と記しているように、尊良親王に錦旗が下されていた、とも記している。

つまり『太平記』では、この時、節度（節刀）と錦旗が、征東する尊良・義貞に下されていた、という。「武家名目抄」では「後醍醐天皇も亦《また》其例を追はれしとみえて、官軍の大将には必錦御旗を授けらる、これより以来、天子の御旗を呼て節度といふことといてきたり」と記して、後醍醐が与えたのは錦旗であって、錦旗を節度と呼ぶようになった、とする。

後醍醐天皇は、義貞を将軍として起用するとともに、尊良を「上将軍」とした。「上将軍」については、後醍醐が尊良にこの号を授けたのが始まりというが（「武家名目抄」）、いわば二人の将軍が出現したのであり、そのため、一人には節刀、もう一人には錦旗が与えられたのではないだろうか。

節刀が、この時期存在していたことは、『桃華蘂葉《とうかずいよう》』に「太刀契並節刀、建武度紛失、被新造之」とも見える。建武の混乱と内裏火災のなかで紛失したようであるが、詳細は不明である。

後醍醐天皇は、中国（宋）を模範とした中央集権国家を構想しており、征夷を担当する機関の恒常的存在を否定していた。節刀は都に凱旋すれば返納されるのであり、その地位は一時的である。後醍醐天皇の構想する国家のなかでの征夷事業者にふさわしい。義貞に節刀が与えられたことは、他の文献には見えないので確かなこととは言えないが、可能性は高い。

このような立場で、武士に対する指揮権を持って、新田義貞は都を発った。軍勢の進路は二つに別れたが、東海道軍は尊良を奉じた義貞と新田一族（脇屋義助・堀口貞満など）、それに他氏大名（宇都宮公綱、大友貞載ら）や山僧祐学坊《ゆうがくぼう》などである。もう一方の東山道軍は大智院宮、弾正尹宮《いんのみや》、洞院実世らの公家・貴族と新田一族（江田行義・大館氏義ら）や他氏大名（島津氏など）である。

この軍勢が出京した後、十一月二十二日、綸旨が出された。「足利尊氏同直義已下《いげ》の輩、反逆の企あるの間、誅罰せらる所なり」というものである。反逆者として尊氏とともに直義の名が明示されているのは、鎌倉での足利方の動きを先導しているのが直義であるとの認識があろう。同二十六日には尊氏とともに直義の官爵が削られたのも同様であろう。

新田軍と足利軍の最初の合戦は三河矢作で起こった。足利方の高橋彦六茂宗（摂津多田院御家人）は「去年建武二十一月廿五日三州矢作河に馳せ参じ、足利上総五郎殿の御手に属し、合戦を致し、同廿七日渡河し、散々合戦を致す」（多田院文書）と言っている。矢作での合戦は十一月二十五日であり、その後の戦いは「渡河」し、東に移っている。

この矢作川合戦は『梅松論』・『太平記』ともに記述があり、足利方の高師泰らが敗退した。さきの高橋彦六茂宗申状は、続けて、「同十二月遠江国府、上野、駿州手越河原《てごしかわら》、箱根山合戦、忠節を致すものなり」と記しており、合戦の場が、矢作から遠江国府→同上野（豊田郡）→駿河手越河原→箱根山と、次第に東に移っていくことを示している。東征の新田軍が優勢で、東方向に行軍しているのである。

箱根・竹下の合戦

矢作で敗れた足利直義は駿河手越を経て箱根山西麓に至る。『太平記』では、直義は鎌倉に戻り、そこで出家せんとしていた尊氏を上杉ともども説得し、決起させたように記している。だが箱根を越えて鎌倉に戻ったとすると、追う新田勢も箱根を越えてしまう。すると鎌倉西方での合戦となり、元弘三年の鎌倉攻めに西側からの攻撃に成功した新田側が有利になる。

『梅松論』では、「下御所（直義）は箱根山に引籠り、水の（呑）みを掘切て要害として御座ありけるに、仁木・細川・師直・師泰以下不相残一人当千の輩、陣を取」と記して、直義は水呑（三島神社と箱根峠との中間に位置する）に要害を構えた、という。そして尊氏自身については、計略を次のように記す。「我、水のみにいたり其敵を支ふる計にて利を取る事有べからず、此荒手をもて箱根山を越て発向せしめ合戦いたさば、敵驚騒がん処を誅伐せん事、案の内なりとて、同十日夜、竹のしたみち夜をこめて天のあ

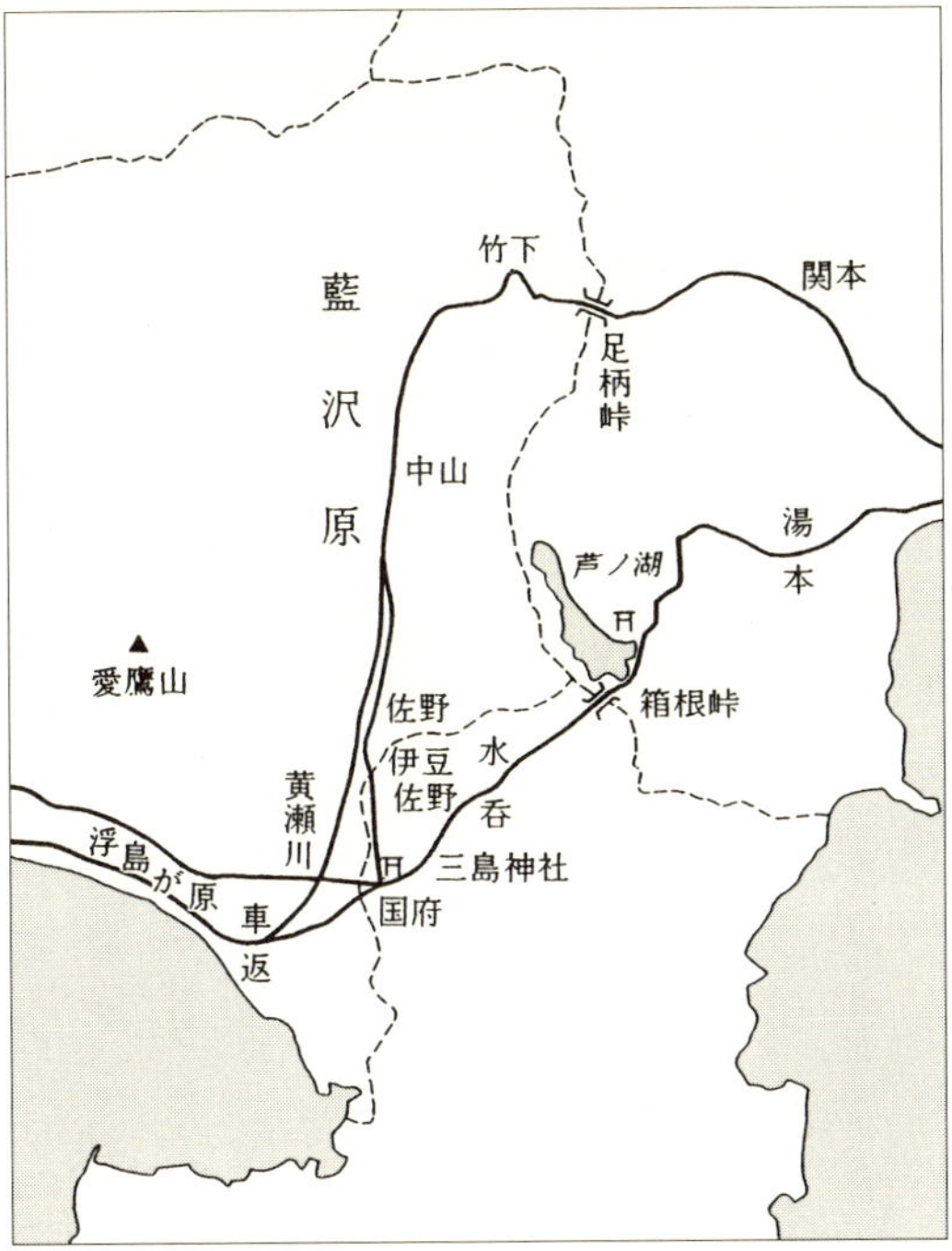

箱根・竹下の合戦関係略図（『小山町史第6巻』より）

くるをまつほどに…」。つまり、水呑で敵を防戦するだけでは利がないとし、箱根を越えて、水呑を背後から攻めようと、竹下へ向う道を進み、敵を待った、という。水呑にいる直義軍を前提にしての計略であり、この方が整合的である。

＊この部分の記述は『小山町史第六巻』（静岡県小山町）を参考にした。

この合戦に関する史料として信頼できるのは建武四年八月日野本朝行《のもとともゆき》子息鶴寿丸軍忠状（熊谷家文書）である。この軍忠状は十五箇条にわたって軍忠次第を述べているが、その最初の三箇条には次のように書かれている。

一　去建武二年十二月八日、将軍（尊氏）鎌倉御立之間、朝行御供、同十一日於伊豆国愛澤（藍沢）原合戦之時、最初馳向、…同日中山合戦之時、御方之先陣…

一　同十二日、同国佐野河合戦之時、自中手渡河、致軍忠畢、

一　同十三日、伊豆国府合戦之時、中間平五郎男令打死畢、

野本朝行は足利尊氏に従い、十二月八日に鎌倉を発ち、同十一日には藍沢原・中山で、十二日には佐野河で、十三日には伊豆国府で合戦している。各々の場所は前掲の地図のようになる。鎌倉を発って（八日）竹下を廻ってくれば、藍沢原（十一日）→中山（十一日）→佐野（十二日）→国府（十三日）という転戦は整合的に理解できる。

竹下での合戦の様子は『太平記』（巻十四）に描かれているが、尊良親王・脇屋父子を中心とした新田勢は敗退し、「佐野原」・「伊豆ノ府」も支えられずに、海道を西に落ちた。またこの敗北のなかで、大友左近将監・塩冶《えんや》判官が足利方に降参したという。

大友貞載《さだのり》の軍勢が足利方に降ったことは、大友一族の狭間政直が「去年（建武二）十二月十二日、伊豆国佐野山に於いて御方に参じ、合戦忠を致し訖《おわんぬ》」（狭間文書）と言い、豊後武士の野上資氏が「去年（建武二）十二月十二日左近将監貞載手に属し、伊豆国佐野山に於いて御方に参ず」（野上文書）と述べていることにより確かめられる。十二月十二日の伊豆佐野山合戦で彼らは足利尊氏方に参加したのである。

山名時氏・岩松頼宥、足利方に付く

十一日の合戦（藍沢原・中山）でも注目すべきことがあった。さきの野本朝行子息鶴寿丸軍忠状は、同十一日の合戦次第を記し、「山名伊豆守殿日大将として見知せしむの上…」と続けている。山名伊豆守（時氏）が足利方の「日の大将」として、合戦軍忠を見知しているのである。山名時氏は、父政氏の代まで本領上野国山名郷（群馬県高崎市）に居住しており、元弘三年合戦以降本国を離れていた。山名氏は新田一族であり（『尊卑分脈』）、初期には義貞軍に属していたと思われるが、この建武二年十二月の竹下合戦には足利方として見える。しかも「日の大将」であるから、この期に足利方に変わったとは思えない。尊氏が鎌倉を発った時（十二月八日）には、足利方であったと考えるのが妥当であろう。

山名氏以上に義貞に近い岩松氏では、『太平記』（巻十四）にこの直前の足利直義軍勢のなかに岩松禅師頼有（宥）の名が見えるが、ありえないことではない。岩松氏では、前述したように、足利尊氏

から所領宛行の下文をすでに与えられている。岩松氏のなかに足利方に変わった人物が出ていたことは十分に考えられる。

竹下の軍勢敗退に対して、本隊たる義貞軍も箱根山を下り、伊豆国府で合戦したが劣勢となり、西に向かうところとなった。伊豆国府合戦が十二月十三日であることは、野本朝行子息軍忠状にも見えるが、狭間政直軍忠状・野上資氏軍忠状にも確かめられる。足利方では、これに先立って、十一月二十六日に直義が三島宮大夫に宛てて「祈禱事、当社に於いて精誠を致すべきの状くだんの如し」と、祈禱を命じている。伊豆国府に近い三島神社に接触しているのであり、足利方の巧妙さがうかがわれる。

箱根・竹下の合戦は、新田義貞が足利尊氏の軍勢とはじめて戦ったものであるが、義貞方の劣勢に終わった。義貞は、尊氏・直義討伐を後醍醐から命ぜられ、その鎮圧軍の将軍であった。朝廷権力を背負って戦った合戦で勝利できなかった義貞は、この後どのように計略を廻らそうとしたのか。『太平記』などでは西に引き返して立て直しを図る意図があったように記しているが、不明である。

天龍川の橋

伊豆国府で敗れた義貞軍は浮島原《うきしまがはら》を経て、天龍川に着いた。義貞軍勢は数日のうちにこの川に橋を架けて渡ったのであるが、それについてはいくつかの話が残されている。

『梅松論』には、十二月十五日足利勢が天龍川に到着し難儀を覚悟したところ、「天龍川の橋を強くかけて渡守を以《もって》警固」されているので「誰が沙汰として渡したりけるぞ」と尋ねたが、それに対する渡守の答えとして次のように記されている。

渡守共云、此間の乱に我等は山林に隠忍候て、舟どもをば所々に置て候ひしに、新田殿当所に御着有て、河には瀬はなし、敗軍なれ共大勢なり、馬にて渡すべきにあらず、又舟を以《もって》渡さばをそく(遅)して味方一人成《なり》ともうしな(失)はん事不便なるべし、いそぎ浮橋をかく(架)べし、難渋せしめば汝等を誅すべしと御成敗候しほどに、両三日の間に橋をかけ出して候なり、新田殿は御勢を夜日五日渡させ給ひて一人も残らずと見えし時、新田御殿御渡り候し也、その後軍兵共此橋をやがて切落すべきよし下知せしとき、義貞橋の中より立帰て大に御腹を立られて、我等を近く召れて仰ふくめられ候しは、敗軍の我等だにも掛て渡るはし、いかにも切落したり共、勝に乗たる東士、橋を懸ん事時日をめぐらすべからず、凡《およそ》敵の大勢に相向ふときに御方は小勢にて川を後にあて、戦ふ時にこそ、退まじき謀に舟をやき橋をきるこそ武略の一の手だてなれ、義貞が身として、敵とてもかけてわたるべきはしを切落して、敵に急におそはれじとあはてふためきけるなどいはれむ処、末代に至るまで口おしかるべし、よく橋を警固仕れとて、静に御渡り候し也、此故に御勢を待奉りてはしを守り候なり、と申しければ…

渡守が語る義貞の行動は、(1)三日のうちに橋を架けるよう渡守らに命じた、(2)夜昼五日のうちに全員が橋を渡ったが、義貞は最後に渡った、(3)渡り終わった橋を切り落すようにとの言に対して義貞は腹を立て「敗軍が架けられる橋は勝軍はすぐにも架けられる、橋を切り落すのは武略の一つだが、義貞はあわてふためいて橋を切ったなどと言われたら末代まで口惜しい」と言い、渡守らに橋を警固するように命じた、というものである。

この渡守の言を聞いた足利勢は「皆々涙をながして、弓矢の家に生れば誰もかく有べけれ、疑なき名将」と称讃した、という。称讃の理由は(2)・(3)、とくに(3)に置くような叙述である。あわてて橋を切り落して末代までの恥となるような事はしない、ということである。

『太平記』（巻十四）は、十二月十四日天龍川の東に到着した義貞軍について次のように記述する。

十二月十四日暮程ニ天龍河ノ東ノ宿ニ著《つき》給ヒケリ、折節河上ニ雨降テ河ノ水岸ヲ浸セリ、長途ニ疲シタル人馬ナレハ渡ス事叶フマシトテ、俄《にわか》ニ在家ヲ壊テ浮橋ヲソ渡サレケル、此時モシ将軍《(足利尊氏)》ノ大勢後ヨリ追懸テハシ寄タリセハ、京勢ハ一人モナク亡《ほろぶ》ヘカリシヲ、吉良上杉ノ人々長僉議ニ三四日逗留アリケレハ、川ノ浮橋程ナク渡シスマシテ、数萬騎ノ軍勢残ル所ナク一日カ中ニ渡テケリ、諸卒ヲ皆渡シハテ、後、舟田入道ト大将義貞朝臣ト二人橋ヲ渡リ給ヒケルニ、如何ナル野心ノ者カシタリケン、浮橋ヲ一間張綱ヲ切テソ捨タリケル、舎人馬ヲ引テ渡リケルカ、馬ト共ニ倒ニ落入テ、浮ヌ沈ヌ流レケルヲ、舟田入道、誰カアルアノ御馬引上ヨト申ケレハ、後ニ渡リケル栗生左衛門鎧著ナカラ川中ヘ飛ツカリ、二町許《ばかり》游《およ》キ附テ馬ト舎人トヲ左右ノ手ニ挙テ肩ヲ超ケル水ノ底ヲ閑《しずか》ニ歩テ向ノ岸ヘリ著タリケル、此馬ノ落入ケル時、橋ニ間許落テ渡ルヘキ様モナカリケルヲ、舟田入道ト大将ト二人手ニ手ヲ取組テユラリト飛渡リ給フ、其跡ニ候ケル兵二十余人飛兼テシハシ徘徊シケルヲ、伊賀国住人ニ名張八郎トテ名誉ノ大力ノアリケルカ、イテ渡シテトラセントテ、鎧武者ノ上巻《あげまき》ヲ取テ中ニ提ケ二十人迄コソ投越ケレ、今二人残テ有ケルヲ左右ノ脇ニ軽々ト挟テ一丈余落タル橋ヲユラリト飛テ向ノ橋桁ヲ踏ケルニ、踏所少モ動カス、真ニ軽ケニ見ヘケレハ…

こちらの叙述のポイントは、⑴義貞は浮橋を架けて渡ろうとしたので、吉良・上杉が長僉議《ながせんぎ》（冗長な談論）することなく攻めていれば義貞軍は潰滅したであろう、⑵諸卒を渡して義貞と舟田は最後に渡った、⑶義貞と舟田が渡った時、張綱が切れて馬・舎人が流れに落ちたが、舟田の指示により栗生左衛門がこれを救けた、⑷馬が落ちて橋が二間程壊れたが、義貞と舟田は手を組んで飛び渡り、残る二十二人は大力者の名張八郎に助けられて渡った、という点であろう。

⑵は『梅松論』と共通しているが、『太平記』の記述は⑶にこそ強調があり、これを見ていた足利勢を感嘆させたのである。⑶は義貞とその臣下（舟田・栗生・名張）の力量とその情感にある。主人と従者の感情と思いやりが主題となっているのである。

このように、義貞軍の天龍川の浮橋渡河は、義貞の武士としての名誉と恥（『梅松論』）、義貞主従の思いやり（『太平記』）、という話題として残された。共通のステージとなっているのは、浮橋を架けて、軍勢を渡し、義貞らは最後に渡った、ということである。これは武士として当然のことではあるが、このような姿勢がくずれつつあった南北朝期に、あるべき姿として描かれ、強調されたのであろう。

＊室町後期の『源威集《げんいしゅう》』も橋についての昔物語の一つとして「義貞ハ遠州天龍河ヲ数日逗留シテ浮橋ヲ渡シテ軍勢不残渡テ、最末川ヲ越テ、此橋見苦《みぐるしく》布トモ不可切、能々《よくよく》為警固、東国ノ勢ヲ渡セト、渡守ニ仰含」めた、と紹介している。浮橋を最末尾で渡る、橋は切り落さない、この二点がここではポイントとなっている。『梅松論』に近いと言えよう。

またこの天龍川渡河は、朝廷から反乱鎮圧に派遣された将軍の一時的撤退のなかでの出来事である。義貞としては、それだけに、国家を背負う立場にある人物として、恥や名誉を強く意識したであろうことは想像できる。この天龍川の橋の逸話は、このような政治的環境のなかで理解すべきであろうと思う。

天龍川を渡った義貞は、尾張での逗留も考えたようであるが、宇都宮公綱の提案もあり（『太平記』）、京都に帰った（十二月下旬）。

第六章　一三三六年の戦況と政局

1　年初の京都および周辺の合戦

建武三年（一三三六）年は正月から、鎌倉から西上した足利方軍勢が京都周辺に進駐して、穏やかならざるものがあった。朝廷の正月儀式でも兵乱を理由に停止した次第もあった。

淀大渡の合戦

義貞は帰京しても全軍の指揮官であったらしく、正月七日に軍勢の配置を行った（『太平記』巻十四）。勢多には名和長年と出雲・伯耆・因幡の兵、宇治には楠木正成と大和・河内・和泉・紀伊の兵、山崎には脇屋義助を大将に洞院実世・僧文観《もんかん》・宇都宮泰藤ら、大渡（淀）には惣大将義貞と里見・鳥山ら新田一族である。この軍勢配置は『梅松論』や『保暦間記』と整合しない部分もあり、また『太平記』の配置人名の個々については疑いもある。慎重な扱いが求められよう。

この年の初めには、京都および周辺の各所で合戦が展開されているが、政局・政治情勢と結びついていることが明白なものがいくつかある。まずは正月十日の淀大渡の合戦があげられよう。

淀大渡合戦では、新田義貞と足利尊氏が淀川を挟んで対陣することとなった。尊氏は「建武三正八将軍（尊氏）八幡に攻め入る」（『武家年代記』）、「将軍（尊氏）ハ…正月七日近江国伊岐洲ノ社ニ、…八日ニ八幡ニ山下ニ陣ヲ取ル」（『太平記』）と見えて、正月八日に石清水八幡の山下に到着した、と見てよい（石清水八幡は大渡・山崎と至近）。『梅松論』には、細川定禅・赤松円心らが摂津・河内に馳せ着いて「同九日酉の刻、将軍（尊氏）の御陣へ申けるハ、明日十日午刻以前に山崎の京方を打破て煙を上へし、同時に御合戦あるへしと申定」たという記述が見えるが、これとも整合する。

新田義貞らが、大渡のどの箇所に陣を取ったかは定かでないが、「川ヲ渡ス敵アラバ横矢ニ射、橋桁ヲ渡ル者アラバ走リヲ以テ推落ス様ニ構ヘタル」（『太平記』）と見えるので、淀川を挟んで対陣していた、と見られる（後述のように古文書にも合致する）。『太平記』では、実際の戦いを、足利方の橋桁渡りの失敗、筏《いかだ》での渡河失敗、細川定禅・赤松範資軍の応援による足利方勝利を叙述する。

同時代史料である古文書はいずれも断片的ながら、わずかに戦いの様子を語ってくれる。足利方としては、大友戸次頼尊が「同八日（建武三年正月）八幡凶徒を追落し、同九日・十日大渡橋に於いて軍忠を抽ずる」（建武三年三月日軍忠状）という。八日に八幡（石清水）を攻略し、九・十日に大渡橋で戦ったことが確かめられる。同じ足利方の野上資頼は「同十日淀大渡橋上合戦の時、資頼火箭を射て、其の後焼け落つる柱に乗り敵陣に押し渡り軍忠を致す」（建武三年九月日軍忠状）と記す。こちらは具体的であり、淀大渡の橋の上で合戦となり、野上資頼は「火箭《かせん》」を放った。橋が燃えて柱が焼け落ちたが、資頼はその焼柱に乗って敵陣に押し渡った、という。橋が燃えて橋桁が焼け落ちた、ということだろうか。

また山内首藤通継は「近江伊岐宮、（淀）大渡橋上合戦の時忠節を致す、遠矢仕るべきの由仰せ下さるの間、遠矢を以て御敵六騎目前に射落」した（建武三年正月十八日軍忠状）。橋上で遠矢を射ることが、足利方で行われたことが分かる（おそらく新田方からも同様であろう）。

後醍醐天皇行在所跡（大津市坂本・日吉大社境内）

出雲の三刀屋輔景が「同年（建武三）正二月十日山崎に発向せしめ軍忠を致」したが（建武三年二月日軍忠状）、この軍忠状には名和長年の証判がすえられており、三刀屋輔景は新田方として山崎（八幡に至近）に発向したことが分かる。

この淀大渡合戦は、新田方の劣勢となり、義貞らは帰京した。後醍醐はすぐに東坂本に幸じ日吉大宮彼岸所《ひがんしょ》を行在《あんざい》とした。この行幸には義貞らが扈従《こじゅう》したが、やがて祐（宥）学坊など叡山僧も加わった。祐学坊はさきの東征にも参加した山僧であり、直前の近江伊岐城で戦っていた（正月二日）。いっぽう後を追って入京した尊氏は洞院公賢第を住居とした。

義貞、北国に赴かんとす

正月十六日には各所で合戦が起こった。三条河原（田代文書など）、粟田口《あわたぐち》（吉川家文書など）、法勝寺（朽木文書など）が確かめられる。これは「同十六日山僧以下凶徒等下洛せしむの間」（黄薇古簡集）と言われるように、山僧（叡山）らが洛中に入ってきたことによる。また三井寺（園城《おんじょ》寺《うじ》）でも合戦があった。山内首藤通継は「正月十六日三井寺に於いて合戦、太刀討分捕仕り訖んぬ」（山内首藤文書）と言って、足利方として三井寺を援《たす》けたのであった。

園城寺は延暦寺と対立していたため、新田方から攻められていた。『太平記』にはその様子が描かれているが、園城寺を攻めるのは新田義貞・北畠顕家らであり、園城寺を支援するのは細川定禅である。この時、細川定禅が足利方の大将であったことは、田代市若丸が「今月十三日大津西浦に馳せ向い、細川侍従殿御手に属し、同十六日浜面に合戦す」（建武三年正月十九日軍忠状）と言っていることで確かめられる。戦闘は細川方の敗北に終わったが（『太平記』）、義貞らは追撃して京都に入ったという（『梅松論』）。

この直後、足利方には義貞が北国に向かったとの伝聞が入った。

新田義貞、同与党事〔輩〕、可逃下北国旨〔間〕、早馳越近江国、萱津以下要害所々、打塞路次、可誅伐落人等之状如件、

建武三年正月十八日　左馬頭（足利直義）判

美作次郎蔵人殿（本郷泰光）

（本郷文書）

〔読み下し〕

新田義貞、同与党事〔輩〕、北国に逃げ下るべきの旨〔間〕、早く近江国に馳せ越え、萱津以下の要害所々、路次を打ち塞ぎ、落人等を誅伐すべきの状くだんの如し、

足利直義は、若狭を本拠とする本郷泰光に対して、北国に逃げ下ろうとしている義貞らを近江にて誅伐するよう命じている。義貞側を「逃下」・「落人」と表現して、敗北者のように扱っている。だがこれは本郷泰光を動員しようとする足利直義の表現であり、義貞からすれば「北国発向」であろう。この直後に義貞が越前などに赴いた徴証はないので、これは実行されなかった、と見てよい。ただ直後の正月二十日にも足利直義が「新田義貞以下輩没落了、早速馳参、可致軍之状如件」と追撃を命じており（萩藩閥閲録）、義貞の北国下向がまことしやかに言われていた、と考えられる。

義貞は、後醍醐の坂本行在所を支える有学坊らの山僧勢力と結んでおり、近江の後方支援地として越前方面を考えていたものと思われる。義貞による越前計略が日程に上っていたのかもしれない。

正月末の京都市中合戦

正月二十七日から三十日にかけて、京都市中で合戦が展開した。この合戦により、足利尊氏は京都を退出し、後醍醐天皇は京都に帰った（一月三十日に成就護国院、二月二日に花山院亭）。

建武三年二月三日忽那重清軍忠状（忽那文書）は「山門西坂本より去正月廿七日同御手として搦手賀茂河原に馳せ向い、上北小路に責め下り、身命を捨て合戦を致し馬を射られ畢んぬ、同廿八日大手に馳せ向い合戦を致し、同晦日搦手に馳せ向い散々合戦を致すの上」と自らの軍忠次第を言上し、洞

院実世の証判を得ている。すなわち忽那重清は洞院実世の指揮のもとに、二十七日には賀茂河原（搦手）で、二十八日には大手で（不詳）、三十日には再び搦手（賀茂河原）で戦ったのである。

このほかの軍忠状を参照すると、二十七日には三条河原、二十八日には神楽岡《かぐらおか》下、三十日には二条大宮・西七条にて、それぞれ合戦があったことが分かる。

このうち二十七日合戦（賀茂河原）については、大和野田頼経・斉藤佐利兄弟・田島行春の合戦軍忠の支証人として「新田民部大夫貞政廿七日合戦検知」と記されている（能登妙厳寺文書）。新田（堀口）貞政が、この京都市中合戦で活躍していたことが認められる。

一月末の合戦の結果、尊氏は京都を退去して丹波に逃れ、後醍醐天皇は三十日に成就護国院に還幸し、二月二日には花山院亭に移った。天皇が京都に還り、人心も一応はおさまった。二月四日には近江で功績の大きかった北畠顕家は右衛門督検非違使別当を兼ねることになった（『公卿補任』）。さらに「大将軍」を請い、賜った。新田義貞が「左中将」（左近衛中将）に任ぜられたのも、この頃であろう（左中将の初見は同年二月八日）。

2　政情急転と義貞

京都を退去した足利軍は丹波を経て、摂津に入った（元弘日記裏書）。二月十日、十一日には西宮・豊島河原・打出浜で、新田軍・北畠軍・楠木軍が足利方を攻めて、尊氏方は西に逃走するところとなる。この合戦の様子は『太平記』・『梅松論』に叙述されるところであるが、新田義貞ら新田一族の活動を示す史料は次の通りである。

尊氏与同凶徒等楯籠摩耶城云々、不日馳向彼所、可被致軍忠之状如件、

建武三年二月八日　　左中将《義貞》（花押）

近江寺衆徒中

（近江寺文書）

〔読み下し〕

尊氏与同凶徒等摩耶城に楯籠ると云々、不日彼の所に馳せ向い、軍忠を致さるべきの状くだんの如し、

この文書は、義貞が近江寺衆徒を摩耶城攻めに動員しようとしたものであり、「左中将」署判としては初見である。近江寺は旧播磨国明石郡近江村（現・神戸市西区）に所在する真言宗寺院であるが、摩耶城（神戸市灘区）に近い。播磨国司でもあった義貞はここの寺院衆徒（武力を持つ僧）を動員したのであるが、この時摩耶城には足利方の赤松円心等がたて籠っていた。『梅松論』には尊氏・直義も摩耶城から兵庫に移った旨が記されている。

近江寺衆徒は、この義貞催促に応じて発向し、新田軍を構成して、摂津にて足利軍を攻めた。その時の軍忠状が次の通りである（この文書は最近紹介された）。

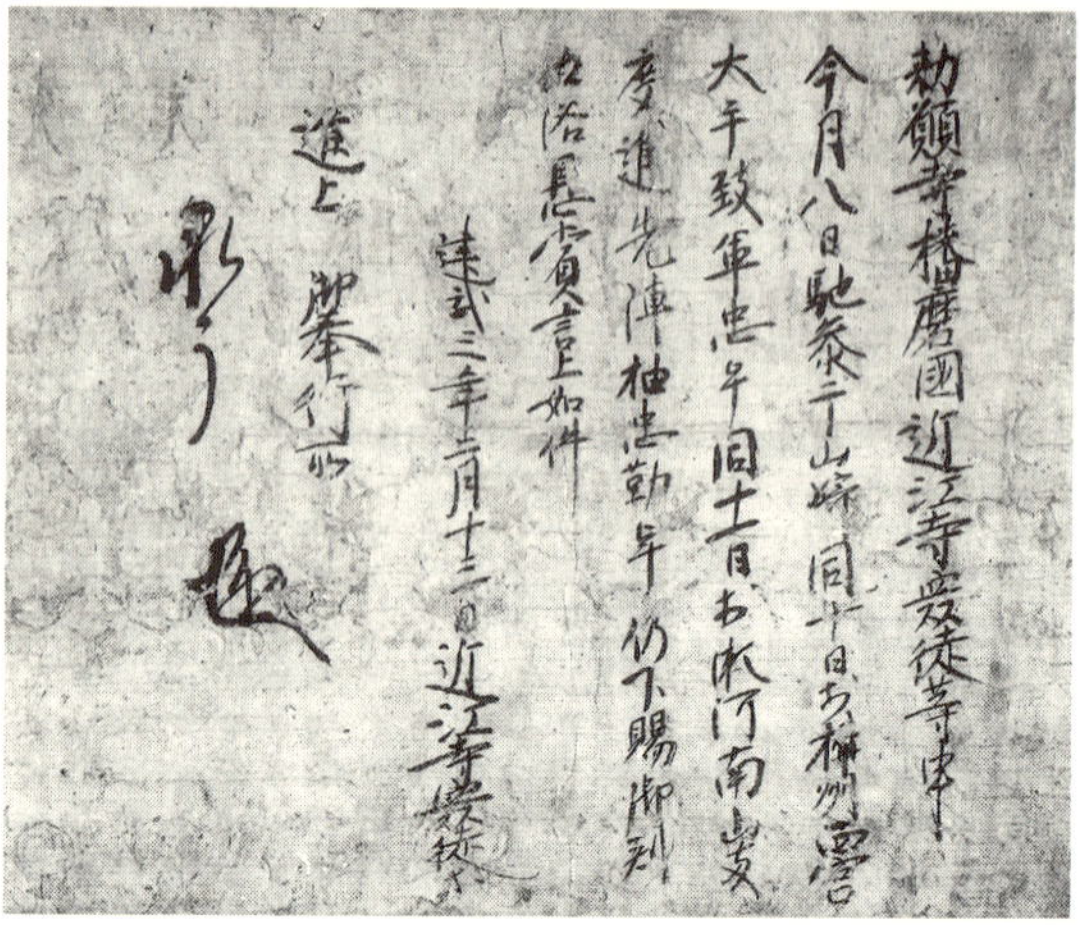

「近江衆徒等軍忠状」（東京大学史料編纂所蔵）

勅願寺播磨国近江寺衆徒等申
今月八日馳参于山崎、同十日於摂州西宮大手致軍
忠罷、同十一日於瀬河・南山両所進先陣抽勤罷、
仍下賜御判為浴恩賞言上如件、
建武三年二月十三日　　　　近江寺衆徒等
進上　御奉行所
「承了（花押）」　（東京大学史料編纂所所蔵）

〔読み下し〕
勅願寺播磨国近江寺衆徒等申す、
今月八日山崎に馳せ参じ、同十日摂州西宮大手に於いて軍忠を致し罷《おわ》んぬ、同十一日瀬河・南山両所先陣に進み抽勤し罷んぬ、仍《よ》って御判を下し賜り恩賞に浴さんがため言上くだんの如し、
「承り了《おわ》んぬ」

近江寺衆徒等は、二月八日山崎（山城・摂津境）で新田軍に加わり、十日には摂津西宮で戦い、十一日には瀬河・南山（不詳）では先陣をきったのである。二月八日に挙兵しているが、義貞の求めた

摩耶城攻撃には向わず、山崎・西宮で戦っている。独自の判断であろうか。

近江寺衆徒は、新田方の誰の軍事指揮下に入ったのであろうか。それはこの軍忠状の提出先であり、「承了（花押）」の証判を与えた人物である。この花押は新田堀口貞政のものである。堀口貞政は前年（建武二）八月には北条時行ら凶徒鎮圧のために、越後にて村山一族に軍勢催促しているが（村山文書）、その時発給の「民部大輔貞政（花押）」と同形花押である。

このように堀口貞政は、建武二年八月には越後で、そして同三年には畿内（摂津など）で軍事活動をしていることが分かる（このようなことは、他の新田諸子にも該当することであろう）。この摂津合戦により、尊氏はさらに西走することになるが、義貞は周防の吉川《きっかわ》氏にそれを討たせようとした。

尊氏直義以下輩没落畢、早率一族、尋捜凶徒在所、可被誅伐、有殊軍忠者、可被抽賞之状如件、

建武三年二月十九日　　左中将（花押）

吉河辰熊（実経）殿

（吉川家文書）

〔読み下し〕

尊氏直義以下の輩没落し畢んぬ、早く一族を率い、凶徒在所を尋ね捜し、誅伐せらるべし、殊なる軍忠有らば、抽賞せらるべきの状くだんの如し、

尊氏・直義らの没落（西走）を伝え、その行方を尋捜して誅伐するよう命じている。ただこの文書

を受け取った吉川辰熊《たつくま》は、この直後には足利尊氏からも誘われ、足利方に属す。吉川辰熊が義貞の要請に応じたとは考えられないのである。

楠木正成の奏上

尊氏らが西に走り、朝廷は一安心となったが、この時、楠木正成は後醍醐に次のように提言したという。

義貞を誅伐せられて尊氏卿を召かへされて、君臣和睦候へかし、御使にをいては正成仕らん、…（『梅松論』）

尊氏を敗走させた義貞を誅伐し、尊氏と和睦すべし、その使者には正成自身がなる、というのである。これを聞いた諸卿たちは、正成は不思議なことを言うかな、とあざけ笑ったが、正成はさらに次のように奏上した。

君の先代を亡されしは併《しかしながら》尊氏卿の忠功なり、義貞関東を落すことは子細なしといへども、天下の諸侍悉以彼将に属す、其証拠は敗軍の武家は元より在京の輩も扈従して遠行せしめ、君の勝軍をば捨奉る、爰を以（義貞が）徳のなき御事を知しめざるべし、…（同前）

正成は、義貞の「関東」（北条高時）攻略の功績を認めるが、「在京の輩」（在京武士）が多く尊氏に従って遠行（西走）した、という。楠木正成のこうした奏上は『梅松論』に記されるだけであり、事実としてあったかどうかは不明とするしかない。ただ先学も指摘する通り、こうしたことはあり得たと思う。

新田義貞にとって、京都および周辺での合戦は初めての経験である。諸国から集まった武士のほかに、畿内近国の武者を動員しなければならない。畿内の武者には、在京武士もいるし、また寺院・神社の衆徒らもいる。関東育ちの義貞は鎌倉武士を理想とする傾向にあり（『太平記』にうかがえる）、衆徒・神人系の武者に親しい様子が見えない。畿内の寺社への所領寄進も、管国の播磨国を対象とする数例であり、尊氏・直義とは比較にならない。正成自身は河内などで活動する畿内型武士であり、義貞とは肌が合わなかったと見られる。したがって、正成が義貞よりも尊氏をよしとするのは理解できるのである。

ただ正成は義貞嫌いと言うだけではない。この時は「義貞を誅伐せられて尊氏卿を召かへ」すよう提案し、自らがその使者になる、という。義貞誅伐を要求しているのであるが、この時の状況で、このようなことはあり得るのだろうか。『梅松論』では、摂津合戦の直前に、摩耶城にて赤松円心が尊氏に対して、持明院統の院宣を申し下されるよう、提案している。院宣到着は備後鞆浦《とものうら》であるから、尊氏の院宣獲得工作は摂津合戦時には始まっていた、という構成になっているように、『梅松論』は読める。正成は、尊氏側の持明院統への院宣獲得工作を知っていたのではないか、『梅松論』からはそう考えられる。

後述のように、実際の院宣は二月十五日には出ていた。「義貞誅伐」を旨とする院宣である。義貞の存在が後醍醐方を危うくする、ということを正成は予想していたと思われる。考えすぎかもしれないが、そのように思えるのである。

義貞、播磨に出陣する

尊氏が西走した後、義貞は播磨に出陣した。この時のことを『神皇正統記』は「義貞朝臣ハ筑紫へ下りしか、播磨国に朝敵の党類ありとて、先是を対治すへしとて日を送りし程の五月にもなりぬ」と記す。筑紫に派遣された義貞が、その途中の播磨での朝敵対治に日数を費やして五月になってしまった、という。

義貞が筑紫に遣わされたということは、太宰府（筑紫）に入った尊氏の討伐を命じられたということを意味するが、これは赤松城攻めに手こずった際に脇屋義助が金剛山の例を引きながら筑紫に下った尊氏を平定するように提案して「推テ筑紫へ御下《おくだり》候へカシ」と言ったという『太平記』（巻十六）の記述にも整合する。ただ義貞は筑紫までの出征を渋ったようであり、『太平記』には勾当内侍《こうとうのないし》との別離を惜しみ、あるいは病のために、出発が遅れたとの叙述がある。

三月に入り、義貞は播磨に出陣した。このことは確かなようである。まず『梅松論』には次のように見える。

…（尊氏）宰府に三月三日より四月三日まで御座ありし時分、播磨より赤松馳申て云「新田金吾大将として多勢を以当城（赤松城）にむかひて陳（陣）を取、円心が一族其外京都より九州へ参ずる輩馳籠間、城の中の勢満足すといへども、兵粮無用意の間、君《(尊氏)》御帰洛延引あらば堪忍せしめがたし、御進発を急がるべし」、又備前の国三石の大将尾張親衛同申て云、「新田脇屋大将として（当城に）むかふ間、兵粮用意なき」由赤松と同申、…（「　」は引用者）

尊氏が太宰府に逗留していた期間の、三月三日から四月三日までの間のこととして、播磨の赤松円心は「新田義貞が多勢を率いて赤松城を囲んでいるが、城中には味方兵士の兵料米が十分ではない。したがって尊氏公は帰洛を延引すべきでない（延引したら赤松城は持ちこたえられない）」と申し出ていた。また備前三石《みついし》城からも「新田脇屋義助を大将とする軍勢が当城に向かっており、兵料の用意がないので心配である」との申し出も届いていた。この記述によれば、三月中のこととして、新田義貞が赤松城を攻め、脇屋義助が備前三石城を攻めているのである。

『太平記』（巻十六）でも、日時は不明瞭ながら、播磨での合戦を以下のように叙述している。京都からの出発を遅らせていた義貞は、まず三月四日に先陣として江田行義《ゆきよし》・大館氏明を播磨に派遣し、「病気能成テ」自身が下向し（出発の日時は不明）、播磨賀古河に四・五日逗留した。援軍も到着し、斑《いか》鳩宿《るが》に陣を取り、赤松城（白旗城《しらはた》）を攻めようとした。ここで赤松円心の偽降服があったが、怒った義貞は白旗城を攻め続けた。これは手こずり五十日余りとなり、脇屋義助が鎌倉末期の金剛山攻めの例を引き、このまま日数を費やすべきでなく、軍勢を分けて、一方を船坂へ向けよ、と提案した。義貞はこれを採用し、備前に向かう途中の山陽道一の難所たる船坂に軍勢を向けた（ただ義貞自身は船坂に向かったかは不明）。船坂での戦陣は困難なものであったが、児島高徳《たかのり》との密約・連携により、江田行義・大江田〔井〕氏経らが陥落させた（日時不明）。船坂を越えた新田軍は、脇屋義助が三石城を攻め、大井田氏経は福山城に入った。

このように『太平記』でも、新田義貞が赤松城を、（その後）脇屋義助が備前三石城を攻めている。このように、『梅松論』と『太平記』は大筋において整合している（矛盾していない）。ただ赤松城攻めが五十日余りを費やして、これが軍事指揮者としての悪評を招いている。義貞は播磨まで出陣し、備前方面にわたる軍事指揮をしていた、と見ていい。

播磨での文書発給

義貞は元弘三年に播磨国司となり、現地には一族を派遣していたが、播磨に陣を敷き、現地にて文書を発給した。

禁制　播磨国一宮

右於当社領、軍勢以下甲乙人等、不可致濫妨狼藉之状如件

延元々年三月廿七日

左中将在御判（新田義貞）

（伊和神社文書、『兵庫県史　史料編中世三』）

〔読み下し〕

禁制　播磨国一宮

右当社領に於いて、軍勢以下甲乙人等、濫妨狼藉を致すべからざるの状くだんの如し、

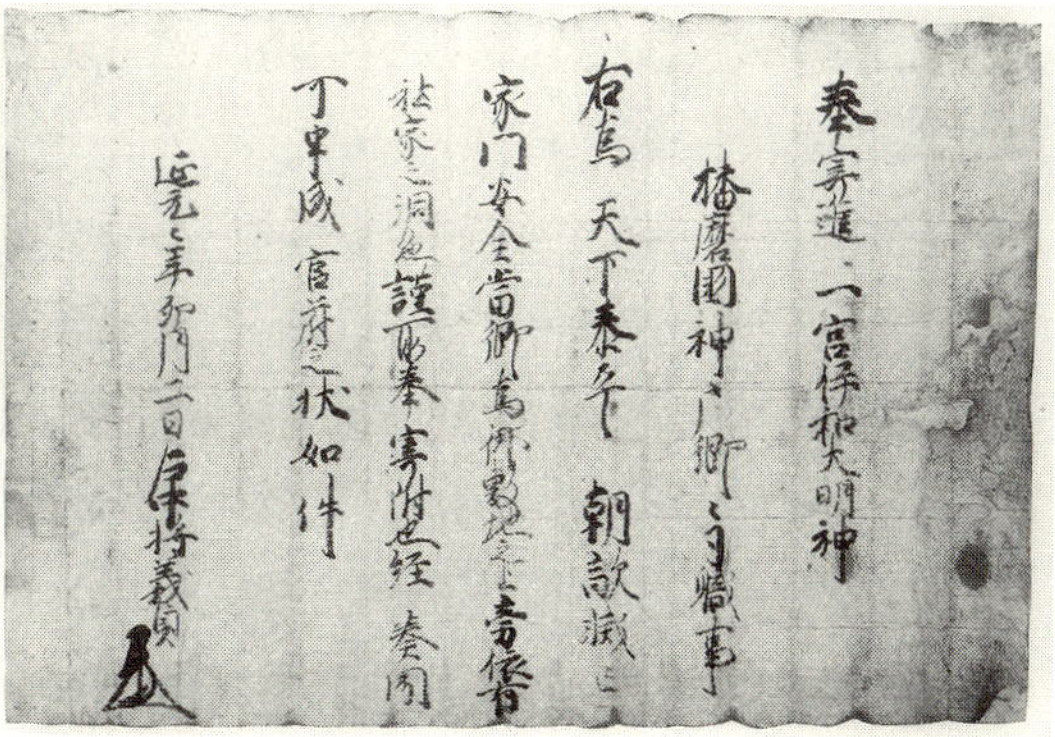
奉寄進　一宮伊和大明神
播磨国神戸郷々司職事
右為　天下泰平　朝敵滅亡
家門安全当郷為敷地之上旁依有
社家之洞色謹所奉寄付也経　奏聞
可申成　官符之状如件
延元々年卯月二日　左中将義貞

「新田義貞寄進状」（兵庫県宍粟市・伊和神社蔵）

この文書は、新田義貞が播磨一宮（伊和神社）領での濫妨狼藉を禁じたもの（禁制）である。禁制は一般的に自軍の行為を禁じるものであり、ここでも新田軍の乱妨をいましめているのである。

この文書の発給は、延元元年（一三三六）の三月二十七日であり、義貞が播磨に出陣中のことである。このことは、この文書に追筆で「此新田殿御教書者、弘山安楽寺御党〔堂〕被成也、…」と見えて、播磨弘山安楽寺御堂で発給されたことを伝えている。

義貞は、播磨国府にも近い一宮伊和神社を厚く保護し、この直後に所領を寄進した。

〔読み下し〕

奉寄進　一宮伊和大明神
　播磨国神戸郷々司職事
右為　天下泰平　朝敵滅亡家門安全、当郷為敷地之上、旁依有社家洞色（ママ）、謹所奉寄付也、経　奏聞、可申成官符之状如件
　延元々年卯月二日　左中将義貞（花押）
（伊和神社文書）

寄進し奉る　一宮伊和大明神
播磨国神戸郷々司職の事、
右　天下泰平　朝敵滅亡家門安全のため、当郷敷地たるの上、かたがた社家洞《ママ》色あるに依り、謹んで寄付し奉る所なり、奏聞を経て、官符を申し成すべきの状くだんの如し、

この文書は、伊和神社が所在する神戸郷を神社に寄付したもの（実態としては所領として安堵した）であるが、社家からの要請があり、奏聞を経て、太政官符を発給させることを約束している。伊和神社の社家層は赤松氏に近しいものと推定されるが、一部には義貞に接触する動きがあったのである。この寄進状が発給されたのは四月二日であり、さきの禁制からわずか五日後である。この寄進状も現地にて出されたと見てよい。

法隆寺雑掌申、播磨国鵤庄堺事、申状進覧、子細見于状候歟、当庄数日間取陣候之間、為官軍令損亡候了、訴訟事、任道理可申御沙汰候哉、恐々謹言、
五月八日《延元元年》　　左中将（花押）
進上　四条中納言《隆資》殿
（宮内庁書陵部所蔵文書）

〔読み下し〕
法隆寺雑掌申す、播磨国鵤庄堺の事、申状進覧す、子細状に見え候か、当庄数日間陣を取り候の

間、官軍のため損亡せしめ候了んぬ、訴訟の事、道理に任せ申し御沙汰すべく候か、恐々謹言、

この文書は、法隆寺領鵤《いかるが》荘を新田軍が損亡したという法隆寺雑掌の主張を確認して、その申状（訴状）とともに四条中納言隆資に宛てて出した書状である。四条隆資は後醍醐政権に加わっており、軍勢を率いて足利方と戦ったりしている。この書状は京都にいる四条隆資に、鵤荘に新田軍が陣を取り「官軍」として損亡させたことを連絡して、法隆寺雑掌の訴詔に便宜をはかったのである。新田軍（「官軍」）が鵤荘を損亡させた日時ははっきりしないが、この書状が書かれた五月八日も新田義貞は播磨に在陣していたと見るのが妥当であろう。

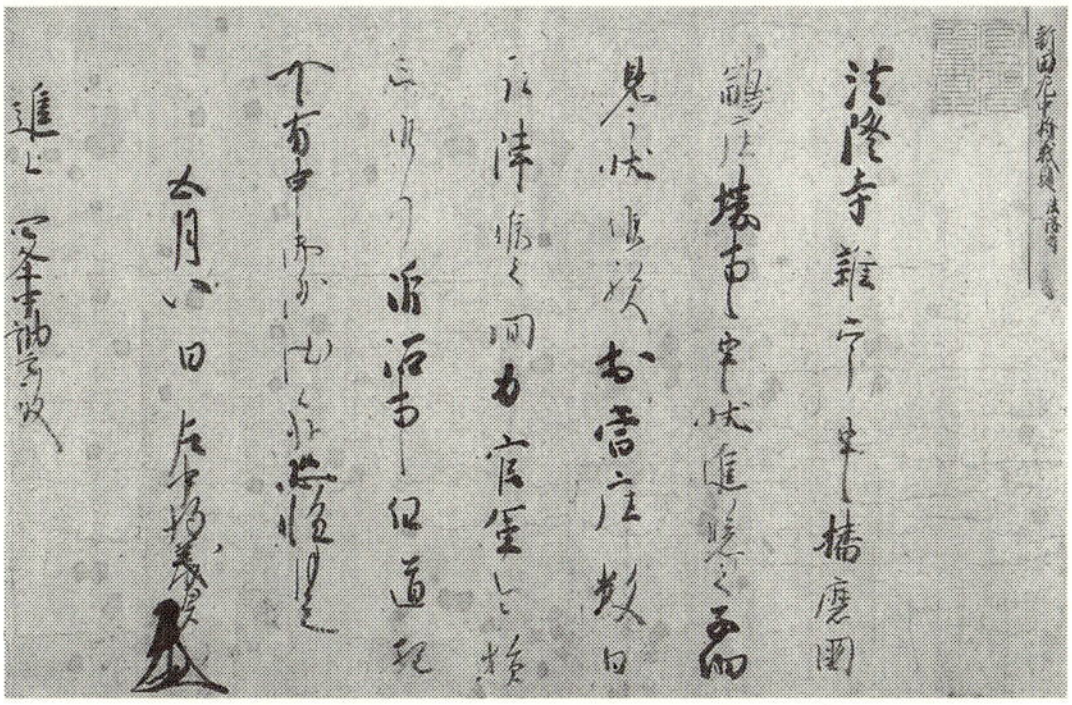

「新田義貞寄進状」（宮内庁書陵部蔵）　封紙あり

＊この義貞書状（原本）を閲覧した。本紙・封紙ともにタテ三二・八センチ、ヨコ五一・六センチ。同じ料紙（楮紙《ちょし》）であり、鎌倉末〜南北朝期の紙であろう。本文の文字は一字一字ていねいに書いていて、たどたどしい感じさえ受ける。だが「左中将義貞」・花押は一気に書いている。本文は宛所の四条隆資を意識してのことだろうか。あるいは自筆かと思われるが、今後の研究を待つ。

こうして、発給文書から見る限り、新田軍は三月下旬から五月上旬まで、播磨に在陣していたことが確認されるのである。したがって義貞は、三月中旬には京都を出発していたと見なければなるまい。『太平記』の叙述は日時は不明確ながら、江田・大館の京都出発後に、ほどなく義貞が下向したように読める。また『太平記』の言う義貞の斑鳩宿在陣も確かな史料で認められる。こうして『太平記』のここでの記述は大筋で容認できるが（『梅松論』も）、脇屋義助らの動きはどうであろうか。

新田方の赤松城攻撃

新田軍の赤松城（白旗城）攻撃は『梅松論』・『太平記』ともに見られ、『太平記』では五十日余に及んだとも言う。この合戦についての確かな史料を、この地域に関する編年史料集である『南北朝遺文中国四国編』で通覧・検索してみると、次のものを見出すことができる。

石見国周布郷惣領地頭御神本彦次郎藤原兼宗申軍忠事、
去三月十六日奉属御手、同晦日攻上幡〔播〕州、赤松城大手南面城戸口致合戦、同四月一日・二日・四日・十一日・十七日抽抜群軍忠之時、自身被疵（左手被射）畢、就中同四月四日後巻御敵等寄来之間、最前馳向、召進生虜一人、即被誅畢、加之承峯役所警固、従四月二日至同廿三日、無退転令勤仕畢、此等次第御検知之上者、賜御証判、可備向後亀鏡候、以此旨可有御披露候、恐惶謹言、
延元々年四月廿三日　藤原兼宗　状（裏在判）
御奉行所　判

（『萩著閥閲録』所収）

〔読み下し〕
石見国周布郷惣領地頭御神本彦次郎藤原兼宗申す軍忠の事、
去る三月十六日御手に属し奉り、同晦日播州に攻め上り、赤松城大手南面城戸口合戦を致し、同四月一日・二日・四日・十一日・十七日抜群の軍忠を抽んずるの時、自身疵を被り左手射らる畢んぬ、就中《なかんずく》同四月四日後巻御敵等寄せ来るの間、最前に馳せ向かい、生虜一人を召し進《まい》らせ、即ち誅せられ畢んぬ、しかのみならず峯役所警固を承り、四月二日より同廿三日に至り、退転なく勤仕せしめ畢んぬ、此等の次第御検知の上は、御証判を賜り、向後の亀鏡に備うべく候、この旨を以て御披露あるべく候、恐惶謹言、

この時期の軍忠状は、足利方は「建武三年」を、新田方は「延元々年」を使用している。この御神《みき》本兼宗《もとかねむね》は新田方と判断できよう。したがってこの軍忠状は、新田方の軍事行動を示すものとして読むことができる。こうした視点から、この軍忠状に見える御神本兼宗の行動は次のように整理できる。

(1)御神本兼宗は三月十六日に新田方に加わり、同晦日（三十日）には播磨国に攻め上り、赤松城大手南面の城戸口で合戦した。(2)四月一・二・四・十一・十七日の合戦は激しく、御神本自身も左手を射られる疵を負った。(3)とくに四月四日には後巻（後詰）していた敵軍（赤松軍）が攻め寄せてきた。(4)四月二日から二十三日までは「峯役所警固」を命ぜられ、退転なく勤仕した。

こうして、御神本兼宗は三月三十日には、新田方の赤松城攻撃に加わったことが確認できる。その

攻撃（大手攻撃）は南面城戸口にて、断続的に五回に及んでおり、その間に背後から敵に攻撃された。相当に困難な戦いである。「峯役所警固」というのは、おそらく、長期滞在となった新田本陣を警固することであろう。これが四月二〜二十三日の、二十日以上に及んだ。赤松城大手攻撃開始からは一月近くになる。新田軍の赤松城攻撃が手こずっていたことは確かであろう。

この御神本兼宗は石見国周布《すぶ》郷地頭であるが、彼はすでに二月十日の摂津西宮浜手の合戦に加わっていた（建武三年二月日軍忠状写）。「去三月十六日奉属御方」とは、発向した直後の新田軍に加わったことを意味していよう。御神本は本国をはなれて京都周辺に駐屯していたのであろうが、そうした者のなかにも新田軍に加わった兵もいたのである。

「義貞誅伐」の院宣

足利尊氏は九州に向かう途中で、持明院統から院宣を受けた。この院宣については『梅松論』・『太平記』・『保暦間記』に記述があり、相互に齟齬にするところがあるが、西園寺系日野家との所縁を頼り、三宝院賢俊《けんしゅん》によって尊氏にもたらされた。院宣拝受の目的・場所は諸書で一定していないが、尊氏発給文書では、（建武三年）二月十五日大友千代松宛書状に院宣を受けたことがうかがわれ、同年二月十七日安芸杢助宛御教書は「新田義貞与党人を誅伐すべきの由院宣を下さる所なり」（碩田叢書所収三池文書）とあり、これを根拠に軍勢催促している。二月十七日には院宣を受けていたのである。

三月一日には九州宗像《むなかた》に入り、四月三日に出発するまでの期間、尊氏は諸士を軍勢動員するにあたり、「新田義貞与党誅伐」には必ず院宣が下されていることを明記する（「新田義貞誅伐」の文言がなければ「院宣」文言もない）。

尊氏はさらに三月下旬から上洛を計画し、諸士にそれを告げる場合も、「院宣」文言を入れる。たとえば「新田右衛門佐義貞与党誅伐事、所被下院宣也、仍今月廿八日可令上洛也、発向之時可抽軍忠之状如件」（建武三年三月二十三日御教書）。三月二十八日上洛に出発する予定だったことが分かる。実際には四月三日となるが、吉川辰熊に宛てて「新田右衛門佐義貞与党誅伐事、所被下院宣也、来月三日可上洛也、早速可責上京都之状如件」（同年三月三十日御教書案、吉川家什書では「判」を直義と見ているが、尊氏であろう）と言っている。「義貞与党誅伐」が上洛の大義名分となっているのである。

こうして、足利尊氏は親足利勢力を支援しながら、「義貞与党誅伐」の院宣を根拠にして、軍勢を動員し、かつ上洛にも向かうのである。

東上する尊氏軍との合戦

新田軍は、東上してくる尊氏・直義の軍勢を、五月十八日、備中福山で迎え撃った。新田方の周布（御神本）兼宗は次のような軍忠状（写）を残している。

石見国周布郷惣領地頭彦次郎入道蓮心(申脱カ)軍忠事、備中国福山合戦建武三五月十八、致散々合戦之時、蓮心被射貫右膝被疵畢、是一、次家子大式法橋頼丹、若党荒木刑部太郎宗澄等令討死畢、是二、次中間平三男右二腕五郎太郎男右足甲被射之被疵之条、御見知之上者、任実正可有御注進候、仍恐々言上如件、

延元々年七月日　脇屋右衛門義助

これにより福山合戦が五月十八日であることが認められるとともに、周布兼宗と被官らは大変な被害を受けたことがわかる。兼宗自身は右膝を射貫かれ、家子・若党が各一人討死し、中間二人も疵を被った。兼宗はこれ程の軍忠を勤めたのであり、その確認を求めたのである。

この軍忠状に「一見了」の証判を与えたのが脇屋右衛門義助である（付箋の注記）、という。この注記は江戸時代のものであろうが、間違いなかろう。脇屋義助は、周布兼宗らを率いて、福山城で足利軍と戦ったのである。

この福山城合戦は『太平記』にも叙述されている。足利軍は、直義は陸路から、尊氏は海路から福山城に迫り、直義軍勢が城を焼き落した。新田方大井田氏経は播磨三石城に退去し、脇屋義助は三石から使者を立てて（五月十八日晩）、福山城合戦の戦況を義貞に知らせた。これを受けた義貞は摂津に退くが、播磨の大井田らはその後も戦いを続けた。『梅松論』でも、五月十八日に直義軍が福山城を焼き落し、備前に進入した軍は三石城の脇屋義助を没落させ、攻め上ったので、赤松城を攻めていた新田義貞は囲みを解いて退去したという。

さきの周布兼宗軍忠状では、五月十八日の福山城には脇屋義助がいて戦闘指揮していた。『太平記』・『梅松論』では脇屋義助は三石城に退去した人物として描かれる。両方を生かして考えると、脇屋義助は福山城で防戦し、三石城に退去し、そこから戦況を義貞に連絡した、ということになろう。

湊川合戦で敗れる

次の大合戦は、兵庫・湊川《みなとがわ》（神戸市）である。湊川合戦では、楠木正成が討死し、義貞も大きな被害を出して京都に退いた。尊氏は仁木義長に宛てた建武三年五月二十五日書下案で「今月廿五日、兵庫島に於いて、楠判官正成合戦に及ぶの間、誅伐し了んぬ」と告げ、まもなく上洛すると言っている（深堀文書）。また足利方の少弐頼尚《しょうによりひさ》も「昨日廿五日兵庫島に於いて、楠判官正成討取られ了んぬ、…又新田殿以下昨日討ち漏らされ候人々、芥河河原村輩寄合、三十余人生取るの由」（五月二十五《ママ》日書状案、深堀文書）と言っている。楠木正成が討ち取られたのであり、難を逃れた新田方も三十人が生取りにされた。

興味深いのは新田方を生取りにした人々であるが、「芥河河原村輩」と言われており、村人である。武士ではない村人たちは、合戦を遠巻きにして見ながらも、楠木正成が討たれるという形勢に応じて、落ちていく新田義貞軍に挑みかかり、何十人もを生取りにしたのである。このような雑兵というべき人々が無視しえない戦力であることは、戦国時代だけでなく、この南北朝期でも言える。軍記物でもこうした存在が記述されることがあるが、兵庫・湊川合戦では見られない。

兵庫・湊川の合戦は京都に近いだけに、政局と連動し、軍記物にも詳しく描かれている。楠木正成が死去し（自害）、新田軍が大敗する結果となるわけであるが、それはどのように解釈できるのか。『太平記』では楠木・新田軍敗北は、基本的には兵力数の問題である。正成は「御方ノ疲レタル小勢、…敵ノ機ニ乗タル大勢」と言い、義貞は「敗軍ノ小勢、…機ヲ得タル大敵」と言う。それだけに正成は京都を発ち兵庫に向かう直前に、戦線・戦力の立て直しを後醍醐に提案している。戦術的には、戦線配置をした総大将たる義貞と正成の連携不備として叙述されている。勝敗を分ける軍事行動となったのは、「四国ノ兵共（細川勢）、大船七百余艘、紺部ノ浜ヨリ上ラントテ、磯ニ傍テゾ上リケル」と記述される細川方水軍の突進である。これをみた新田側は、上陸されまいと軍を東に移動させた。突破されて、陸の東・西から攻められるのを防ごうとしたのである。この移動の結果、「新田左中将ト楠ト、其間遠ク隔テ」という状態となる。軍事的連携が失われたのである。こうしたことに終わるのは、軍勢配置の際に、義貞が大将の脇屋・大館には軍勢を付与したが、湊川西宿に陣取ることとなった楠木正成は「態《わざ》ト佗《タ》ノ勢ヲ不交シテ七百余騎」であった。正成は楠木一党だけで自軍を編成し、他氏が入るのを拒否したのである。また義貞がこの正成を容認しているのは、正成に対する遠慮があったものと思われる。戦闘が始まる前に、義貞と正成との会談が叙述されているが、それだけに義貞は正成を輩下として扱いかねる関係にあると読める。

これに対して『梅松論』は足利方軍勢と個々の動きを描いているが、戦況打開の動きとしては「廿五日卯刻に細川の人々、四国の舟五百余艘を本船として、なを追風なれば昨日のごとく帆をあげて、敵の整たる湊川と兵庫をば左にみなしぞはしりける、敵の跡〔後〕をふさがん為なり」と述べる。細川水軍の突破であり、新田方の背後に回ろうとする動きである。これを契機にして足利方の攻勢が叙述されるわけであり、兵力数の差が強調されているわけではない。

両書とも、細川水軍の敵前突破を形勢展開の契機と見ている。義貞は、この細川軍を足利本隊（尊氏の乗った舟隊）と見誤ったため、楠木軍を孤立させることになった、と読むこともできる。ただそれ以上に、勝敗の基本的要因となったのは、「機ニ乗タル大勢」たる足利方軍勢にある。忠臣であるからと言って、義貞・正成が勝利するような客観状況にはない、と読むことができよう。

3　義貞勢力の後退

叡山臨幸供奉　五月二十七日、後醍醐は山門東坂本に移った（『園太暦《えんたいりゃく》』など）。尊氏に院宣を出した光厳上皇は「御悩」により京都にとどまった。後醍醐臨幸に従った人々は、『太平記』によれば、吉田定房・万里小路宣房・竹林院《ちくりんいん》公重・御子左《みこひだり》為定・四条隆資・洞院実世・千種《ちぐさ》忠顕らの公家層。武家では新田義貞・同義顕・脇屋義助・同義治・堀口貞満・大館義氏・江田行義・額田正忠・大江〔井〕田氏経らの新田一族、千葉貞胤・宇都宮公綱・名和長年らで、総勢六万余騎に達したという。『太平記』に挙げられている人名・数をそのまま採用することはできないが、多くの公家と新田一族を中心とする武士が供奉したと考えてよかろう。

いっぽうの足利尊氏は、八幡を経て（六月二日）、六月十四日に光厳上皇・豊仁《ゆたひと》親王を奉じて京都東寺に入った。ここに、京都西南端の東寺に御所・陣を構える尊氏側と、近江東坂本に行在所をおく後醍醐・義貞とが、京都の軍事的・政治的支配をめぐって争うこととなった。

ところで、尊氏は前年の鎌倉・東海道出征により、また当年三・四月の山陽・九州での軍事活動により、その軍勢動員地帯を広げていた。これに対して義貞側は、楠木正成戦死により、畿内武士動員が困難となり、まとまった後援部隊としては陸奥の北畠勢と越後の新田勢を期待するしかなかった。もうひとつは、山門・南都などの衆徒勢力であり、その武力は独自の武術・戦法を持っており、彼等の帰趨は軍事的にも政治的にも大きな影響を与えるものと予想される。

叡山・京都市中をめぐる抗争は六月から八月末まで続き、九月からは周辺に移る。この間、八月十五日には光厳上皇が二条道平邸において豊仁親王に首服《しゅふく》を加え、践祚《せんそ》させた。足利方は国家の形づくりに動き出したのである。

叡山・京中合戦　足利方は六月初旬から叡山攻撃を開始した。直義が中心となって軍勢配置・指揮しているが、その軍勢動員は広範囲にわたっていた。

美濃・尾張・伊賀・志摩・近江国軍勢等、可馳向東坂本旨、先立雖被仰候、西坂本合戦最中也、随令渡勢多河、相分人数、不廻時刻、可催進京都陣之状如件

建武三年六月九日　　直義（花押）

岩松三郎殿　　（正木文書）

〔読み下し〕

美濃・尾張・伊賀・志摩・近江国軍勢等、東坂本に馳せ向かうべき旨、先立て仰せられ候と雖も、西坂本合戦の最中なり、随って勢多河を渡らしめ、人数を相い分け、時刻を廻らさず、京都陣に催し進らすべきの状くだんの如し、

この文書は、足利直義が岩松三郎に対して、東坂本に向けている軍勢を分割して、急ぎ京都陣にまわすよう命じたものである。急ぐ理由は「西坂本合戦最中」にある。比叡山西麓（西坂本）は山城であり、京都に近接している。この方面から叡山を攻めることは散見されるので、この時の直義もそうであったろう。東坂本に向かっていた軍勢の一部を、勢多川を渡り、山科から京都に入れて、それを京都足利軍に編入しようというのである。西坂本で戦っている直義は、京都市中側（背後）から攻められるのを恐れたのであろう。

東坂本に向かっていた軍勢は近江・美濃・尾張・志摩・伊勢・伊賀の者たちであり、すなわち畿内東側の国々である。山城・大和の東隣りの国々の武士を動員しているのであり、大規模な軍事行動である。

この軍勢指揮を委ねられていたのは「岩松三郎」である。この岩松三郎は岩松経家子息の直国《ただくに》と見られる（直国は「新田源三郎」と呼ばれている、建武四年四月十七日斯波家長言上状、相馬岡田文書）。建武二年段階から足利方に属していたが、ここでは直義に直属して、大軍勢を指揮する立場にある。足利方の軍事力は、尊氏・直義の中心があり、その下に岩松直国などの部隊編成者がいるのである。さらにその下には日の大将による臨機応変の軍事行動が展開したと考えられる。

義貞の軍事指揮権

これに対して、後醍醐方は、六月上旬京都北東にある鞍馬寺に積極的に働きかけた。六月の七、八、十一、十五、十九日に綸旨を出し、「京都合戦」・「合戦忠」を呼びかけている。鞍馬寺衆徒の兵力を期待してのものであろうが、六月二十三日には義貞が軍勢動員をかけた。

尊氏以下凶徒等追罰事、以政泰所被触遣也、得其意厳密可被致其沙汰状如件、

延元元年六月廿三日　　左中将（花押）

鞍馬寺衆徒中　　（鞍馬寺文書）

〔読み下し〕
尊氏以下凶徒等追罰の事、政泰を以て触れ遣わさるるところなり、其の意を得厳密に其の沙汰致さるべきの状くだんの如し、

尊氏以下凶徒追罰に鞍馬寺衆徒を動員する催促状であるが、翌々日（二十五日）には「新中納言（堀川光継）の手に属して軍忠を致すべし」とする綸旨が出された。鞍馬寺衆徒は堀川光継の軍事指揮下に入ったのであるが、これは鞍馬寺衆徒側からの要求にもとづくと考えるのが妥当である。鞍馬寺衆徒は義貞の指揮に入るのを嫌ったのである。こうした事情による軍事動員では、義貞軍と堀川軍（鞍馬寺衆徒など）は十分な連携がとれたとは考えられず、義貞は後醍醐方全軍の指揮者の立場を失っていたと見られる。後醍醐方の軍事力は公家の軍、山僧の軍、その他の衆徒の軍、これらが分散的であり、一元的統率には遠いものがあった。

洛北寺院をめぐる争い

足利方も山城北部の宗教勢力に攻勢をかけていた。栂尾高山寺、高雄神護寺は鳥羽上皇、後白河上皇の保護を受けてより、寺院として大きな力を持っていた。

新田義貞以下凶徒等事、逃籠山門之間、可加誅伐之由、被成院宣之処、当寺令与力義貞等構城墎之由有其聞、早可撤却彼城、若尚不承引者可被処罪科、然早不廻時刻馳参御方可致軍忠状如件、

建武三年六月十日　（花押《直義》）

高尾寺衆徒中　（神護寺文書）

〔読み下し〕

新田義貞以下凶徒等の事、山門に逃げ籠るの間、誅伐を加うべきの由、院宣を成さるるの処、当寺義貞等に与力せしめ城墎を構えるの由、其の聞えあり、早く彼の城を撤却すべし、若しなお承引せざれば罪科に処せらるべし、然らば早く時刻を廻らさず御方に馳せ参じ軍忠を致すべきの状くだんの如し、

高尾神護寺衆徒中のなかに、義貞に与同して城郭を構えている者がいると聞きつけた直義は、その破却を命じるとともに、応じないならば処罰する、と言っている。しかもこの行動は「院宣」にもとづくものと強調している。同様の文書が同日に、梶尾高山寺寺僧中にも出されている（高山寺文書）。こちらでは「楠木判官正成去る月廿五日湊河に於て討取りせしめ畢んぬ」との文書を載せて、楠木正

成死去を宣伝して、軍事的優勢を誇示している。

神護寺・高山寺という山城北部（京都の北）に位置する寺院では、義貞に与同して城郭まで構える衆徒がいたのである。直義はこれを禁じて、味方につくよう要請している。さきの鞍馬寺は後醍醐・義貞から軍勢動員されている。京都の北に広がる山麓地帯に所在する寺院勢力が、激しい争奪戦の対象となっているのである。ただ、八月二十一日には鞍馬寺も足利直義の統括下に入ったように、足利方の勢力が次第に拡大していった。

岩松頼宥の動き

足利方は竹田（京都の南）で攻勢をかけ、桂川沿いに戦線を形成していた。この方面には岩松頼宥がいて、軍事指揮にあたっていた。

今月十九日、竹田河原合戦以来、至于今、当所一陣、日夜警固之条、神妙候、殊可注進之状如件、

建武三年六月廿四日　　　　　　頼有《岩松》〔宥〕（花押）

小野寺八郎《顕通》左衛門尉殿　　　　　　（栃木県庁採集文書）

〔読み下し〕

今月十九日、竹田河原合戦以来、今に至り、当所一陣、日夜警固の条、神妙に候、殊に注進すべきの状くだんの如し、

岩松頼宥は小野寺顕通らを従えて、六月十九日竹田河原で合戦し、二十四日まで一緒に行軍してい

る。この岩松頼宥は岩松経家の兄弟であり（新田宵子氏所蔵新田氏系図）、足利氏の有力武将となっていた。この直後の九月八日には「備後国凶徒対治」を尊氏から委ねられ（諌徴記付録所収西琳寺文書）、後には安芸国守護となった。新田氏から分かれた岩松氏は、足利方に属し、その軍事的・政治的ポストを確実に上昇させていたのである。

六月三十日、京都市中各所で合戦が起こった。『梅松論』によれば、義貞や名和長年らが足利方本陣たる東寺を攻めて敗退し、長年は戦死したという。この日の合戦については軍忠状が多く残されていて、法成寺前・糺《ただす》河原・西坂本・吉田河原・中御門烏丸・三条大宮・賀茂河原・八条坊門猪熊・錦小路壬生《みぶ》などで戦闘が起こっていたことが知られる。これらの軍忠状はいずれも足利方のものであるが、そのなかには新田氏分流の山名氏が関与するものもある。

平子彦三郎重嗣申軍忠事、
去六月晦日属大将軍山名伊豆守（時氏）殿御手、於三条大宮、生捕幷頸交名事、
　生捕
一美作国御家人大葉左近允
　頸二
一山法師檀光坊三位竪者幷同宿卿公、
生捕頸等即守殿御目懸之処、可加実検之□（由）依御定、武田八郎・淵辺七郎令見知訖、然者早下賜□（御）証

判、欲備後証、以此旨可有御披露候、恐惶謹言、

建武三年七月二日

「承候了（花押）《(山名時氏)》」

（三浦文書）

生捕

去る六月晦日大将軍山名伊豆守（時氏）殿御手に属し、三条大宮に於いて、生捕幷頸交名の事、

平子彦三郎重嗣申す軍忠の事、

〔読み下し〕

一美作国御家人大葉左近允

頸二

一山法師檀光坊三住豎者幷びに同宿卿公

生捕頸等即ち守殿御目に懸るの処、実検を加うべきの由御定に依り、武田八郎・淵辺七郎見知せしめ訖《おわ》んぬ、然らば早く御証判を下り賜り、後証に備えんと欲す、此の旨を以て御披露あるべく候、恐惶謹言、

この文書は、六月晦日（三十日）合戦の軍功を、直後の七月二日に書き、提出したものである。提出者の平子《たいらく》彦三郎重嗣は三浦一族であり周坊国に本拠をもつ。彼は三条大宮の合戦で一人を生捕りにし、頸二つを取った。首は山法師（叡山僧）とその同宿者であり、新田方軍勢のなかには山僧が入っ

ていることが確かめられる。

平子重嗣は「大将軍山名伊豆守（時氏）殿御手」に属し戦い、この軍忠状の証判を山名時氏から与えられた。「承候畢（花押）」の花押は山名時氏のものである。すると山名時氏は、平子重嗣らを率いるところの「大将軍」となる。時氏は、すでに前年に箱根・竹下合戦において、足利氏の「日大将」として見えているので（前述）、ここでも「日の大将」の位置にあると考えられる。

山門・京都市中をめぐる合戦は、六月は一進一退の状況であった。後醍醐方の軍としてはよく戦ったほうであろうが、その軍事力構成は分散的傾向にあった。『太平記』が叡山衆徒のなかで足利方に内応する者を描くのは、山僧勢力の政治的帰属が一元的でないことを示していよう。

近江争奪の戦い

七月に入ると、京都市中合戦も続いたが、宇治・近江など周辺が抗争の場となった。坂本に本陣をおく後醍醐方としては、近江を固め、越前・美濃・尾張方面との連携を築くことが緊急である。また足利方は、それを警戒することになる。

足利方は、七月四日に直義が小笠原貞宗に対して「軍勢を大津に差し遣しいそぎ江州凶徒を退治すべき」（勝山小笠原文書）ことを命じ、さらに、翌五日には尊氏が小笠原に「風聞の如くは、義貞以下東国に没落せしむと云々、東国山道より馳参せしむるの輩しばらく近江国に居住せしむ」（同前）と言って、義貞と東国勢の連合するのを警戒し、さらに打ち止めるよう命じている。その結果、小笠原貞宗は、近江の野路原《のじはら》・鏡宿《かがみしゅく》・伊吹《いぶき》太平寺にて、山徒らを討つなど軍忠をあげている（小笠原文書）。尊氏はさらに近江警固については佐々木導誉を中心に軍編成する指示も出している（小笠原文書・田代文書）。

義貞の「東国没落」が実際にあったかどうかは分からない。東国に下り、軍勢を立て直す計画はあったかもしれない。義貞の直接指揮に従う部隊が縮少しているこの段階でこそ、こうした計画は必要であったろうが、九月までに実行された形跡はない。

『太平記』（巻十七）には、北国との通路と琵琶湖舟運の確保を図ろうとする山門衆徒の動きが、足利方の斯波高経・小笠原貞宗に阻まれている状況が記述され、それを打開しようとした祐覚・成願坊の行動も失敗したと指摘されている。東坂本（行在所）を中心とする叡山の陣営は、軍事的にも、経済的にも、孤立化しつつあったと言わなければなるまい。

京都還幸と政治的分解

後醍醐天皇は、尊氏の要請を容れて、京都に還ることとなった。『神皇正統記』は「十月十日の比《ころ》にや、山門より還幸、いとあさましかりし事ともなり」と記して、十月十日頃の事とする。ただ東宮（恒良親王）らは「東宮ハ北国に行啓あり、左衛門督実世卿以下の人々、左中将義貞朝臣をはしめとし、さるへき兵もあまたつかうまつりたり」と記されるように、北国に下向した。後醍醐政治勢力は分裂するところとなったわけである。

還幸などの日時については「十月十日先帝還幸洛中」（『公卿補任』）「十月十日巳刻山門御敵没落、先帝御入洛」（『鶴岡社務記録』）、「延元元年十月九日東宮并尊良親王義貞等、趣〔赴〕越前国、翌日十日乗輿幸洛陽」（元弘日記裏書）のように、比較的信頼できる史料は十月十日（あるいは九日）とする。東宮・義貞の越前下向を九日のこととしても、京都還幸と一体の動きとして理解してよかろう。

この京都還幸・越前下向は、義貞を中心とする新田一族、さらに武家勢力に分裂をもたらした。『太平記』は京都還幸を叙述するに、江田行義・大館氏明の足利方内通の動きをあえて記し、その上で、義貞に事前説明なしに還幸しようとする後醍醐に対して堀口貞満が直接に不満を申し述べる様を劇的に描いている。こうした事柄は他の史書には見られないものであり、事実にもとづくものかは疑わしい。『太平記』一流の構成（叙述）とも見える。

ただこうした叙述は、個々の人名・動きについては事実とは確認できないにしても、新田氏全体の分裂がこの時に見られたことを示していよう。『太平記』では、還幸に供奉した人々を、吉田定房・万里小路宣房らの公家層と「武家ノ人々」を列記している。武家では大館氏明・江田行義（新田氏）・宇都宮公綱・菊池武俊・本間資氏・山徒道場坊祐覚などが見える。

一方の越前下向は、東宮（恒良）のほか尊良親王・洞院実世・三条泰季・御子左為次らの公家層と義貞ら新田一族（新田義顕・脇屋義助・同義治・堀口貞満・一井義時・額田為綱・里見義益・江田義政・鳥山義俊・桃井義繁・山名忠家）、千葉貞胤・宇都宮泰藤らである。列記されている名前からすると、新田一族の大半は義貞に同行したことになる。

このほか、京都還幸・越前行啓とは別行動をとった者として、『太平記』は、尊澄法親王は遠江に、阿曾宮《あそのみや》は吉野に、四条隆資は紀伊に、中院定平は河内に、それぞれ下向し姿をくらました、と記されている。こうした事態は、京都還幸時のことなのか、この直後の吉野潜幸（十二月二十一日）までの間のことなのかは不明であるが、この時期に政治勢力としての後醍醐勢は分解し、大きく後退したのである。

また還幸に供奉した人々の処遇にも厳しいものがあった。本間孫四郎（資氏）は六条河原にて斬られ、山徒祐覚は「山徒ノ張本」として阿弥陀峯で斬られた、という（『太平記』）。また降参したという江田・大館も、直後には、「宮方」として蜂起している（延元二年九月大館氏明は伊予、江田行義は丹波、『太平記』巻十九）。大館氏明はさらに、延元三年四月十一日に南朝方として和泉久米田寺に禁制（軍勢狼藉禁止）を出している（久米田寺文書）。二人とも再び「宮方」に戻ったのであるが、越前には向かっていない。この二人の行動には不可解なところも見られるが政治的・軍事的には孤立しているといえよう。

第七章　北国経営の途絶

1　越前への下向

延元元年（一三三六）十月十日（九日とも）、後醍醐の京都還幸とともに、恒良・尊良の両親王と義貞等は越前に下った。そして同十三日には敦賀に着いたらしい。『太平記』には「同十三日義貞朝臣敦賀津ニ著給ヘハ」と見えるのであり、山門から敦賀まで四〜五日を要したことになる。

下向のコース

この下向では、陰暦十月という気候ゆえに、途中にて極寒（雪）に遭遇し、部隊にも分裂が起こった、と史書は伝えている。『本福寺跡書』は「（新田殿ハ）今堅田《かたた》ヘノキ、海津《かいづ》ヘアカリ、ツルカ（敦賀）ヘノキタマフ」と伝えており、義貞勢は近江堅田から船にて海津に到り、そこから敦賀に向かった、という。山門から敦賀へのコースとしては地理的には妥当なものと言えよう。

『梅松論』では次のように叙述される。

…同夜（十一月二十二日を指すが、正しくない）義貞ハ内々勅を蒙りて、春宮と一宮を取奉て、北陸道を関東へ心さしてそ没落しける、…荒茅《あらち》の中山にて大雪に逢て軍勢とも寒の為に死す、去《さり》なから義貞ハ子細なく越前国に下著し給ひて、敦賀の津金崎といふ無雙の要害にたて籠る、

途中の「荒茅の中山」で大雪に逢い、多くの兵士が凍死した、という。いっぽう、同じ行動を『太平記』（巻十七）は次のように述べている。

…同（十月）十一日ニ義貞朝臣七千余騎ニテ塩津ニ著給フ、七里半ノ山中ヲハ越前守護尾張守高経大勢ニテ差塞タリト聞ヘシカハ、是ヨリ道ヲ易テ木目峠《きのめとうげ》ヲソ越給ヒケル、北国ノ習十月ノ初ヨリ高キ峯々ニ雪降テ麓ノ時雨止時ナシ、今年ハ例ヨリモ陰寒早クシテ風紛レニ降山路ノ雪、甲冑ニ洒《そそ》キ鎧ノ袖ヲ翻シテ面ヲ撲《うつ》コト烈シカリケレハ…

後半は風雪の厳しさを記述しており、これに続いて人馬の苦難、河野・土居・得能ら兵士の自殺、千葉貞胤の投降を述べている。

この年の風雪は樹木の年輪からも確かめられるようであるが、両書では風雪に遭遇した場所が異な

っている。『梅松論』では荒茅山中であり、『太平記』では木目《きのめ》峠である。どちらを採用するかにより、義貞らの下向コースが変わってくる。

近江湖北から敦賀への最短コースは、海津あるいは塩津《しおづ》から北方の山岳部を越えて疋田に出て疋田川沿いに敦賀に向かうものである（七里半越、旧北陸道）。南北朝時代にはこのコースが多く利用されたようであり、『太平記』（巻二十七）には都・大津から越前へ到る一般的コースとして、堅田→今津・海津→塩津→荒血（荒茅）→浅茅（麻生路か）が記述されている。ただ途中の荒茅峠越えの道は一定せず、時期によって異なり、それゆえに海津から、あるいは塩津から荒茅山中に向かったようである。

ところが『太平記』では、新田軍はこのコース（荒茅越、七里半越）を避けて、木目峠から敦賀に入ったという。その理由は、七里半道を斯波高経軍が塞いでいるとの情報を聞いたことによる。ただ木目峠経由は、塩津から東の道（近世の北国街道に当たる）に出て板取に到り、そこから西に折れて木目峠を越えるのであり、あまりに遠回りである。そのため歴史家はこれに批判を加えることが多い。

＊藤田精一『新田氏之研究』・和島芳男『建武中興と新田義貞公』はその代表であるが、敦賀を目的地とする前提に立っている。

私は『太平記』の記述は、あながち無理なものではないと思う。敦賀到着後の義貞は、瓜生《うりゅう》・杣山《そまやま》城や越前国府方面へ軍事的攻勢をしかけるのであり、越前でも国府を目的地としていたと思われる。『梅松論』では「北陸道を関東へ心さしてそ没落しける」と記されて、関東の政治的再建が目的のように見える。また『太平記』でも、敦賀に着いた義貞は子息義顕を越後に、弟義助を杣山に遣わした、と記している（巻十七）。越後国府はこの当時、新田方の政治的・軍事的拠点となっていたが、そこと連携をとろうとしているのである。越後そして関東へと政治的・軍事的拡大を意図しているのであるが、そのためには越前国府を根拠地にする。これが義貞のねらいだったように思うのである。

『太平記』では後醍醐が義貞に、敦賀気比社に下向するよう諭すが、これは結果（敦賀到着）から遡及させた叙述であるように思う。ただ塩津から「七里半ノ山中」を通る予定であったことを記しているが、これは旧北陸道コースであり、この道で越前（敦賀～国府）に向かおうとしたのである（当時としては通常のコース）。ところが斯波軍がこの道を塞いでいると聞いて、コースを東に取り、近世北国街道に当たる道を北上したのである。この道の難所である栃ノ木峠（板取の手前）は天正六年に柴田勝家が安土参勤の便のために開いたもので、「是ヨリ近江中ノ河内ノ辺椿坂マテノ間、古昔ハ深林茂樹、道細ク険溢踰《こえ》カタキ」（『越前国名蹟考』）と言う。南北朝期にも通れただろうが、容易には越えがたいものであったろう。

この難コースを義貞らが進んだとすれば、その目的地は敦賀でなく、コース延長上の越前国府と考えられる。ところが、このコースを途中（板取）で西に折れ、木目峠を越えて敦賀に着いたのである。この変更が意味するところは、おそらくは越前国府の状況が伝えられたためと思われる。越前では斯波高経が建武元年九月には尊氏方として遵行にあたっており、同四年六月には守護としての活動が確認できる。その斯波氏が越前国府を勢力下に入れたことは十分に想像できる。『太平記』（巻十九）には「新善光寺城」に籠る斯波高経が延元元年十一月に攻められた様子を描いているが、この城は総社・国分寺に近い（いずれも武生《たけふ》市京町）。越前国府の一角を城郭化したものであろう。

斯波高経は越前国府を支配下におき、城塞化していたのである。この様子を聞いた義貞は国府入りを断念し、板取を西に折れて敦賀に向かったものと推定される。敦賀にしたのは行軍範囲に近く、日本海海運の要衝にして越後と結んでいることにあろう。

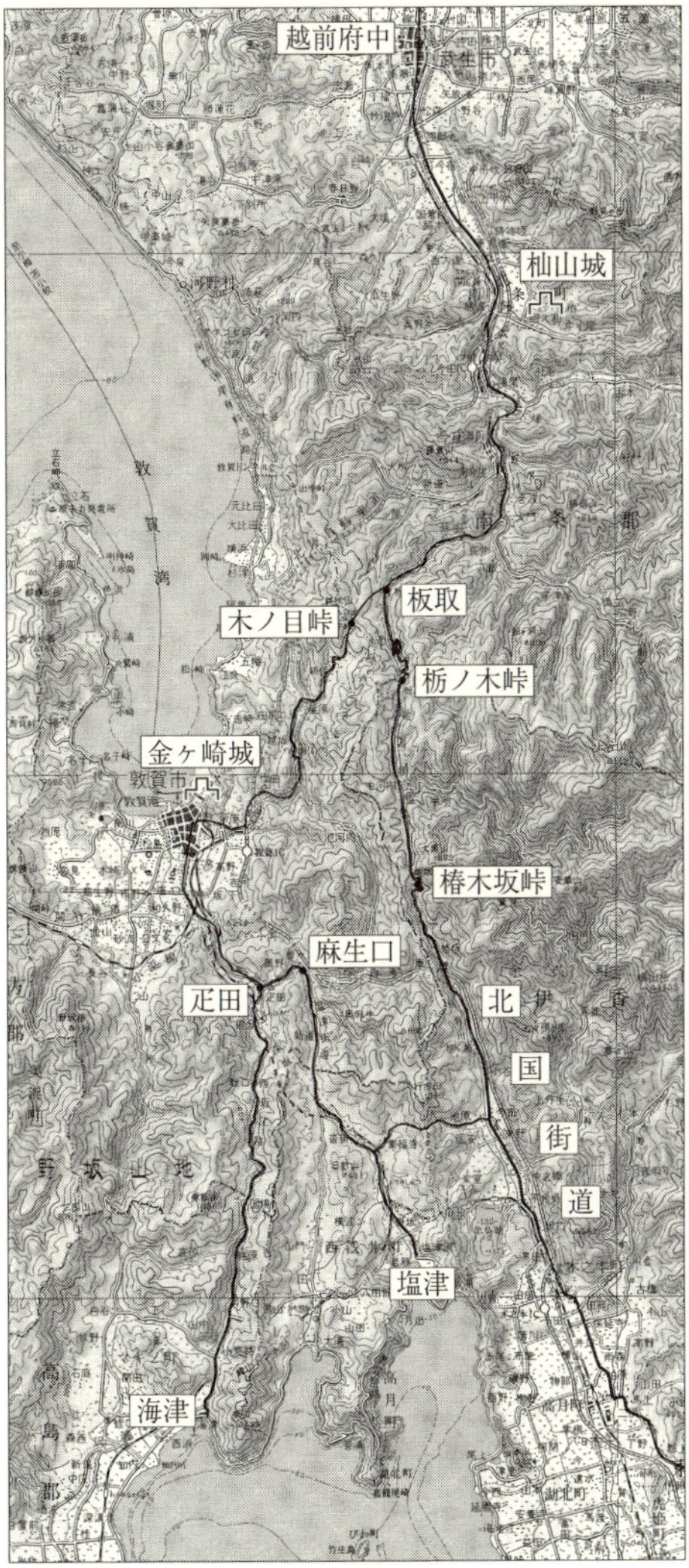

近江から越前への道
（国土地理院20万分の１地形図より作成）

こうして義貞らは、近江塩津から東に出て近世北国街道に当たる道を北上し（途中に椿坂・栃ノ木峠）、板取にてコースを変えて西に折れ、木目峠を越えて敦賀に到ったということになる。『太平記』の叙述は、越前での斯波高経勢力のあり方を考慮すれば、ある程度納得できるのである。

＊板取を国府方面に進むと、今庄を越えればすぐに杣山城に至る。義貞は杣山城を敦賀金崎ヶ城と一体的連携のもとに機能させようとしており、あるいはこの時点で、板取にて一部の兵（脇谷義助など）を分けて、杣山城に向かわせたとも想像できる。

足利方の追撃

尊氏は義貞の北国下向を知ると、ただちに追撃した。『堅田本福寺旧記』はさきの引用（義貞が海津から敦賀に向かう）に続けて「足之〔利〕殿堅田船八艘ニテカイツへ追懸給ニ」と記して、足利軍追撃が急であったことを示している。また『太平記』では新田軍の河野・土居・得能らが前陣に遅れて道に迷い、「塩津ノ北」で足利方の佐々木・熊谷と合戦になった、と記している。これらがそのまま事実かは検証できないが、足利方の追撃を語るものであろう。

尊氏は、義貞の北国下向を知り、信濃・越後の軍勢を動かしている。

信濃国市河孫十郎親宗軍忠〔申脱〕事、

右新田右衛門佐義貞没洛（ママ）之間、可誅伐之由、去十月（建武三）十二日依被成下御教書、当国守護代小笠原余次兼経舎弟余三経義府中并仁科・千国口属于発向之間御手、為抽軍忠所令馳参也、然給一見御証判、為備後証、恐々言上如件、

建武三年十一月日
「承了（小笠原経義）（花押）」

〔読み下し〕
信濃国市河孫十郎親宗（申す）軍忠の事
右新田右衛門佐義貞没落の間、誅伐すべきの由、去る十月（建武三）十二日御教書を成し下さるに依り、当国守護代小笠原余次兼経舎弟余三経義府中并びに仁科・千国口に発向するの間、御手に属し、軍忠を抽《ぬき》んせんがため馳参せしむる所なり、然らば一見御証判を給り、後証に備えんがため、恐々言上くだんの如し、
「承り了んぬ（花押）」

この文書は、義貞誅伐の命を受けた市河親宗が信濃国守護代小笠原兼経の弟（経義）の府中・仁科・千国口での軍事行動に馳せ参じた軍忠を申し立てたものであり、奥にはそれを証明する小笠原経義の証判が据えられた。市河親宗・小笠原経義の信濃での軍事行動がここに確認できよう。

ところで、尊氏による義貞誅伐命令は「十月十二日御教書を成し下さるに依り」と見えて、十月十二日発給であったことが分かる。義貞下向は十月九・十日であるから、二・三日後には尊氏からの命令が出されたのである。命令を受け取った市河親宗（そして小笠原）は信濃国住人であり、府中を中心に広範囲で軍事行動している。これは信濃にも新田方与同勢力が存在したためであろう。

尊氏が義貞誅伐の御教書を出した十月十二日には、義貞はまだ敦賀に到着しておらず（敦賀到着は十月十三日）、越前山中を進んでいた（おそらくは木目峠を越えた近辺）。尊氏としても、義貞がどこを、どの方向に進んでいるのか、確たる情報を得ていなかったものと見える。尊氏としては、義貞の北国下向（進出）が北国・東国に及ぼす政治的・軍事的影響を恐れたのであろう。信濃に影響が出るかもしれない、場合によっては信濃に入るかもしれない、と見ていたとも思える。尊氏は北陸道とその周辺の足利勢力に、いち早く、義貞誅伐の行動を起こすよう命じたのである。

先帝今月十日自山門出御、新田義貞以下凶徒等落散候処、趣〔赴〕北国云々、早馳向要害、可有誅伐之状如件、

　建武三年十月十七日　（足利直義）（花押）

　三浦和田四郎（茂実）殿　（三浦和田文書）

〔読み下し〕

先帝今月十日山門より出御す、新田義貞以下凶徒等落散し候処、北国に趣〔赴〕くと云々、早く要害に馳せ向かい、誅伐あるべきの状くだんの如し、

この文書は、足利直義が越後の三浦和田茂実に、後醍醐の山門より出御と義貞の北国没落を伝え、義貞没落方面にあたる和田茂実に誅伐を命じたものである。これによる限り、足利方は十月十七日の

時点でも「北国に趣〔赴〕くと云々」と言って、義貞の所在場所をつかんでいなかったようである。そのうえで、北国方面にあたる、越後奥山荘の和田茂実を動員しようとしている。

＊足利方佐竹貞義は建武三年と推定される十一月三日書状で、下野の茂木知貞に宛てて、「新田僅小勢にて越前国金崎城よるなる」と伝えている（茂木文書）。足利方が義貞らの敦賀・金崎所在を知ったのは、十月下旬であろうか。

気比神社（福井県敦賀市曙町）

尊氏・直義は、義貞下向直後には、義貞の所在場所をつかみ得ぬままに、信濃・越後の軍勢に義貞誅伐を命じている。所在をつかめぬもどかしさとともに、義貞らの行軍により北国（ひいては東国）がその影響下に入るのを恐れたのである。

敦賀・金崎に入る

十月十三日、恒良親王（東宮）・尊良親王を奉じた義貞勢は、越前気比（社）に到着した。気比社では気比弥三郎大夫が三百余騎にて迎えたという（『太平記』）。

その様子を建武四年四月気比社祠官等言上状（『気比宮社伝旧記』所収）は「去冬東宮幷中務親王此津臨幸し、金前〔崎〕城中に籠り入り」と記す。恒良親王らの行啓は現地では「臨幸」と受け取られたのである。この認識は他にも「新田左中将義直〔貞〕神爾《しんじ》宝剣内子所〔侍〕を賜り、春宮《とうぐう》大将として、数萬騎軍兵を相具して北国下向す。越前金崎内裏たり」（紀伊「歯長寺縁起」）と見える。恒良親王は天皇として敦賀に臨幸した、というのである。

『太平記』にも、尊氏の請を入れて京都還幸を決断した後醍醐は義貞・義助を召して諭す場面にて、「春宮ニ天子ノ位ヲ譲テ同北国ヘ下シ奉ルヘシ、天下ノ事小大トナク義貞カ成敗トシテ、朕ニ易《かわ》ラス此君ヲ取立進ラスヘシ」と語ったと見える。位を春宮（恒良）に譲り、その上で北国（「敦賀」とも見える）に下す、というのである。ただ『太平記』は、京都還幸・吉野潜幸後、後醍醐は依然として帝位にあることを叙述している。坂本行在所では天皇の位を譲るとの発言をした、ということであろうか。

ただ当の恒良・義貞らは臨幸として敦賀に入ったらしい。現地の受け取り方については指摘した通りであるが、恒良・義貞みずからが「臨幸」と認識していたのである。

2　北国経営

恒良親王の令旨

恒良親王・尊良親王・新田義貞らは金ヶ崎城に入ってまもなく、東国方面の諸士に馳参を求めた。

(1)高氏・直義以下逆徒追討事、先度被下　綸旨候了、去月十日、所有臨幸越前国敦賀津也、相催一

族、不廻時剋、馳参、可令誅伐彼輩、於恩賞者、可依請者、
天気如此、悉之、以状、
　延元々年十一月十二日　　　　　左中将在判
　結城上野入道館　　　　　　　　　（結城家文書）

〔読み下し〕
高氏・直義以下逆徒追討の事、先度、綸旨を下され候了んぬ、去る十日、越前国敦賀津に臨幸あるところなり、一族を相催して、時剋を廻らさず、馳せ参じ、彼の輩を誅伐せしむべし、恩賞においては請に依るべしてへり、
天気此の如し、これを悉《つくせ》せ、以て状す、

(2)尊氏・直義已下　朝敵追討事、先度被仰了、且重　綸旨遣候了、去月十日、所有臨幸越前国敦賀津也、不廻時剋、馳参、可被誅伐彼輩、於恩賞者、可依請之由、被仰下候状如件、
　延元元年十一月十二日　　　　（新田義貞カ）右衛門督在判
　結城上野入道殿　　　　　　　（結城家文書）

〔読み下し〕
尊氏・直義已下　朝敵追討の事、先度仰せられ了んぬ、且は重ねて　綸旨を遣し候了んぬ、去る月十日、越前国敦賀津に臨幸あるところなり、時剋を廻らさず、馳せ参じ、彼の輩を誅伐せらる

――べし、恩賞においては請に依るべき由、仰せ下され候状くだんの如し、

(1)は恒良親王の令旨、(2)はそれに副えられた書下である。(1)は結城上野館（結城宗広）に対して、尊氏・直義追討を命じるものであるが、恒良親王が越前敦賀に「臨幸」した旨を伝えて、そこへの馳参をも求めている。天皇として敦賀に下ったのであり、したがって「天気如此、悉之、以状」という書止文言の綸旨様式で発給している（この綸旨を奉じた「左中将」は新田義貞ではない）。「去る月十日」に敦賀（津）に着いたように記しているが、これは山門を発った日を示していようか。

＊この「去る月十日」と「敦賀津」を生かして読むと、船にて十月十日に敦賀津に到着したように解釈もできる。ただ山門出発は十月九日または十日であり（早い史料で九日）、翌十日の敦賀到着は困難である。

このように、敦賀（金崎）の恒良親王府は綸旨様式の文書を東国領主たちに送ったのである。受け取った結城宗広は恒良親王の即位間近なこと、あるいは即位への強い意志を感じたことであろう。

(2)の方は、(1)と同じ主旨であるが、「重ねて　綸旨遣わし候了んぬ」と記して、(1)が発給されたことを前提にしている。その上で、結城宗広（上野入道）に尊氏・直義誅伐を命じている。ただし書き止め文言は「…状如件」であり、通達文書であることを示している。署判の「右衛門督」は、この直後に北畠顕家書状が義貞のことを「新田右衛門督」と呼んでいることにより、義貞と判断できる。義貞は、(1)の綸旨を受けて、(2)のような通達形式文書をもって、結城宗広に敦賀・金崎馳参と尊氏・直義誅伐を求めたのである。

　この時期の義貞発給文書は他には見つかっていないが、結城宗広以外にも受給者はいたと思われる。だが義貞からの文書を受け取った者が行動を起こしたかどうかは疑わしい。陸奥白河の結城宗広も北畠顕家の求めに応じて霊山城《りょうぜん》（福島県霊山町）に馳参するが、義貞発給文書に応じた動きは示していない。宗広は、子の親朝と同様、動きが慎重である。

北畠顕家との交信

　義良親王を奉じて陸奥に下っていた北畠顕家は、延元元年（一三三六）十二月の後醍醐天皇の吉野潜幸をうけて、翌年正月八日上洛の行動を起こし、霊山城に入った。顕家は、そこで、父親房に宛てて、次のような書状をしたためた。

勅書幷綸旨及貴札、跪拝見候了、臨幸吉野事、天下大慶、社稷安全基、此事候、須馳参候之処、当国擾乱之間、令対治彼余賊、忩可企参洛候、去比新田右衛門督申送候之間、先而致用意候了、而于今延引、失本意候、此間親王御座霊山候、凶徒囲城之間、近日可遂合戦候也、下国之後、日夜廻籌策外、無他候、心労可有賢察候、恐欝処、披御礼散欝蒙候、且綸旨到来後、諸人成勇候、毎事期上洛之時候、以此旨、可令披露給候也

（延元二年）正月廿五日　　顕家（花押）

人々御中

（榊原結城文書）

〔読み下し〕

勅書幷びに綸旨および貴札、跪き拝見し候了んぬ、吉野に臨幸の事、天下の大慶、社稷《しゃしょく》安全の

基、此の事に候、須《すべ》らく馳せ参ずべく候の処、当国擾乱の間、彼の余賊を対治せしめ、忩《いそ》ぎ参洛を企つべく候、去比《さるころ》新田右衛門督申送候の間、先んじて用意を致し候了んぬ、而《しか》るに今に延引す、本意を失い候、此の間親王(義良)霊山に御座《ぎょざ》し候、凶徒城を囲み候の間、近日合戦を遂ぐべく候なり、下国の後、日夜籌策を廻らすの外、他なく候、心労賢察あるべく候、恐欝《きょううつ》の処、御礼を披き欝《うつ》蒙《もう》を散し候、且《かつがつ》は綸旨到来の後、諸人勇を成し候、毎事上洛の時を期し候、此の旨を以て披露せしめ給うべく候なり、

この顕家書状は正月二十五日（延元二年）の発給であり、この時点での顕家の考え方をうかがうことができる。勅書・綸旨・親房書状を受け取った顕家は後醍醐の「吉野に臨幸」することを知り、「天下大慶、社稷安全の基」と言って喜んでいる。この時、顕家は義良親王とともに霊山城にあり、まもなく合戦になるだろうと言っているが（書状の中程）、後醍醐が足利方から離れ、吉野に入ったこと、しかも「臨幸」である（天皇である）ことを確認したのである。

したがって、敦賀金崎の恒良親王「臨幸」は意味を失ったものとなり、恒良も春宮の位置に復したことになろう。

また書状には「去る比《ころ》新田右衛門督申し送り候の間」とあり、新田義貞方との交信がうかがえる。ただ、これが義貞方から顕家方への文書なのか、逆に顕家方から義貞方への文書なのか、判断に迷うところである。前後の文脈から推すと、前者の方がよさそうである。そこで意味をとってみると、

「当国（陸奥）は擾乱中なのでまず余賊を対治して急ぎ上洛を企てましょう。去るころ新田右衛門督が申し送ってきましたので、（当方も）用意をしていましたが、今まで延引してしまい、失意していますす」となろう。新田義貞（右衛門督）が何を顕家に申し送ってきたか。文脈からは、参洛を促すことと解するのが妥当であろう。

越前（敦賀）の義貞は奥州の顕家に、上洛を促す文書を送っていたのである。正月二十五日付顕家書状が「去る比」というのであるから、顕家が受け取ったのは正月初旬のことであろう。顕家が多賀城を出発する直前とも考えられよう。ところが、新田方の上洛決起の知らせがない（顕家落胆の心情は文面にうかがわれる）。

こうして、義貞は顕家に対して、共同しての上洛決起を提案する文書を出していた、と見られる。それを顕家は「新田右衛門督申し送り候」と表現しており、文書様式としては義貞署判の書状と思われる。この義貞書状は、陸奥に届けられたのが正月初旬ならば、前年十二月末に発給されたことになろう。それならば、後醍醐の吉野臨幸の直後ということになり、それを契機にした上洛（足利追誅）の行動を起こそうとした、と考えられる。

北国経営の構想

越前敦賀に本拠をおいた義貞陣営は、二親王や公家を同伴しているが、義貞がその政治的中心にいた。それでは義貞は、この陣営をどのように盛り立てていこうとしていたのであろうか。

陸奥の結城氏や北畠氏と連携をとり、反足利の軍事行動を起こそうとしていたことは述べた通りである。とくに奥州への働きかけが積極的であるが、義良親王を奉じた北畠勢力との政治的連携を密にし、強力にしようと考えていたと思われる。あるいは、義良親王を奉じて、多賀国府を統轄して、管内武士には袖判下文で所領安堵するという方式で成果をあげていた北畠顕家の政治方針を模範にしようとしたのかもしれない。

だが、史料の残存が少ないことにもよるが、義貞が越前にて管内周辺の武士に発給した文書（所領宛行など）は見当たらない。越前国府を押さえていないことが、こうした限界をもたらしているとも思われる。義貞の政治的影響力の強い越後では、国府に大井田氏など新田与党が強固に居すわり、守護代を軸にした軍事動員を展開して、軍・政が結びついていた。この越後と越前を政治的に結びつけることができれば、さらに越後から上野国へと政治圏を拡大し、奥州の北畠・結城白河と結ぶことが可能となる。

義貞が構想していたのは、このようなことだろうと想像できるが、足元の越前をどうしようとしていたのであろうか。杣山に拠点をおいて国府～足羽《あすわ》方面への勢力拡大を図ろうとしたことは後述するが、糾合したのは武士だけであった。越前全体に影響力を持つ白山《はくさん》・平泉寺《へいせんじ》勢力とどのような関係をつくろうとしたのか、不明確である。寺社衆徒勢力が交通上に大きな力を持っていることは諸国の例も多い。

3　金ヶ崎陥落

正月合戦

延元二年（一三三七）になると足利方は、正月一日から金ヶ崎城攻略を開始した。すでに十二月二十三日に、足利直義は遠く薩摩の本田久兼と比志島《ひしじま》範平に対して、島津孫三郎（頼久）とともに「敦賀津凶徒」を討つように命じていた（薩藩旧記、比志島文書）。こうした呼びかけは諸方面に及んだと考えられるが、山陰の諏訪部信恵（扶重）は高師泰の指揮下に入り、「正月一日越前国金崎に発向せしめ度々軍忠を致し」ている（三刀屋文書）。

金ヶ崎攻撃は、足利方越前守護斯波高経を中心とするというより、足利親衛隊の高師泰が京都から乗り込んできて始められたのである。信濃から敦賀に馳参した市河経助・同親宗・同助房代小見経胤らの軍忠次第はいずれも正月一日から始まっており、村上信貞・高師泰の証判を受けている（市河文書）。村上信貞は信濃守護と考えられ（翌建武五年四月には信濃守護としての証判がある）、守護村上に率いられて敦賀に赴き、そこでは村上・高の指揮に従って金ヶ崎城を攻めた、ということであろう。

一月の合戦は、一日には足利勢の金ヶ崎・敦賀城馳参があり、十八日には攻撃となった。「正月十八日御合戦の時、大手城戸口に攻め寄せ、軍忠を致す」（三刀屋文書）との表現があるので、金ヶ崎城大手城戸口を攻撃したことがうかがわれる。

金ヶ崎城は『梅松論』に「無双の要害」と言われ、『太平記』では「彼城ノ有様、三方ハ海ニ依テ岸高ク巌滑《いわおなめらか》也、巽《たつみ》ノ方ニ当レル山一ツ、城ヨリ少シ高クシテ」（巻十七）と記される。三方は海に面し（敦賀湾に突き出ている）。残る方（東）は高い山（天筒《てづつ》山）に連なる天然の要害ということになろう。現地の様子は遺構が不明確ではあるが、天筒山から北西に延びる稜線上の五百メートルほどが城の本体と想定されている。たしかに自然条件を生かした城ではあるが、規模が小さく、孤立的と言える。義貞が杣山城等との一体的運営を図ろうとしたこともうなずかれる。

金ヶ崎城趾石碑（金ヶ崎宮本殿の脇）

金ヶ崎城趾（敦賀市金ヶ崎町）
三ノ木戸から金ヶ崎宮に下る急坂

正月十八日の攻撃は大手城戸《きど》口で行われた。この後（二月、三月）も足利方は大手筋城戸から攻撃している。この金ヶ崎城大手とはどこに比定すべきであろうか。「木戸」の地名が残るのは稜線上（山稜部）に求める見解もあるが（現地では稜線上に一ノ木戸、二ノ木戸の地名が分布し、この筋を大手とする伝承が残るという）、後述のように金ヶ崎宮筋がふさわしいように思う。

二月になると、金ヶ崎城中から新田軍がとび出しての合戦となった。足利方諸士の軍忠状に「二月十二日城中より凶徒等（新田軍）打ち出るの時、散々の戦を致し…」（市河親宗軍忠状）、「二月十二日合戦等毎度軍忠を致し…」（市河経助軍忠状）と言われている。足利方は、この時も大手から攻めていたと思われるが、新田方の籠城軍が城から出て、戦ったのである。

脇屋義助らの後責

この時は、杣山城の脇屋義助と連携した動きと考えられる。足利方が「二月十六日後責の凶徒ら合戦の時、山手に罷り向かい軍忠を致す」（諏訪部信恵）、「（二月）十六日新田脇屋・苽生以下凶徒、当城後縮《ごずめ》として寄せ来る…」（市河経助）、「（同）十六日新田脇屋・苽生左衛門尉ら、当城後縮として寄せ来る」（同）、「二月十六日後巻大勢寄せ来る時…」（本田久兼）と言うように、後縮（後責《ごぜめ》、背後からの軍）が足利方を襲ったのである。

その後責は「新田脇屋・苽生《うりゅう》左衛門尉ら」と言われるように、脇屋義助と苽生左衛門尉（保《やすし》）であった。苽生保は杣山城に拠る苽生の当主であり、新田方（脇尾）に与同している。彼らは、杣山城から木目峠を越えて山道を敦賀方面に下り、敦賀の足利軍勢に戦を挑んだのである。そのため足利方としては「山手」（木目峠方面への山道）に向い、合戦する者も出たのである。

脇屋・茳生と足利方との交戦は二月十六日であるから、杣山城出発は少なくとも一日前であろう（二日前かもしれない）。すると、杣山城を二月十四、五日には出発したことになるが、これは金ヶ崎籠城軍とび出しの二、三日後である。新田方としては、籠城軍と杣山城から後責軍の同時展開が望まれたであろうが、後責軍の到着が少し遅い。旧暦二月のことであり、風雪の激しさが想像される。連絡・行軍に誤差が生じたのであろうか。

三月六日に陥落する

足利方は二月中旬に、再度、大規模に、金ヶ崎攻撃の動員を命じた。二月十四日付の直義御教書が九州薩摩の執印友雄・武光三郎・牛屎高元に出されているが、いずれも「敦賀凶徒誅伐事」を命じている。

新田方は、越後に使者を派遣し、応援を求めたようである。越後奥山荘で活動する南保重貞が「去月（二月）廿一日注進状」（三浦文書）を義貞のもとに送ってきている（三月十三日に義貞が受領）。二月二十一日に南保重貞注進状を義貞宛に出すということは、それ以前に義貞から南保重貞に宛てた文書が出されていなければならない。おそらくは二月十日頃には義貞は南保宛の文書を出したであろう。

＊南保重貞の義貞宛の注進状は、越後にて二月二十一日に出され、義貞の受領（三月十三日）まで二十三日も要しているが、これは三月初旬に金ヶ崎城合戦が激闘となったためであろう。

したがって、義貞も足利方も、二月十日頃に新たな軍事編成を試みており、金ヶ崎合戦は総力戦の意味合いを持ってきたのである。

足利方の金ヶ崎城攻撃は、高師泰の指揮のもと再開され、三月二〜五日の四日間連続して敢行されて、同六日金ヶ崎城はついに陥落した。史料としては足利方諸士の軍忠状が残るので、それを一日ごとに整理してみよう。

三月二日については「三月二日又大手城戸口に於て軍忠を抽んずるの条、中沢神四郎・多胡四郎等見知せしめ畢んぬ」（諏方部信恵軍忠状）、「三月二日合戦、堀際に攻め寄り軍忠を致す」（本田久兼軍忠状）、「三月二日は夜縮合戦」（市河経胤軍忠状）と言われるように、大手城戸口で合戦が展開した。足利方の一部は「堀際」に攻め寄せたとのことであり、大手城戸口には堀が設けられていたことが分かる。

現地調査が進んでいない状況では確かなことは分からないが、藤田精一『新田氏研究』に載せられた「金崎要図」を見ると、天筒山から岬方向（本丸跡伝承地もある）稜線上に堀が造成されていて、「一ノ木戸跡」・「二ノ木戸跡」・「三ノ木戸跡」の伝承地がある。ただこの木戸は要図でも稜線上にあり、ここが三月二日合戦の場とするのは難しいと思う。足利方軍勢が稜線上まで登ってくるのを新田方が容易に許していたとは考えられない。足利方が攻めた大手筋とは、敦賀津からの交通路が向かう金ヶ崎宮筋ではないだろうか。
＊金ヶ崎城は、室町後期には甲斐常治の城となり、戦国期には越前を領有した朝倉氏の城となったが、織田信長勢が攻め落とした。城そのものは改変があったと思われ、「一ノ木戸」地名もいつの時期のものか、南北朝初期まで遡らせていいか、疑問である。

三日は「同三日夜責合戦、大手に於て軍忠を致すの条山口三郎見知し畢んぬ（諏方部信恵軍忠状）、「三月二日より五日に至り夜々縮合戦し忠を致す」（市河助房代小見経胤軍忠状）といわれるように、夜《よ》責《せめ》（夜縮《よずめ》）を前日以来続けていた。場所は大手口であり、ここで連日・連夜の合戦となっていたのである。

四日についても「同四日夜、大手城戸口矢倉下に押し寄せ、終夜合戦の条、豊後弥三郎・牛屎郡司等これを見知する事」（本田久兼軍忠状）と見えて、大手城戸口での合戦が夜を徹してくり広げられた。この史料により、新田方が大手城戸口に「矢倉」（櫓）を構えていたことがわかる。正面から進入しようとする足利軍を弓射しようとしていたのである。

五日も、「同五日夜大手矢倉下に攻め入り、終夜合戦忠を致すの条、片山孫三郎・中沢神四郎等存知せしむるなり」（諏方部信恵軍忠状）、「同五日夜最前に城に攻め入るの刻、石を以て肩を打れるの条、高越後守御手の仁、泉弥三郎・和田九郎等見知し畢んぬ」（本田久兼軍忠状）と見えて、大手筋の矢倉周辺での合戦が終夜展開した。本田久兼は、この時に肩を石で打たれたということから、新田方は高所から石を落して防戦していたのであろう。高所から石を落すのに適しているのは、金ヶ崎宮裏手の急登である。現地を歩いてみると、金ヶ崎宮から稜線に向かう急斜面があり、現在は道がつくられている（二四八頁写真）。この稜線上（三ノ木戸が近い）の新田軍から、急登を攻め上る足利軍に石が落とされたのであろう。この筋がこの時期の大手と考えられる。

六日には足利軍が大手より城内に入った。「六日寅卯時は大手より城内に責め入り」（諏方部信恵軍

金ヶ崎・天（手）筒山城図

（福井県教育委員会『福井県の中・近世城館跡』に木戸地名を補筆）

忠状）、「六日は大手より城内に責め入り」（市河経助軍忠状）と見えて、寅卯時（午前五時頃）に、城内に入ったことが分かる。これは前夜から続いていた戦闘の延長線上であり、城内での合戦の結果、すぐに陥落した。市河親宗軍忠状には「同六日未明、城内に責め入り、凶徒等を誅伐せしめ畢んぬ」とあり、さらに市河助房代小見経胤軍忠状には「六日また一命を捨て大手より城内に責め入り、焼払い対治する上は…」と見えて、城内は焼かれ新田勢が討たれたことをうかがわせる。なお市河親宗軍忠状には続けて「しかのみならず、大手一木戸口警固し…」と見えて、大手筋一木戸を警固したことが分かる。

こうして、大手筋には堀が掘られ、櫓が構えられて、木戸も複数設置されていた。強固な防備であり、五日間にわたる戦闘を経て、ようやく決着したのである。

新田方の損失

金ヶ崎城はこうして三月六日に陥落したが、「三月六日、金崎城没落す、新田一族十余人、都合百余人切り懸けらると云々」（鶴岡社務記録）、「四三五[六]、義貞息義顕、金崎城に於て自害すと云々」（『武家年代記』）と見えるように、新田義顕ら新田一族が十人余り戦死した。このなかには鳥山孫二郎盛成・綿打太郎氏義・同大炊助らがいたという（宮下過去帳）。

また「三月越前金崎城潰れる、尊良親王以下害に遭う」（元弘日記裏書）と見えて、尊良親王も自害した。『太平記』にはその自害の様子が叙述されているが、もう一人の親王（恒良、春宮）は足利方に引き渡されて、京都に戻されたという。ここに親王を奉じる義貞の政治構想は瓦解したことになる。

当の義貞は難を逃れた。『太平記』では、陥落直前の三月五日に杣山城に洞院実世らとともに脱出したと述べるが、はたして激しい戦闘が続く状況のなか、春宮ら二親王を置いたまま脱出する行動を義貞が選択したかは疑わしい。

＊地元の「気比宮社伝旧記」には「新田義貞朝臣窮城を援けんがため先ず金前〈崎〉を出でて杣山に入る、一宮尊良親王城中に於て晏駕す、新田義顕及び大宮司以下社家数輩同時に戦没す」と伝える。義貞が金ヶ崎を出て杣山に向ったのは事実のようだ。ただ金ヶ崎・杣山の二城を一体的に動かそうとする義貞はこの二城間の往還を何回となく行っていたであろう。十月から続く籠城のために物資・兵士が不足していた状況は『梅松論』・『太平記』にうかがえるので、その状況を打開しようとしたのが直接の理由であろう。義貞が落城前に金ヶ崎を出たのは二月下旬ではなかろうか。二月十六日に杣山後責軍が金ヶ崎に来た際かもしれない。

ところが足利方は義貞をも討ち取ったと思い込んでいた。三月七日の足利氏（尊氏か）は「越前金崎城凶徒事、今月六日卯時、義貞已下悉く誅伐を加え城郭を焼き払い了んぬ」とする御教書を島津貞久・一色範氏に送っているが、一色はさらにそれを龍造寺・深堀らに伝達している（三月二十日）。「義貞以下悉く」とあるように、義貞を含めて討ち取った、と思ったのである。『太平記』には、義貞・義助の首がないのをいぶかしがる斯波高経に対して、春宮（恒良）が「彼人々（義貞・義助）杣山ニ有人敵ニ知セテハ、軈《やが》テ押寄ル事モコソアレト被二思召一」て、二人は火葬にされたので首はないとの旨を言った、と述べられている。足利方を欺いたということであるが、これも述作であろう。

足利方は、三月六日金ヶ崎合戦の後は、義貞らの存命を知っても、高師泰を投入しての、全力投球での越前（新田）攻撃は見うけられない（高師泰も越後に向かう）。むしろ新田方の挽回に傾向にある。足利方は、親王・公卿と分離した義貞勢力について、一つの反対派武士勢力との認識はあろうが、畿内周辺における反対派政治勢力として恐れることは軽くなっていった、と思える。越前という畿内至近の地域で、春宮・親王を奉じ、公卿を伴なっていたからこそ、尊氏は恐れていたのである。同じ畿内周辺ながら伊勢の北畠親房に対しては全力攻撃をしないで、義貞に向かったのはこうした事情があるように思う。

越後新田勢の回復

金ヶ崎城陥落の直後、義貞は越後奥山荘の南保重貞からの注進状を受け取った。越後の新田軍指揮について、次のように指示した。

去月廿一日注進状、今月十三日到来、条々一見了、

佐々木十郎左衛門尉忠清相共引籠城墎到軍忠之条神妙、守護代職所宛給佐々木弥三郎忠枝也、可被合力状如件、

延元二年三月十四日　　　　源（花押）

南保右衛門蔵人（重貞）殿　　　　（三浦文書）

〔読み下し〕

去る月二十一日注進状、今月十三日到来す、条々一見し了んぬ、

佐々木十郎左衛門尉忠清相い共に城墎に引き籠り、軍忠を致すの条神妙なり、守護代職は佐々木

一　弥三郎忠枝に宛て給うところなり、合力せらるべきの状くだんの如し、

三月十二日に南保重貞からの注進状を受け取った義貞は、十四日付のこの書下を与えて、籠城の軍忠をほめるとともに、越後国守護代には佐々木忠枝を任命したので、合力するようにと命じている。佐々木忠枝は、前々年以来、越後瀬波・蒲原にて足利方として力を振るっている佐々木加治景綱の同族であろうが、新田方に属し、越後守護代に任じられている。

前々年（建武二年、一三三五）十二月には小国・萩・風間・池・河内ら諸士が新田方として、越後中部・北部にて、足利方の色部高長・佐々木景綱と戦っていた。それが建武三（延元元）十一月には信濃から入った小笠原・村上氏勢に討たれ、「守護目代」が没落していた（市河文書）。この時期は、義貞らが敦賀に移った直後であるが、越後では新田方を足利勢が攻めていたのである。こうした状況のなかで、義貞は越後北部の奥山荘などで活動する佐々木忠枝を守護代に取り立てたのであり、挽回を図ろうとしたのである。

これにより、越後では再び池《いけ》・風間《かざま》などの動きが活発となり、足利方も高梨経頼が四月十六日に市河助房代嶋田助朝らを率いて頸城郡《くびき》（水科・水吉）に出兵した。頸城郡は越後国府所在地で、その国府近辺に足利方が出兵したのであるが、国府の新田勢力が強まったと見られる。『太平記』には、この翌年七月三日に、大井田氏経らの新田勢が越前に向って越後国府を発向した旨が記されている。大井田氏経らの越後国府回復は、佐々木忠枝守護代任命を契機とする新田方の攻勢のなかで実現したと

いえよう。

義貞から籠城をほめられ、守護代佐々木忠枝への合力を命じられた南保重貞は、新田方との提携を維持し、興国元年（一三四〇）六月二十七日には新田義宗（義貞の子）から奥山荘内黒河条地頭職を与えられている（さらに翌年六月には重貞養子がこの地を綸旨にて安堵された）。

新田方は、金ヶ崎陥落後において、越後では勢力を回復しつつあったといえよう。

4 東国情勢の変化

北畠顕家、下野小山で合戦する

新田義貞からの文書を延元二（一三三七）年正月に陸奥霊山城で受け取った北畠顕家は、義良親王を奉じ結城宗広らを率いて八月十一日霊山を出発し、西上を開始した。この一行は白河関を越え、奥大道を（下野経由で）鎌倉に向かった。その途中、下野国小山にて、足利方の上杉憲顕と戦った。

上杉憲顕は、前年十月に下野国皆川荘を足利家から与えられており、この頃には関東（上野国）に下向していたと見られる。この憲顕は上野国守護の立場にあったが、北畠勢の動きを知り、下野小山に向かったのである。建武四年（一三三七）九月三日足利直義御教書は上杉民部大輔（憲政）に宛てて「陸奥前司（北畠顕家）已下凶徒等、小山城に寄せ来るの間、上野国より馳せ参じ対治せらる事、誠に感じ思し召すところなり」（上杉家久書）と言い、その行動をほめたたえている。

直義の文書が九月三日付であるので、小山での合戦は八月下旬（二十日頃）であろう。この時期、足利方は「宇都宮凶徒誅伐のため」に軍勢を発向させており（『薩藩旧記』）、小山・宇都宮一帯で大きな合戦となっていたことが分かる。宇都宮氏・小山氏のなかは、足利方と後醍醐方とに分裂しており、政治的に不安定であった。

この合戦後、上杉憲顕はいったん上野国に戻り、八幡荘（高崎市）を拠点にして、越後国への出兵も視野に入れた政治的・軍事的体制を形成していった。一方の北畠顕家らは下野国にとどまっていたらしいが、十二月になると上野国東部から武蔵北部を経て、鎌倉に入った。

北畠勢と戦った国魂行泰《くにたまゆきやす》の軍忠状によると、十二月十三日上野国富（利）根河、同十六日武蔵安保《あぼ》原《はら》合戦、同二十四・二十五日鎌倉飯島・杉本合戦、となる。「鶴岡社務記録」にも「（十二月）廿三日国司顕家卿奥州より大勢を率して鎌倉に打ち入る、廿四日合戦、廿五日杉本城落ち了んぬ」と見える。杉本城を守っていたのは斯波家長であったが、自害した。また尊氏の息義詮は三浦に逃れた。

『太平記』によれば、この時に、伊豆の北条時行とともに上野の新田義興（徳寿丸）が北畠軍に参加したという。「又新田左中将義貞ノ次男徳寿丸上野国ヨリ起テ、二萬余騎武蔵国へ打越テ、入間河ニテ著到ヲ付、国司ノ合戦若延引セハ自余ノ勢ヲ待スシテ鎌倉ヲ攻ヘシトリ相謀ケル」と記述されているのである。徳寿丸（義興）が武蔵入間川で北畠勢に加わったとのことであり、国魂行泰のいう武蔵安保原合戦とも符合する。これ以後、義興は北畠軍の西上に同行したようであるが、その様子は『太平記』の記述にあるだけである。ただ北畠軍に加わって畿内（河内）で戦った者のなかには、新田一族の人物も見られるのであり（後述）、これが義興に率いられて参加した新田一族と思われる。また後に述べるように義興の発給文書には北畠顕家の影響と思われるものもあり、北畠軍への参加は事実と見なされる。

＊新井孝重が写真とともに解説を加えている武蔵高麗神社の高麗氏系図によれば、多門房行高は「建武四年秋奥州国司顕家卿大軍を卒し鎌倉を攻める、行高十九才、宮御方となり新田義興の招きに応じ馳参し、終に鎌倉を責め落す時、疵を被り家に帰る」という。さらに観応三年（文和元）にも義興に応じた、という。この高麗行高の所伝により、建武四年の北畠顕家鎌倉攻めに新田義興も参加したとの史料が江戸期のものではあるが、確認できる。

上杉憲顕の関東警固

下野小山の合戦以後上野国に戻っていた上杉憲顕は、十二月下旬に北畠顕家軍の鎌倉打ち入りに当っては鎌倉に出向き、これと戦ったが、敗れた（『太平記』）。その後、西上する北畠軍は美濃国青野原周辺所々にて足利方と激しい合戦を展開したが、上杉憲顕も美濃までは追いかけて戦ったようである（『太平記』）。

足利方の諸士（吉河経久・諏方部信恵・茂木知政・松井助宗）は建武五年（一三三八）正月下旬に美濃国の黒地・山中を警固し、同二十八日に青野原・赤坂北山にて合戦しているが、これらの軍忠状に証判しているのは高師直・師泰兄弟らである（他に今川範国）。

『太平記』には美濃の軍事状況の不利なることを知った高師泰の提案により、京都から高師直・師泰兄弟が美濃黒地河に出兵する旨が記されている。足利方の形勢不利は上杉憲顕らによるものであり、高兄弟が出て来て足利方有利に展開する旨が叙述されている。美濃合戦のなかで、足利方軍勢指揮は上杉から高へと替わったとの趣旨である。

『太平記』におけるこの叙述は、上杉憲顕に即して考えても納得できる。下野小山で防いだ北畠の鎌倉攻めに対して防衛に向かうのは妥当なことであり、鎌倉で敗れたならば北畠の西行を追うのも当然であろう。しかも、青野原合戦後には顕家軍に対し戦う上杉憲顕は登場しない。この年（建武五年）五月二十七日の室町幕府執事奉書は上杉憲顕に相模国金江郷における乱妨停止と沙汰付（所領交付）を命じている（田中教忠所蔵文書）。憲顕は関東に戻っていたのである。

その憲顕の権限は、上野国守護であるが、小山・鎌倉など関東各地での軍事行動を展開し、相模国での所領交付も担当している。直後には越後国守護をも兼ねるようになり、その力は関東一帯に及んでいる。上杉憲顕のこの権限（役割）は、この年十二月には、足利直義御教書にて「関東警固の事」と言われている（上杉家文書）。建武五年（一三三八）の後半には、上杉氏の力によって、関東には室町幕府的政治秩序が次第に広がっていたのである。

＊上杉憲顕と足利尊氏・直義は極めて近しい関係にあった。憲顕の父（憲房）の妹（清子）は足利貞氏に嫁して、尊氏・直義兄弟を産んでいた。上杉家の本拠は京都にあり、憲顕も京都で育ったと思われるが、足利尊氏も鎌倉幕府時代から京都への出向が見られ、両者は親しんでいたと見られる。

顕家の行軍と戦死

美濃の合戦の後、顕家軍は伊勢に入り雲地川《くもち》（二月十六日）など所々で合戦し、奈良に向い奈良坂・般若坂で合戦したが（同二十八日）、戦況は不利であった

（元弘日記裏書など）。義良親王は吉野に入り、顕家は河内方面に発向した。

石清水八幡社の所在する八幡・男山では、三月十三日に大きな合戦が起こり、その後は七月まで断絶的に続いた。この日の軍忠を言上した足利方諸士の文書には高師直が証判を加えており、師直が全体を統轄していたことがわかる。美濃青野原から京都に戻った師直は八幡・男山に出陣したのであり、足利方の力の入れようが知られる。北畠方には千葉新介なる人物が加わっていたことは残存史料に見えるが（武家雲箋所収北畠顕家感状）、新田一族は確かな史料には見えない。

『太平記』（巻二十）では、形勢不利な北畠軍の「義興・顕信敗軍ノ労兵ヲ率シテ八幡山ニ楯籠ル」窮状を救うよう、義貞に上洛を促す後醍醐天皇の勅命が下った、と叙述されている。八幡・男山軍勢を率いていたのが、新田義興（義貞息）と北畠顕信（顕家弟）ということであり、義貞に援軍命令が出されたという。これは確かめる史料も欠けており、判断は難しいが、状況としてはありうることである。

天王寺・阿倍野方面では三月十六日に合戦があり、足利方の岡本良円は「新田西野修理亮之手者一人」を生捕りにしたというが（岡本文書）、この新田西野修理亮は新田氏一族であろうか。また五月二十二日には隣接する和泉堺にて合戦があり、北畠顕家が戦死した（元弘日記裏書）。この合戦に参加した足利方諸士の軍忠状は多いが、証判しているのは高師直・同師冬・細川顕氏・武田信武らである（師直が最も多い）。足利方の有力者が大挙して乗り込んでいることが分かろう。

足利方の大友一族狭間正供は「同廿二日堺浜合戦の時、新田綿内《わたうち》に馳せ向い、太刀打ち到」した（大友文書）。この新田綿内（綿打）は新田一族であることは間違いない。この合戦では深堀時通は「新田綿打」を討ち取ったとのことで御教書を与えられたとのことであるが（深堀系図證文記録）、実際には生存していた。この人物（綿内入道）は後には四国に入ったと見え、暦応三年（一三四一）正月には「花園宮」を奉じて土佐大高城救援の行動を展開している（佐伯杏庵所蔵文書）。

顕家戦死後、八幡・男山も七月十一日には陥落し（目賀田玄向軍忠状）、この方面の南朝方は力を失うこととなった。北畠顕家は義良親王とともに奥州経営にあたり、多賀国府を中心とした地方政治に成果をあげてきた。その顕家が死去したことにより、南朝方の再建方策はみられるものの（直後の北畠親房の動き）、建武四年以降奥羽に入った石塔《いしどう》義房の軍政により、情勢は足利方（幕府方）有利へと変化していくことになる。

5　義貞戦死とその影響

義貞の戦死

新田義貞は延元三年閏七月二日、越前での合戦にて、戦死した。それを伝える記録は、「潤《（閏）》七月二日、源高経、源左中将義貞を討つ」（皇代記）、「暦応元延元三閏七二、源高経、義貞を討つ」（『武家年代記』）、「今月《（七）》（閏七月の誤り）越前大将義貞朝臣死節す」（元弘日記裏書）などであり、斯波高経が義貞を討った旨を記している。斯波方軍勢との合戦のなかで死去したことは確かなことと解される。

『太平記』での叙述

義貞戦死の様子は『太平記』（巻二十）に詳しく叙述されている。十三話での記述であるが、義貞の動きを視点にすると、いくつかのポイントがあげられる。

第一に、八幡・男山救援を求める後醍醐の勅命に応え、山門と連合するが、上洛には向かわず、越前にとどまる。山門との間には牒状が交わされるが（義貞牒状も延暦寺牒状も延元二年七月日付）、述作であろう。

第二に、義貞（杣山城）は、斯波方を攻めて府中を焼き新善光寺城（府中）を攻略し、斯波高経は足羽（黒丸城）に拠る。義貞らはさらに攻めて黒丸城を奪取したが、その後また斯波方に取られた。

第三に、斯波高経は延暦寺と相論中であった藤島荘を平泉寺に安堵することにより、平泉寺衆徒を味方に引き入れた。その安堵状は建武四年七月廿七日付で「平泉寺衆徒御中」に宛てられたものとして全文を載せるが、これも述作であろう。

第四に、義貞らは足羽合戦を閏七月二日と決めて、義貞自身は平泉寺衆徒の籠る藤島城に向かっていたところ、黒丸城から出てきた斯波方軍勢（雑兵）と衝突し、深田（泥田）を走り回る歩兵の弓矢に射られ、馬ごと倒れこんだ。そこを越中住人氏家重国に討たれる。

第五に、義貞が戦死しても、脇屋義助は敗残兵を集め、軍勢配置して（三峯城には河嶋、杣山城に瓜生、湊城に畑六郎左衛門尉時能）、わずかの軍勢を率いて「当国ノ府」（越前国府）に帰った。

こうしてみると、新田方（義貞・義助ら）は杣山城・国府（城）を根拠地にして、足羽（黒丸）攻撃を執拗にくり返している。また義貞敗北の契機となったのは平泉寺衆徒の斯波方与同であり、藤島荘安堵によるものであった。これが『太平記』叙述の筋道であろう。

義貞戦死そのものについては、「歩立ニテ楯ヲツイタル射手共」が「深田」（泥田）を縦横に走り回ったために、義貞（馬）が足をとられたことが直接の理由となっている。義貞は、名のある、対等の格にある武士との合戦でなく、雑兵のために戦死した、というのである。

『太平記』のこの叙述は、比較検討できる史料がごくわずかであり、大筋では受け入れるしかない。ただ、義貞はなぜ足羽攻撃をくり返し、藤島で戦死したのであろうか。

義貞と足羽・藤島地域　義貞戦死の二年後、暦応三年（一三四〇）八～九月、足利方はこの地帯の新田方・南朝勢を攻略した。得江頼員《とくえよりかず》（足利方）の軍忠状によれば、その次第は次のようになる（得江文書）。

八月一日、金津上野《かなつうえの》城（金津町）の凶徒を対治し、城を攻め落し、勝蓮華宿（春江町）の敵を焼き払った。

八月三日、三国湊千手寺城の堀・塀を越えて、攻め落した。

八月十七日、藤島内丸岡（福井市丸山）に向城を構えたところ、黒丸城より凶徒（南朝勢）が打ち出てきて、日々合戦となった。

八月二十日、黒丸城に押し寄せて攻め戦い、城を追い落した。

九月十二日、氏江岡（鯖江市）に陣を取り、翌日に府中（武生市）凶徒を追い落した。

九月二十二日夜に大塩城（武生市）、二十三日に妙法寺城（武生市）・松鼻城（武生市）・平葺陣（武生市）を追い落とした。

十月十九日には畑城に向かい、二十一日には一木戸・二木戸を破り、麓城を焼き払い二十六日まで戦ったところ、畑六郎左衛門尉が降参したので、城郭は破却した。

十月二十七日には糸崎城（福井市）に押し寄せたところ、凶徒は降参した。

この得江頼員らに攻められた城が新田方（南朝方）ということになるが、その特徴となるのは次の点であろう。まず第一に黒丸城であるが、ここでの合戦は四日間を要している。黒丸城は「大手」を構える城郭であり、新田方の城であることが確かめられる。足羽地帯の中心的城は暦応三年段階では新田方なのである（『太平記』では取り合いとして叙述されていた）。新田方となったのは義貞戦死の前なのか、後なのかは不明である。

第二に畑城と畑六郎左衛門尉が挙げられる。この城は一木戸、二木戸や麓城を持つところの城郭であり、足利方は攻略に九日間を要している。城主の畑六郎左衛門尉は『太平記』にも新田方人物として記されていたが、このことが確かめられた。畑城（武生市畑町）は国府の南東に位置し、日野山の麓に所在するが、近くには大塩城・妙法寺城・松ケ鼻城・平葺陣《ひらたけ》がある。足利方は畑城の前にこれらの城を攻め落としていることから、これらは畑城を中心とした編成下にあったと判断できよう。またこの一帯は杣山城（義貞の根拠地）から山中を国府（ここも新田方）方面に向かい、平地に出る直前に分

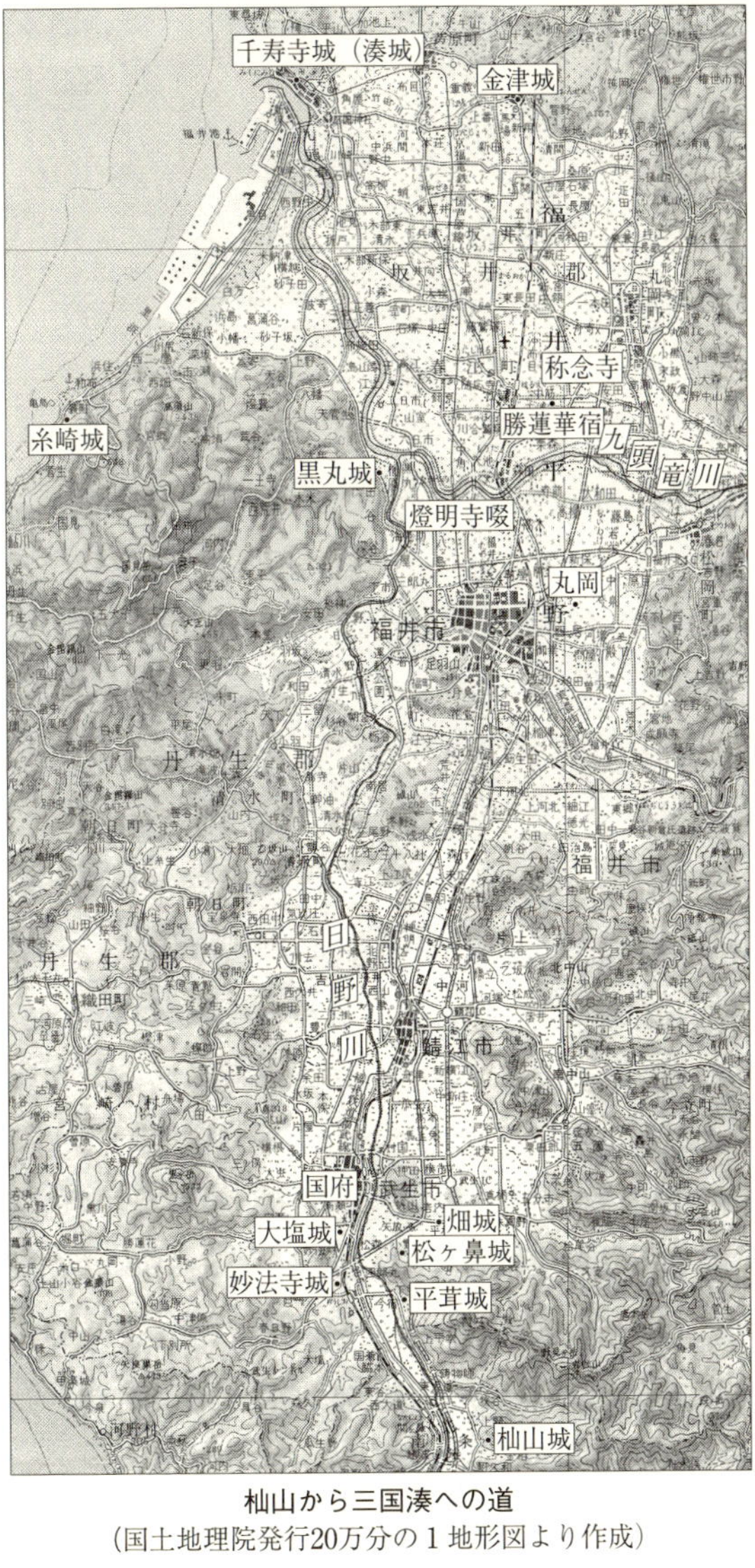

杣山から三国湊への道
(国土地理院発行20万分の1地形図より作成)

布するので、この城郭群は義貞時代に編成されていたと考えなければなるまい。

第三に、足羽から海岸部への交通上の要衝を押さえようとしている。黒丸城は日野川・九頭竜川の合流点に近く、その川を海岸に出れば三国湊に出る。「三国湊千手寺城」（千寿寺城）と言われるのは別名湊城と呼ばれ、『太平記』の叙述が確かなものとなる。また黒丸城北東の勝（正）蓮華宿は金津方面への陸路の要衝であり、金津は竹田川にて三国湊と結ばれている。金津の地名に注意すれば、この河川舟運が想像できよう。

第四に、海岸部では三国湊の千手（寿）寺城は堀塀をもつ城郭になっており、ここで海上交通を掌握しようとしていた、と考えられる。さらに海岸線上の糸崎城を新田方が編成下に入れていたことは、海運と結ぶ人々をも編成していたと予想される。

こうして、ここからうかがわれる新田方勢力は、杣山から国府にいたる道に沿った交通、国府という政治的拠点、国府から日野川沿いに下り九頭竜川との合流点にある黒丸城、黒丸城を中心に周辺の勝蓮華宿・金津城、日野川流下の三国湊という一大世界を形成していた。ただ黒丸城を失うと、この世界は国府・杣山地帯と三国湊・金津地帯の二つに分裂してしまう。黒丸城を持つことが、この世界を一体的世界として維持することにつながるのである。これが維持・強化されれば、三国湊から越後方面との連携も密になり、義貞の目指す北国経営につながる。こうした世界を、義貞は形成しつつあったと考えてよかろう。

このような事情により義貞は自身の上洛をためらうのであり、また足羽・藤島進出に積極的になったのである。この方向性は、水陸交通に関与していたと予想される平泉寺衆徒と友好関係を形成していたら一層強力になったと想定されるが、逆に敵対的関係になったようであり（前述）、それが藤島での戦死の一因となったのである。

義貞の供養

義貞は燈明寺畷で討たれたが、頸は義貞のものと確認されて、京都に送られた。また「尸骸ヲ輿ニ乗セ時衆八人ニカ、セテ葬礼ノ為ニ往生院ヘ送ラレ」たという（『太平記』巻二十）。この記事は確かめようがないが、往生院（時宗）は燈明寺畷の北約八キロメートルの地に存在する（丸岡町）。『越前名勝志』にも「長林山称念寺、往生院、長崎ニ有リ、当寺ニ新田義貞ノ石塔并木像アリ」と記される。寺号は時宗二祖他阿の弟子で当寺伽藍を建立した一人の称念房にちなむ。こうしてみると、義貞は戦場近くの時宗の僧（おそらくは称念房）によって埋葬された、と考えられる。

＊現在は称念寺境内に義貞廟が建てられているが、これは江戸時代福井藩主の松平宗矩《むねのり》が幕府の支援のもとに墓所を改修したものである。新田を遠祖とする徳川氏として展開されたのである。

いっぽう、京都に送られた頸は獄門にかけられ、見る者は泣き悲しんだ、という。『太平記』での叙述であるが、ここには京都人の義貞評が潜んでいるように思われる。『太平記』はここで、義貞の愛妾勾当内侍を登場させて、義貞との出会い、越前下向時の別れ、越前訪問などを後日談として叙述する。

勾当内侍は越前訪問でも会えなかった義貞の頸が獄門の木に懸けられているを見て、気を失いやがて髪を下ろし、出家する。その後は嵯峨の奥の往生院で浄土祈願に勤めたという。義貞霊を供養する勾当内侍の姿が浮かぶように叙述されているのである。

『太平記』巻二十はほぼ一貫して延元二〜三年の義貞を叙述している（末尾を除いて）。義貞をテー

新田義貞廟所（福井県坂井郡丸岡町・称念寺境内）

マとしているのであり、最後の場面では勾当内侍が義貞の頸を見て悲嘆にくれる場面を置いている。ところが巻二十はこれで終わらない。「奥州下向勢逢難風事」と「結城入道堕地獄事」が挿入されている。これは伊勢大湊から東国を目指した恒良親王・北畠親房・結城宗広らが海難に遭うこと、伊勢安濃津に漂着した結城宗広が悪相を現じ死去したことを叙述する。『太平記』の著者はなぜ、この二話を巻二十に入れたのだろうか。次の巻二十一でいいのではないか（巻二十一の冒頭では結城宗広子息大蔵少輔・親朝の足利化が述べられる）。

結城宗広に関わる二話を義貞の巻（二十）に入れたのは、結城と義貞の、両者の死を対比しようとする意図であろう。片や地獄に堕ち、片や足利には獄門に懸けられながらも勾当内侍に追慕される。こうした叙述には、足利氏による京都復興がすすむなかで（足利氏の権勢が高まるなか）、義貞の戦死を惜しむ京都人の気持ちが潜んでいると思う。勾当内侍は人物そのものはフィクションでないにしても、このような企画のもとに人物形象されている、と考えられる。

＊ただ義貞は京都政界の貴族・僧などに好感をもたれていたわけではない。義貞が接触していた人物には四条隆資が見えるだけであり、その四条も義貞ら新田氏を評価していたとは見えない。

長楽寺の幕府体制化

義貞死去の時期、新田氏の本領たる上野国新田荘は、すでに岩松直国の支配となっていた。そして新田氏の「氏寺」たる長楽寺も、室町幕府の支配下に入っていくことになる。

長楽寺には義貞から住持職に任命されていた了愚上人はすでに退去して（建武三年）、建武四年（一三三七）には新住持（珪潤）が入っていた。義貞が戦死して二カ月の後、足利尊氏は長楽寺に所領を寄進した。

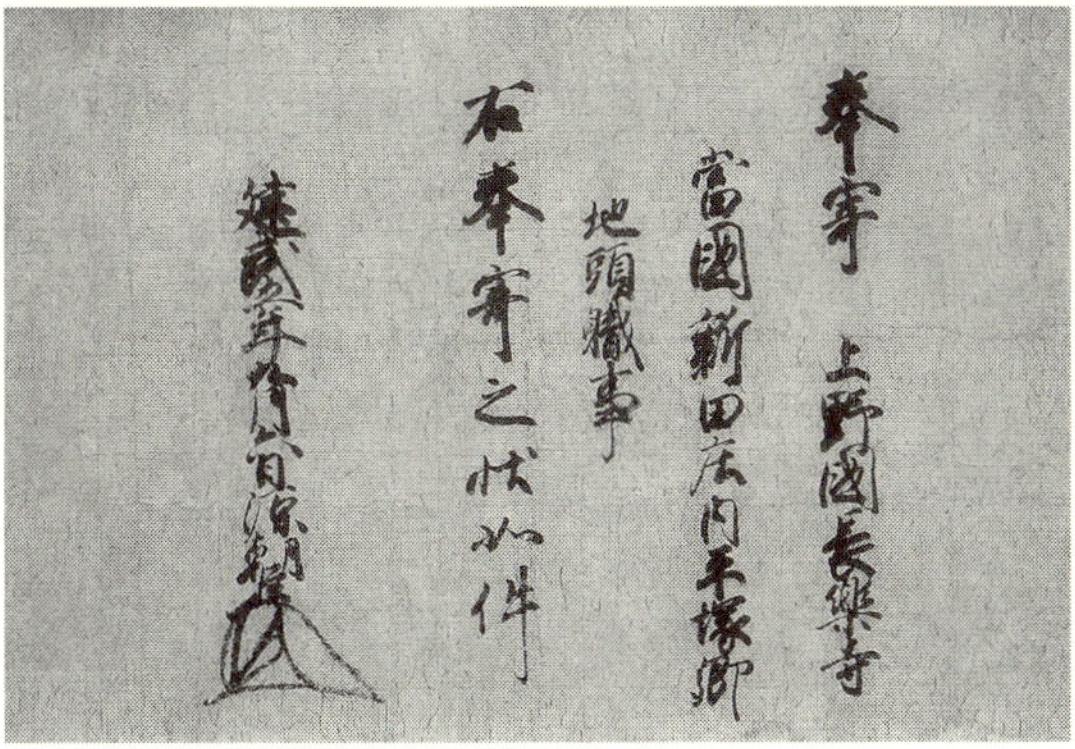

「足利尊氏寄進状」（長楽寺文書）

奉寄　上野国長楽寺
当国新田荘内平塚郷
地頭職事
右、奉寄之状如件、
建武五年九月六日　源朝臣（花押）

〔読み下し〕
寄せ奉る　上野国長楽寺
当国新田荘内平塚郷
地頭職の事

右、寄せ奉るの状くだんの如し、

新田荘平塚郷は、鎌倉幕府滅亡直後に、新田（江田）行義が寄進していたが、足利尊氏はそれを白紙に戻し、自らの行為として寄進し直したのである。尊氏は、この前月（建武五年八月）に征夷大将軍となっていて、名実ともに幕府体制を整えた。室町幕府将軍として、新田氏の本拠たる長楽寺に所領を寄進したのである。新田荘の支配者たる岩松直国はすでに足利方の軍勢として京都方面でも活動しており、新田荘現地には室町幕府の力が強く入り込むことになる。さきの尊氏寄進状は、その二年後にも、確実な実行が幕府によって図られた。

上野国新田庄内平塚郷地頭職事、任御寄進状、可被沙汰付長楽寺雑掌之状、依仰執達如件、

暦応元年九月十六日　　武蔵守（花押）

上杉民部大輔殿

（長楽寺文書）

〔読み下し〕

上野国新田庄内平塚郷地頭職事、御寄進状に任せて、長楽寺雑掌に沙汰し付けらるべきの状、仰せに依って執達くだんの如し、

この文書の差し出し人（武蔵守）は高師直である。足利家執事であり、新田方との合戦でも大いに

活躍したが、幕府将軍執事の立場となっている。宛名の上杉民部大輔は上杉憲顕であり、北関東・越後において足利勢力拡大・幕府体制形成に成果をあげた人物であるが、この文書では上野国守護としての立場にある。つまり、室町幕府の執事が上野国守護に、さきの寄進状の実行を迫っているのである。幕府体制として、長楽寺に平塚郷を寄進し、それを実現しようとしている。

長楽寺に室町幕府が強力に介入しようとしているが、それはさらに暦応四年（一三四一）以降に幕府が五山・十刹制を設けた際に、長楽寺も十刹に入れられて一層進んだ。室町幕府の展開する禅林制のなかに、長楽寺も入れられたのである。こうして長楽寺は、新田氏の氏寺という面は残るものの、官寺に近い側面を強めていく。現地支配者の岩松氏もこうした秩序のなかに入り込むのであり、明徳三年には岩松頼宥が「当国無双の禅院たるの上当家譜代の氏寺」との認識で長楽寺に所領を寄進した（長楽寺文書）。

6　宗良親王を奉ずる義興・義宗

義興、関東に戻る

義貞の政治構想を継承したのは、子息の義興（二男）と義宗（三男）であった。義宗は、義貞死去後、越後にて興国元年（一三四〇）六月二十七日に南保重貞に奥山荘内黒河条地頭職を安堵しており（色部文書）、越後南朝勢力の中心をなしていた。また延元三年（一三三八）九月東国再建のために伊勢大湊から義良・宗良親王、北畠親房・顕信、結城宗広らが船にて東国を目指したが、途中で難破し、義良は伊勢に、宗良は遠江に、北畠親房は常陸に漂着した。この時、新田義興は北畠父子に同道していたらしく、武蔵国石濱（東京都）に流れ着き、その後は行方知れずになったという（金勝院本『太平記』）。おそらく上野国に入ったのであろう。

これから約十年後、内乱が新たな段階に入り、東国も激動するようになると、義興・義宗は積極的に動き出す。この間、両者には交信があったのかもしれない。

正平一統

観応二年（一三五一）、室町幕府内での政治対立が激化し、六月には上杉能憲が高師直・師泰兄弟を殺害するまでになった。高兄弟は師直が将軍の執事という立場にあり、将軍尊氏の武士統率・支配権を代行しており、中央寺社勢力と協調しようとする足利直義と対立関係にあった。直義の支援者は桃井・山名・宇都宮・上杉などの伝統的武士層であったが、上杉憲顕の子である能憲が高兄弟を討ったのであった。危険を感じた直義勢力は京都を脱出し（八月一日）、北陸に入り、越後を経て、十一月には鎌倉に入った。尊氏は直義討伐のため、十月南朝と和睦し（正平一統）、直義討伐の綸旨が出され（十月二十四日）、鎌倉を向った（十一月四日）。尊氏は、直義が南朝と結ぶのを恐れたのであろうか、自らが南朝に和を求めたのである（尊氏側は翌年閏二月までは「正平」年号を用いており、形式的には約五カ月間続いたことになる）。

尊氏勢力と直義勢力との戦いは、この年の十二月、薩埵山《さった》（静岡市）など駿河国東部所々の合戦となった（『太平記』は薩埵山に集中して叙述するところに特徴がある）。結局は尊氏側の勝利となり、尊氏は翌年（正平七年、一三五二）一月には鎌倉に入り、まもなく直義は殺害された（二月二十六日）。

義興・義宗の東国政権構想

宗良親王は漂着した遠江から信濃に入っていたが、正平七年閏二月六日征夷大将軍となった（『系図纂要』）。さらに同十七日以前に上・信国境の碓氷峠まで出陣していた。新田義興・義宗はこれに呼応して上越国境で兵を挙げた。この間の経緯を『園太暦』（洞院公賢の日記）は「三月一日、晴、今日園三位基経（隆）卿使者を送りて云く、兼誉（覚）法印状を送る、関東敗北の事、妙法院宮（宗良親王）注進已下到来するの間、卿八幡に持参するの由これを示す。所詮、去る十九（七）日尊氏卿没落す、大略行方知れず、武蔵国に於いて守護代薬師寺一党上杉一類等合戦す、御方勝に乗り了んぬ、また奥州大軍已に常州に到ると云々」と述べている。「関東」（鎌倉府）が敗北し、尊氏は鎌倉から没落し、大略は行方知れず、という。これは覚誉法印から叔父基経に送られた書状にもとづく情報であるが、同時に妙法院宮（宗良親王）からの注進状も到来していたことも記されている。また三月五日条には新田義宗注進状が書き写されている。

注進
今月十五日於上州揚義兵、同十六日対治国中凶徒、同日打越武州、打随当国凶徒、同十八日攻入鎌倉候之処、尊氏以下凶徒已没落、楯籠武州狩野河（神奈川）候之間、今日十九日発向彼方仕候、決雌雄候者、重可注進候、以此旨被加護詞、可有洩御披露候、義宗恐惶謹言、
閏二月十九日　武蔵守義宗
進上　御奉行所
（『園太暦』観応三年三月四日条）

〔読み下し〕

今月十五日、上州に於いて義兵を揚げ、同十六日国中凶徒を対治し、同日武州に打越え、当国凶徒を打ち随え、同十八日鎌倉に攻め入り候の処、尊氏以下の凶徒已に没落し、武州狩野川（神奈《かんな》川）に楯籠り候の間、今日十九日彼方に発向し仕り候、雌雄を決し候ば、重ねて注進すべく候、この旨を以て御詞を加えられ、洩れ御披露あるべし、義宗恐惶謹言、

義宗は、閏二月十五日に上野で兵を挙げた。これは、信濃での宗良親王の動きに歩調を合わせたものであろう。十六日には武蔵に入り、十八日には鎌倉を攻略したのであり、わずか四日の出来事であった（義貞は挙兵から鎌倉攻略まで十日以上を要した）。鎌倉にいた尊氏が虚を衝かれたのであろう。義宗らの行動が宗良親王の呼びかけに応じたものであることは、基隆卿宛ての覚誉書状にうかがわれる。この書状も『園太暦』同年三月四日条に載せられているが、ここでは原文の紹介は省略して、読み下し文を提示しよう。

先日物忩《ぶっそう》ながら参拝す、恐悦に候、そもそも去る月十八〔七〕日、関東凶徒等、武州狩野川（神奈川）之城に没落す、官軍勝に乗り攻め懸る、大王（宗良親王）以下は常州〔上〕・信州の堺臼井塔（碓氷峠）下まで已に出御候て、諸方の大軍雲霞の如し、雌雄を決すべきの条踵《きびす》を廻らさざるの間、新田者共注進す、昨日酉刻到来す、則ち八幡に申し入れ了んぬ、先度大王より仰せ下さるの趣、悉く以て符合す、参差せざるの条、返々《かえすがえす》目出

畏み入るのほか他なく候、新田一族以下諸将、十五日上州を立ち、国中の与党残党を対治し、武州に打ち越え関東に及び発向の間、尊氏以下防禁に堪えずして逃げ落ち候と云々、新田武蔵守義宗は関東を警固せしめ大王を待ち奉る、義興義宗舎兄・義治脇屋以下の諸将は武州に立ち寄り、敵陣を平ぐべしと云々、次いで奥州国司（北畠顕信）白川関に到着し、先懸勢は宇津宮を相い伴いて一方発向す、葉賀兵衛入道已に討ち取るの由、同じく此の注進に載せ候、旁以《かたがたも》て信州御廃意（発意）に違わず申計りなく存じ候、次いで江州凶徒引き退き、已に没落の企てに及び候と云々、その謂候や、只今あまり取り乱し候の間、筆に任せ候、重ねてまた申入るべく候、恐惶謹言、

三月五日　　　　　覚誉

園殿

新田一族は、閏二月十五日に上州にて蜂起し、上野・武蔵に攻め入り、関東（鎌倉）に攻撃をかけた。尊氏は鎌倉から逃げおちた。鎌倉に入った新田勢のうち、義宗だけが鎌倉に残り「大王」（宗良親王）を迎える準備をし、義興と義治（脇屋義助子息）は武蔵に発ち、尊氏と戦った。また奥州国司（北畠顕信）が白川（白河）関を越えて宇都宮に入り、波賀（芳賀）兵衛入道（禅可）を討ち取った（ただ芳賀禅可は死去していないので屈服したということであろう）。

しかも、こうした新田・北畠らの動きを覚誉は「信州御発意に違わず」申し述べる、という。信州御発意とは宗良親王の意向と解釈できるから、これらの動きは宗良親王にかなったものであろう。ま

た新田義宗らは、宗良を「大王」と称し、鎌倉に迎えようとしている。将軍となっていた宗良を鎌倉府の主人公とし、その政権を新田一族で固めようとするものである。これは後醍醐の鎌倉府構想（成良親王―直義）に通じるものであり、九州で実現している政治形態（懐良《かねよし》親王―菊池一族）にも見られる。

義興・義宗の行動は、宗良親王を中心とする東国政権樹立を目指すものであり、これは越前にて恒良・尊良を奉じた義貞が構想していたのと同じ方向であろう。

武蔵野合戦敗北後の衰退

鎌倉から逃げのびた足利尊氏軍と、これを追った新田義興軍は、閏二月下旬、武蔵野の人見原（東京都府中市）・金井原（同小金井市）・小手指原（埼玉県所沢市）で戦った。この合戦には宗良親王軍も参加しており、その時に作られた歌も残っている（『李花集』）。

合戦は足利方の優勢で、新田勢は越後（妻有）に落ちのびた。宗良も越後に入り、そこでは宗良を支える義宗勢力の動きがしばらくの間展開していた。三浦和田一族の羽黒義成・景茂は尊氏に任命された越後守護宇都宮氏綱に率いられていたが、文和二年（一三五三）に兵を挙げ、阿賀野河→河内城（村松町か）→小国城（岩室村か）→新堀宿（分水町か）と転戦し、十一月六日には「古志郡乙面の陣」に馳せつき、「一品宮《みや》（宗良親王）・新田武州（義宗）・脇屋金吾（義治）以下」を没落させ、同十三日には蔵王堂（長岡市）に入った（三浦和田羽黒氏文書）。宗良親王・新田義宗・脇屋義治は乙面（出雲崎町）に陣を構えていたのである。

翌年（文和三）には宗良親王・新田義宗らは「魚沼一族」（魚沼地方の新田系大井田氏）を率いて、宇都宮方（尊氏方の）宇賀地城（魚沼市）を攻撃した。また文和四年四月には青海荘《おうみ》・志都乃岐荘《しとのき》など中越で宇都宮氏綱らと戦ったが、大規模な軍事行動はこれ以降見られなくなった。文和・延文年間（一三五〇年代）、守護宇都宮氏綱の権勢が越後では強化されて、守護所（国府）にも守護代芳賀氏が入部した。越後新田勢は政治的に力を失ったのであるが（義宗の活動はその後も見えるが、応安元年死去）、関東にあった義興も延文三年（一三五八）十月十日足利基氏側の策にかかり武蔵矢口渡にて自害した。こうして、義貞の政治路線を継承した義興・義宗は一三五〇年代末には没落した。ここに政治史としての新田義貞は終わりを告げたのである。

義興の発給文書　正平七年閏二月、新田義興は上野国に挙兵したことは前述したが、その際には長楽寺に向けて次のような文書を発給した。

禁制

　世良田長楽寺

右、於当寺軍勢幷甲乙人等、不可致乱入狼藉、若違犯者可処罰科之状如件、

　正平七年潤二月十五日　（新田義興）（花押）

〔読み下し〕

禁制

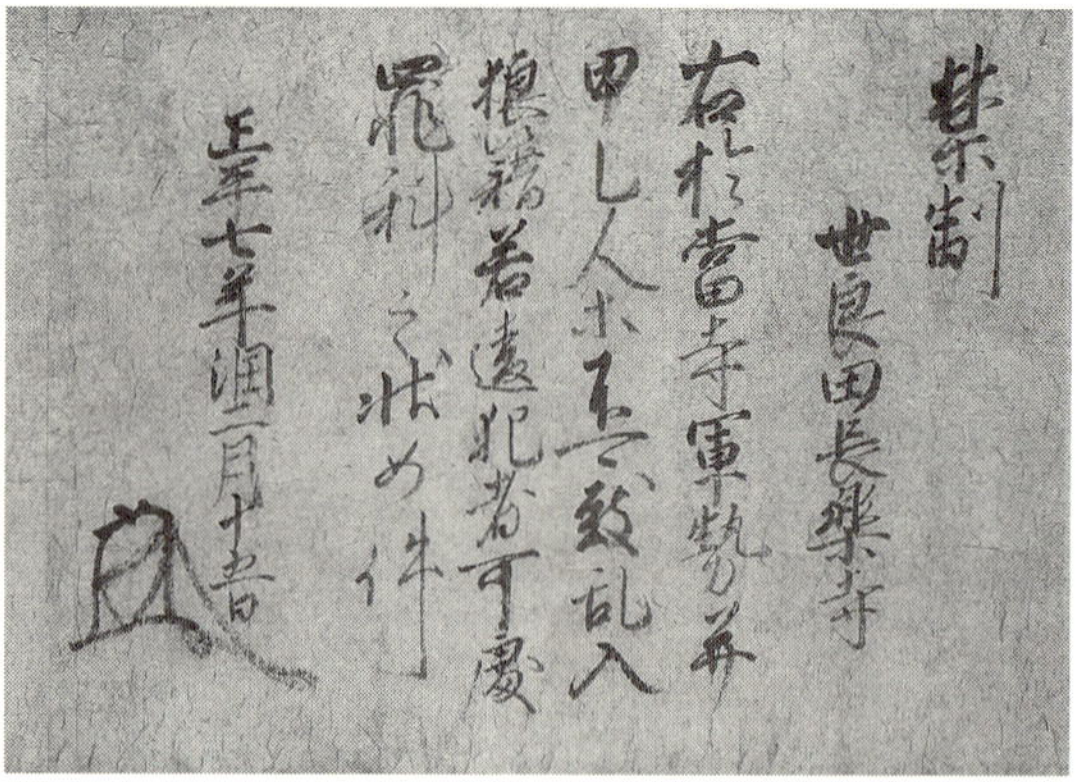

「新田義興禁制」（長楽寺文書）

世良田長楽寺
右、当寺に於いて軍勢幷びに甲乙人等、乱入狼藉を致すべからず、もし違犯せば罪科に処すべきの状くだんの如し、

長楽寺への自軍の乱入狼藉を禁じた文書であるが、発給者は奥に花押をすえる新田義興である（その花押は大ぶりである）。この文書発給は、足利尊氏・室町幕府の意向に沿う方向に改編されている長楽寺を、新田氏側に取りもどそうとして出されたと考えられる。義興は義貞・義顕死去の後において、新田本宗家筋の当主（惣領）にあたる人物であり、その立場から発した文書であろう。

新田義興の、この時の挙兵に従った者には高麗行高（高麗氏系図）・蘆那《あしな》直弘（佐野本系図）などが伝えられるが、尾張の水野平太致秋もその一人であった。「水野文書」（東大史料編纂所写真帳）には中世文書十六点と水野系図が収められているが、新田義興発給文書も四通ある。足利尊氏と直義との対立・合戦では、水野家では平七致国が尊氏方に、平太致秋（致顕とも）が直義方となり、直義死去後に致秋は新田義興に与同したのである。

「水野文書」のうち、義興の発給は次のとおりである。(1)正平七年正月二十四日水野平太宛新田義興書下、(2)正平七年閏二月二十三日新田義興書下（宛所欠）、(3)正平七年三月三日水野平太致秋軍忠状に「一見了（花押）」の証判、(4)正平七年六月十三日水野平太宛新田義興書下。義興の署判のしかたは、(1)・(4)が源朝臣（花押）、(2)が花押のみであり、いずれも書き下し年号の一行奥にすえられている。本文の書き止め文言はいずれも「…状如件」であり、様式から見ると、足利尊氏の奥判御教書に近い。

内容的に見ると、(1)は水野平太に武蔵国足立郡内花俣郷を宛行っているが、時期としては水野平太が足利直義から離れた頃である。実態としては所領宛行の約束であろう。(2)は宛所を欠くが（恐らくは水野致秋）、「御方に馳じた」ことに対する感状である。(3)はその水野致秋が去月（閏二月）十九日以来の軍忠を申請したのに与えた証判である。

(4)については貴重なので本文を紹介する。

左衛門尉所望事、所挙申　公家也、可存其旨之状如件、

正平七年六月十三日　　源朝臣（新田義興）（花押）

水野平太殿

（水野文書）

〔読み下し〕

左衛門尉所望の事、公家に挙げ申すところなり、其の旨を存ずべきの状くだんの如し、

水野平太が「左衛門尉」の官途を求めてきたのに、それを「公家（南朝）」に推挙したことを水野に知らせたのである。この時期の東国武士が熱心に官途を求めていることは、常陸小田城にいた時期の北畠親房書状に見ることができるし、親房もそれを南朝に推挙していた。新田義興も、それにならったのであろうか、官途推挙をしているのである。

新田義興は、延元二年（一三三七）十二月に義良親王を奉じて西上する北畠親房・顕家父子に同道しており、北畠父子から受けた影響があろう。官途推挙を通じて軍勢の心（名誉を望む）をつかみ、軍事編成する。これは所領安堵とともに有効な方策であったと思われる。しかも(4)が発給されたのは正平七年六月十三日であり、閏二〜三月の武蔵野合戦に敗れて、三カ月も後のことである。この時期、下野国東部では南朝方と足利勢の対立が続いていた（西明寺城では同十月まで軍事緊張が見られる）。新田義興も、どこに入り込んでいたか不明であるが、水野致秋との関係を維持しているのである。官途推挙は、義興が南朝と在地武士との間に立つ者としての行為であり、南朝の権威をあおいだものといえよう。

おわりに――歴史としての義貞

新田義貞は、時代を超えた人物としてでなく、歴史のなかで位置づけることが必要であろう。「歴史としての新田義貞」が求められるところであり、本書では当時の新田一族のあり方を解明し、また義貞の行動も政治情勢のなかにおいて理解するよう、努力したつもりである。

挙兵し、鎌倉を攻め落とす

元弘三年（一三三三）の内乱勃発により、全国の武士は政治上の表舞台に引き出された。東国には鎌倉御家人の伝統を引く武士が蟠踞していており、北条高時の政治支配が新たな矛盾を蓄積させていたが、これを内乱状況に飛躍させたのが新田義貞であった。結城宗広などにもその可能性があったが、義貞は内乱状況を現出し、鎌倉を攻め滅ぼした。このことは、『神皇正統記』・『太平記』・『梅松論』の諸書がみな認めるところである。

鎌倉・北条政権を滅ぼす者が、なぜ新田義貞でなければならなかったのか。京都・六波羅を倒したのは足利尊氏である。尊氏の挙兵が後醍醐天皇の勅命をうけてのものであったことは確かである。義貞も護良親王の令旨（綸旨様式）をうけていたことはほぼ確実である。ただ尊氏にしても、義貞にしても、挙兵の契機は天皇・親王の命令だけなのか。尊氏・義貞の側にも固有の契機があったはずである。本書では、義貞にそくしては、長楽寺をめぐり新田氏と北条高時との間に政治的緊張が高まっていたことを詳しく述べた（第二章）。また義貞挙兵の理由を鎌倉北条政権との政治的対立と護良親王令旨に求めたのである。

足利・新田は源義国から分かれた同族であり、尊氏・義貞間に挙兵計画になんらかの連携があったのか。義貞の挙兵日が正確にはわからないが、両者の挙兵日は近接している。挙兵前の尊氏が新田一族の岩松経家に挙兵計画を知らせていたことはほぼ確かなことである（第三章）。ただ新田一族に尊氏から連絡があっても、義貞にも連絡があったとは考えにくい。当時の新田一族では岩松氏こそが新田一族を代表する存在であり、しかも岩松氏はもともと足利氏の血筋でもある。尊氏は岩松経家にこそ挙兵計画を知らせたと考えられる。

では義貞は尊氏の挙兵計画を知らなかったかと言えば、おそらく感づいていたであろう。一族の岩松の動きから感じ取っていたであろう。しかも義貞も護良親王令旨を得ている。それと北条高時使者が新田荘に五月八日か、その直後には入部する。こうした状況のなかで義貞は、北条氏打倒に挙兵したのであり、その後のことまでを見通してのこととは思えない。

鎌倉攻略成功の理由

義貞の鎌倉攻めは成功が約束されていたわけではない。ある意味では無謀である。それが成功したのにはいくつかの原因が考えられる。義貞以外にも足利千寿王勢や千葉貞胤の挙兵があった。あるいは他にあったかもしれない。これらの諸軍が連携していたとは考えにくいが、北条軍に与同する動きは見つけるのがむずかしい。むしろ北条方から義貞側へ移る者が見られる（『太平記』はこのことをテーマとする叙述を適所に織り込んでいる）。また実際にはもっとも多かったと思われる状況観察型の武士が、状況変化のなかで新田方に参加したことである。そうした意味では、武蔵府中分倍河原の合戦の勝敗が大きな影響をあたえた。武蔵府中は鎌倉外延部における北条得宗権力の政治的拠点であっただけに、ここで勝利した義貞は一挙に鎌倉を攻めるところとなった。鎌倉そのものの攻撃では極楽寺方面・稲村崎突破（五月十八日）による鎌倉市中突入が重要であったが、そのなかでも霊山寺城攻略（同二十一日）が決定的役割をはたし、北条一族滅亡に追い込んだ（同二十二日）。鎌倉市中戦となり、結城宗広らが新田方に加わった。義貞は武蔵府中から境川沿いに南下し、鎌倉を西側から攻めた。これは鎌倉、そして北条軍の配置を熟知していたからであろう。鎌倉攻めのポイントをおさえている、と思う。

鎌倉攻略の後、上洛まで、義貞はどう動いたのか。鎌倉に、関東武士を束ねる組織をつくる意図があったとは、思いにくい。軍忠状に証判を与えることには熱心であり、これは武士大将の名誉ある行為ではある。ただ政治組織形成には、前政権（北条氏）の鎮魂、鎌倉寺社の統率などに関係する動きがなければなるまいが、それが見られない。鎌倉の東方面では（三浦など）七月でも戦闘が見られるので、義貞にしてはそれどころではなかったのかもしれない。また中央からの指示を待っていたとも思われる（鎌倉攻略を知らせる使者は直後に送っている）。

中央政界での動き

上洛した義貞は、建武政権の武者所を率いる一人となったが、この方面での活動は目立つところなく、上野・越後・播磨の国司としての国務にかかわる仕事を残している。ただ北条時行の乱（建武二年七月）を鎮圧した足利尊氏を追討するにあたって、後醍醐天皇が新田義貞を起用する。これ以降の義貞は足利討伐の先頭に立つわけであるが、その動きははかばかしいとは言えない。鎌倉で反旗を翻した尊氏に対しては、箱根以東まで攻め込むことこそ意図されなければならないが、東海道筋から攻めた義貞らの軍は箱根西側でくい止められてしまった。これでは、東山道からの軍と合流することはできない。遠征軍は全体として連携がとれていない、と見える。皇族・貴族も加わった遠征軍を、義貞は全体の指揮に苦慮していたのかもしれない。義貞には、合戦は鎌倉以来の武家の仕事であるとの観念があるようで、武士主従の恩愛には身につけたものがうかがえる（天竜川の橋の逸話）。

こうしたことは湊川合戦でも、比叡山周辺・洛北の合戦でも、見える。湊川（建武三年五月）では楠木正成に気兼ねして連携を失い、洛北では鞍馬寺衆徒を軍勢催促しつつ忌避させている。畿内には寺社系武者勢が力をもっていたが、義貞はこの勢力を自軍に軍事力に編成しているようには見えない（同じ戦場で戦うことはあっても）。義貞は、畿内寺社に対して所領寄進が極めてすくなく、友好関係を築いてはいない。合戦に対する伝統的観念にわざわいされている。

北国政治圏を構想する

義貞は、中央の後醍醐政権を、地域に根を張って支えることを意図していたと見える。尊氏が九州方面に西走したとき（建武三年三月）、播磨に出張した義貞は赤松氏の拠る摩耶城攻めに一月を費やしたが、これも播磨に地域支配を樹立しようとしたとも見える。また建武三年十一月に恒良・尊良を奉じて越前に下向してからは越前に地域支配権を形成し、越後さらに関東まで結ぶ政治圏を構想していた。しかも越前では、杣山〜越前国府〜三国湊の交通路沿いに形成されつつあり、越後との連携も実を結びつつあった。

これは奥羽の義良親王・北畠顕家、九州の懐良・菊池氏が実現した政治方式であり、後醍醐天皇の国家構想であったが、義貞もこの方向での地域政治をめざしていた。義貞子息の義顕・義宗の政治規範も同じ方向にあったが、結局は天皇家を一元化する方向の足利尊氏・直義に敗れ去った。こうした意味でも、義貞は南北朝内乱の政治過程を推進した存在であった。

参考文献（発行年は西暦に統一した）

全体にわたるもの

〔史料〕

『大日本史料第六編一〜五』（東京帝国大学編、一九〇一〜〇六年）

『新田義貞公根本史料』（群馬県教育会編、一九四二年）

千々和実氏が編さん。新田義貞と新田一族の事蹟を編年にし、関係史料を網羅する。

『群馬県史資料編中世1、2』（群馬県、一九七八年、一九八四年）

『中世1』には長楽寺文書、正木文書をおさめる。

〔著書〕

和島芳男『建武中興と新田義貞公』（桜雲閣、一九三七年）

新田義貞の動きを史料にもとづいて体系的に叙述する。

藤田精一『新田氏研究』（雄山閣、一九三八年）

和島氏の著書とともに戦前の研究を代表する著作。合戦場所、地形などを関係資料を博捜して叙述する。

佐藤進一『日本の歴史9　南北朝の動乱』（中央公論社、一九六五年）

南北朝内乱の政治史を通史として叙述する。現在でも高い水準にある。

『新田町史第4巻　新田荘と新田氏』（新田町、一九八四年）

『群馬県史通史編　3中世』（群馬県、一九八九年）

『太田市史通史編　中世』（太田市、一九九七年）
峰岸純夫『新田義貞』（吉川弘文館、二〇〇五年）
〔論文〕
伊禮正雄「新田義貞論」（石井進編『中世の法と政治』所収、吉川弘文館、一九九二年）
飯倉晴武「新田義貞論」（同『日本中世の政治と史料』所収、吉川弘文館、二〇〇三年）

第一章・第二章

小此木輝之『中世寺院と関東武士』とくに第二章第五節「新田氏と真言宗寺院の展開」・第三章第一節「臨済宗五山派と長楽寺」、青史出版、二〇〇二年
尾島町教育委員会『長楽寺遺跡』（一九七八年）
須藤聡「北関東の武士団」（『古代文化』五四巻六号、二〇〇二年）
田中大貴「『得宗専制』と東国御家人」（『地方史研究』一九四号、二〇〇一年）
豊田武『豊田武著作集第七巻』第一編四「挙兵前の新田庄」、五「新田義貞はなぜ挙兵したか」、一九八三年
山本世紀『上野国における禅仏教の流入と展開』第一章「臨済禅の中世的展開」、刀水書房、二〇〇三年
山本隆志「鎌倉後期における地方門前宿市の発展」（歴史・人類一七号、一九八九年）
山本隆志「東国武士の基盤Ⅰ」（阿部猛編『人物でかたる日本荘園史』、東京堂出版、一九九〇年）
山本隆志「辺境における在地領主の成立」（『鎌倉遺文研究』一〇号、二〇〇二年）

第三章

潮来町史編纂委員会『潮来町史』、一九九六年

大多和晃紀『新田義貞の鎌倉攻めと徳蔵寺元弘の板碑』（東村山市教育委員会・徳蔵寺板碑保存会、一九八三年）
徳蔵寺元弘板碑に関する資料を網羅的に集めている。
岡陽一郎「中世鎌倉の海・浜・港」（『列島の文化史』一一号、一九九八年）
鎌倉市教育委員会『五合桝遺跡（仏法寺跡）発掘調査の概要』、二〇〇三年
佐藤進一『鎌倉幕府守護制度の研究』、東京大学出版会、一九七一年
白河市『白河市史通史編中世』、白河市、二〇〇四年
千々和到『板碑とその時代』、平凡社、一九八八年
千々和到「入間市円照寺の板碑の「履歴書」」（『國學院大学大学院紀要（文学研究科）』第三五輯、二〇〇四年）
峰岸純夫「元弘三年、上野国新田庄における二つの倒幕蜂起」（『日本中世政治社会の研究』、続群書類従完成会、一九九四年）

第四章

佐藤博信『続東国の支配構造』第二部第一章「上杉氏家臣紀五氏について」、思文閣出版、一九九六年

第五章

飯倉晴武「建武政権期の所領安堵文書の変遷」（同『日本中世の政治と史料』所収）
池上裕子・伊東和彦・榑林一美「竹之下の合戦」（『小山町史原始古代中世通史』第一一章）、一九九六年
上島有『足利尊氏文書の総合的研究本文編』第一部第五章「初期の足利高氏発給文書について」、国書刊行会、二〇〇一年
遠藤巌「南北朝内乱のなかで」（小林・大石編『中世奥羽の世界』、東京大学出版会、一九七八年）

豊永聡美「後光厳天皇と音楽」（『日本歴史』五九七号、一九九八年）
村石正行「寺尾氏の遺した文書一通」（『信濃』六五六号、二〇〇四年）
森茂暁『南北朝期公武関係史の研究』第二章第二節「建武政権の構成と機能」、文献出版、一九八四年
山本隆志「南北朝内乱と西毛地域」（『高崎市史通史編中世』第一編Ⅱ）二〇〇〇年
山本隆志「南北朝内乱と守護上杉氏権力の定着」（『上越市史通史編中世』第一部第四章）、二〇〇四年
吉井功兒『建武政権期の国司と守護』第四章「建武政権期の足利勢力と新田勢力」、近代文芸社、一九九三年

第六章

豊田武『豊田武著作集第七巻』第一編六「湊川合戦の一史料」
本郷和人「新田義貞麾下の一部将と室町幕府のある右筆について」（『東京大学史料編纂所紀要』八号、一九九八年）
曽根研三『伊和神社史の研究』（非売品、一九三九年）

第七章

新井孝重「悪党と宮たち」（『日本の時代史10　南北朝の動乱』吉川弘文館、二〇〇三年）
福井県教育委員会『福井県の中・近世城館跡』、一九八七年
山本隆志「南北朝内乱と飛山城」（『芳賀町史通史編原始古代中世』第二部第一章第三節）、二〇〇三年
森茂暁『皇子たちの南北朝』、中央公論社、一九八八年

あとがき

六月中旬の暑い日、福井県春江町長崎にある称念寺の新田義貞廟所を訪れた。ＪＲ北陸線春江駅から約四キロほど歩いた。広がる水田の所々では枯れた稲株を焼いていた。水田地帯のなかに称念寺の木立があり、その一角に、廟は静かに、威容を誇るように、立っていた。

考えてみれば、義貞は元弘三年五月、北条高時打倒に上野国新田で挙兵して以来、一度も本国に還ることなく、越前のこの地にて、不慮の戦死を遂げた。義貞をはじめ、当時の武士には本国という意識はどのくらいあったか不明だが、越前はやはり本国とは気候・風土が違う。でも、義貞はここに根を張り、ここから都を支えようとした、と思われる。建武三年（一三三六）十月に下向して翌々年閏七月に死去するまで、約二年、越前にて地域政治圏樹立を模索していた。上洛の機会がありながらも、それを見送っているのは、京都政界が肌に合わなかったこともあろうが、越前での基盤形成を意図していたと見られる。それだけに、燈明寺畷での戦死は残念であったろう。本書では、義貞をできるだけ政治情勢のなかで理解するようにつとめ、義貞の位置どりを明らかにするつもりであった。史料の関係から不分明なところが多いが、当時の武士（在地領主）の政治史として扱おうとした。この姿勢は全体を貫いてはいないが、できるだけ努力した。うまくいったか、読者の判断に委ねるほかない。

私は荘園制を研究しているが、最近は武士の政治文化的支配にも関心をむけている。武士の政治史に取り組もうと思っているが、本書第一章はそうした問題視角にも基づいている。

本書は、昨年秋から書き始め、今年の五月連休明けには原稿はほぼ完成した。準備はだいぶ前からしていたが、思った以上に時間を要した。軍忠状などの一次史料をできるだけ優先し、『太平記』とは距離を取ろうとした。鎌倉攻めを書き終えるまでが長かったが、義貞と越前の関係を考えるのは楽しい作業であった。その間、授業でも解説したが、聞いてくれた学生諸君に感謝したい。

最後に、画像・文書など写真掲載を許可してくれた所蔵者・諸機関、それと称念寺に同道いただいたミネルヴァ書房編集部田引勝二さんに感謝します。

二〇〇五年八月一日　初校に際して

山本隆志

新田義貞略年譜

和暦	西暦	齢	関係事項	一般事項
正安 二	一三〇〇	1	この頃、新田義貞生まれる（以下義貞）。	
文保 二	一三一八	19	10・6義貞は新田庄八木沼郷内在家などを由良孫三郎景長妻紀氏に売却する。	
元亨 四	一三二四	25	7・28義貞は新田庄浜田郷在家などを小此木彦次郎盛光妻紀氏に売却する	
正中 元				
元弘 三	一三三三	34	1〜3月義貞、鎌倉幕府の千剣破城攻めに参加する。3・11後醍醐天皇、義貞に北条高時討伐を命ずるという。5・8この頃義貞は一族とともに挙兵する。5・11義貞は武蔵小手指河原にて北条軍と戦う。5・12世良田満義は足利千手王とともに世良田にて挙兵する。5・15〜16義貞は武蔵府中分倍河原にて北条軍と戦う。5・17新田軍は相模世野原にて北条軍と戦う。5・18新田軍は相模村岡・片瀬浜にて北条軍と戦う。大館宗氏は稲村崎にて戦死する。新田	5・7足利高氏は六波羅を攻略する。
元徳 二				

軍は鎌倉前浜一向堂前・鳥居前にて北条軍と戦う。5・19新田軍は極楽寺坂、長勝寺前にて北条軍と戦う。5・20新田軍は極楽寺霊山寺、小袋坂にて北条軍と戦う。5・21新田軍は極楽寺霊山寺、鎌倉市中各所にて北条軍と戦う。5・22新田軍は鎌倉葛西谷にて北条軍を破る（北条高時ら自害する）。6・7義貞は市河経助・同家泰の着到状に証判を与える。6・14義貞は市村王石丸代後藤信明・税所久幹の着到状に証判を与える。6月義貞は塙政茂言上状に証判を与える。6月大館幸氏は大塚員成言上状に証判を与える。7・19岩松経家は綸旨にて飛騨国守護職・所領十カ所を与えられる。8月この頃義貞ら上洛する。8・5除目あり、義貞は越後・上野・播磨国司（やがて治部大輔）、脇谷義助は駿河国司となる。8月岩松経政は熊谷直経言上状に証判を与える。8月岩松経家は布施資平言上状に証判を与える。10月武者所に新田一族が参加。10月大館氏明は石川義光言上状に証判を与える。10月大館氏明は大河戸隆行言上状に証判を与える。11・3義貞、播磨三方西を大徳寺に寄進。12・5義貞は須和部円教らに国宣

6・13護良親王入京し、征夷大将軍に任ぜらる。

10・20北畠顕家、成良親王を奉じて陸奥に赴く。10月記録書を復活し、雑訴決断所・武者所を置く。

12・1護良親王が南禅寺に詣ず

			で越後佐味庄内所領を安堵する。義貞は伊達貞綱に国宣で上野公田郷を安堵する。12・10義貞は和田茂長女子に国宣で越後奥山庄内所領を安堵する。12・14義貞は国宣で、色部長倫と同長高に越後小泉庄内所領を安堵する。12・16義貞は和田光業に国宣で上野国上野上郷などを安堵する。12月大館氏明は天野経顕言上状に証判を与える	る。12・14足利直義は成良親王を奉じて鎌倉に府を構える。
元弘四 建武元	一三三四	35	正月鎌倉に廂番がおかれ、岩松経家が加わる。2・5義貞は和田茂実に奥山庄内所領を国宣で安堵する。新田義顕従五位下（越後守ヵ）。2・14義貞は国宣で、和田茂泰後家と和田義成に奥山庄内所領を安堵する。3・18義貞は佐々木左衛門女子尼に加地庄内所領を安堵する。3・19義貞は小林重政に上野国大塚郷などを国宣で安堵する。陸奥国宣が出され、岩松経家代寂心の訴えを認め、同千倉庄への軍勢発向を促す。3・24雑所決断所は越前守護堀口貞義に円覚寺領山本庄での押領を停止させる。4・3義貞は国宣で播磨称名寺に寺領安堵する。4・9出羽屋代庄を楠木正成に交付するよう命ずる綸旨が岩松経家に出される。6・7これより前、護良親王・新田義	

年号	西暦	年齢	事項	一般事項
			貞・楠木正成ら足利尊氏と合戦に及ばんとした、という。6・10義貞は長楽寺住持に了愚上人を任命する。6・19長楽寺了愚上人に大胡郷内野中村が寄進する国宣が出された。9・24義貞は国宣で播磨松原八幡社検校に所領安堵する。12・21尼妙蓮は岩松直国に新田庄成塚郷などを譲る。	7・20足利尊氏、笙始。9・9洞院公賢の内大臣を罷免。10・22護良親王が拘禁される。
建武 二	一三三五	36	6月里見義俊は播磨国府中にて落命する。7月北条時行ら信濃に蜂起し、鎌倉を攻める。岩松経家ら上野国鏑川にて防戦するも、戦死する。8・26堀口貞政は凶徒鎮圧の発向を越後村山弥二郎に命ずる。11・9岩松経家代に武蔵国所領四所が足利方より交付される。11・18義貞追討を求める足利尊氏奏状が京都に届く。義貞はこれに反駁し、尊氏追討を要請する。11・19尊氏追討のため尊良親王・義貞らの遠征軍が京都を発つ。11・25新田軍は三河矢作で足利直義軍を破る。12・11～13新田軍は伊豆竹下・藍沢・佐野・国府にて足利軍と戦い、敗れる。山名時氏は足利方の「日の大将」として参加する。12・14新田義貞らは天竜川を渡り、西上する（やがて上洛）。	8・2足利尊氏は北条時行追討に発ち、やがて鎌倉を回復する（8・19）。11・22尊氏・直義追討を命ずる綸旨が出される。12・8足利尊氏は鎌倉を発ち、箱根・伊豆に向かう。
建武 三	一三三六	37	正・10義貞らは淀にて細川・赤松との戦いに敗れ、	

延元 元			京都に退く。後醍醐天皇は東坂本・山門に行幸するに、義貞らが従う。正・16三条河原・粟田口・法勝寺・三井寺にて合戦あり。この頃、義貞が北国に赴くとの風聞あり。正・27〜30賀茂河原・神楽岡下・二条大宮・西七条で合戦あり。2・4北畠顕家は右衛門督検非違使別当を兼ねる。この頃義貞は左中将となる。2・8義貞（左中将）は播磨近江寺衆徒に摂津摩耶城攻めを命じる。2・8〜11新田軍は山崎・西宮などで足利軍と戦う。2・19義貞（左中将）は西走する尊氏の追討を周防吉川辰熊に命じる。3月義貞は播磨に出陣し、赤松城を攻める。3・27義貞（左中将）は播磨一宮での濫妨狼藉を禁じる。4・2義貞（左中将）は播磨一宮に神戸郷を寄進する。4・1〜17石見国御神本兼宗は新田軍に加わり、赤松城を攻める。4・8新田左馬助は三河に入る。5・8義貞（左中将）は四条隆資に書状を送り、播磨鵤庄堺の件で法隆寺雑掌の訴訟を善処するよう要望する。5・18脇谷義助らは備中福山にて足利軍と戦い、敗れる。5・25湊川合戦で、新田軍は敗れ京都に退く（楠木正成は戦死）。5・27後醍醐天皇は	2・2後醍醐天皇京都に還幸。2・15この頃尊氏は義貞追討に持明院院旨を獲得する。4・3尊氏は義貞追討を名分に九州を発ち、上洛に向かう。

延元 二
建武 四

一三三七

38

東坂本・山門に行幸するに、義貞らは従う。6・9足利直義は東坂本を攻める岩松直国に西坂本に廻るよう指示する。6・23義貞（左中将）は鞍馬寺衆徒を軍勢参加を求める。6・19〜24岩松頼宥は山城南部竹田にて新田軍と戦う。6・30三条大宮合戦で、足利方山名時氏は大将として活躍する。7・5大津合戦。この頃義貞は東国に向かうとの風聞あり。10・14義貞ら敦賀に到着する。11・12義貞（右衛門佐）は恒良綸旨に副えて結城宗広に馳参を求める書下を出す。

正・18高師泰ら金ヶ崎大手木戸口を攻める。2・12新田軍は城中より打ち出て足利軍と戦う。2・16脇谷義助・瓜生保が金ヶ崎を後責めする。2・21越後南保重貞は義貞に注進状を出す（3・13に義貞受領）。3・2〜6足利軍は金ヶ崎大手木戸口を総攻撃する（3・6寅卯刻落城）。尊良親王自害し、恒良親王は足利方に渡される。3・14義貞（源・花押）は越後の南部重貞に守護代佐々木忠枝と合力するよう命じる。4・16足利方の高梨経頼は越後頸城郡に出陣する。8・20この頃、上杉憲顕は下野小山

10・10後醍醐天皇、京都に還幸する。義貞らは、恒良・尊良親王を奉じて越前下向。

12・21後醍醐天皇は吉野に潜幸する。

12・23足利直義は島津頼久らに敦賀攻撃を命じる。

正・1諏方部信恵は金ヶ崎に発向する。

年号	西暦	年齢	事項	一般事項
			で北畠顕家軍と戦い、これを破る。12・24新田義興は北畠顕家軍に加わり、鎌倉を攻略する。	
延元三 建武五 暦応元	一三三八	39	正月北畠軍（新田義興）と足利軍は美濃にて合戦する。3・13八幡・男山で合戦あり、新田義興も参加。3・16天王寺・阿部野合戦に新田西野修理亮が参加する。5・22和泉堺の合戦に新田綿内が参加する。7・11八幡・男山の南朝軍は陥落する。閏7・2義貞は越前藤島にて戦死する（三十九歳という）。閏7・26義良親王・北畠顕信・同親房らは伊勢より東国に向かうに、新田義興も従うという。	5・22和泉界にて北畠顕家戦死する。
延元四 暦応二	一三三九		3～4月足利方得江頼員は新田方と経峯城・鳥羽城・西方城・伊部丘城などで戦う。5・3足利直義は石橋和義らに金ヶ崎城を攻撃させる。7・5新田左馬助義氏は石見市山城を攻める。	8・16後醍醐天皇没。
延元五 興国元 暦応三	一三四〇		8～9月足利方得江頼員らは新田方の越前府中城・畑城・黒丸城などを攻略する。6・27新田義宗は南部重貞に越後奥山庄内黒川条を安堵する。	
興国二 暦応四	一三四一		5月新田義興は常陸にて活動する。	
興国三	一三四二		2・12新田左馬助義氏は安芸小石見城で足利方と戦	

暦応 五 康永 元			い、降参する。6・5脇谷義助死去（四二歳）。
正平 七 観応 三 文和 元	一三五二		閏2・18新田義宗・義興らは鎌倉を攻略し、宗義親王を迎えんとする。閏2月下旬新田義宗・義興らは足利尊氏軍と武蔵人見原・金井原などで戦い、敗れる。
正平 八 文和 二	一三五三		11・6越後古志郡にて宗義親王・新田義宗・脇谷義治は宇都宮氏綱軍と戦う。
正平 九 文和 三	一三五四		9・23宗義親王・新田義宗・脇谷義治は魚沼一族を率いて宇都宮氏綱軍と戦う。
延文 三 正平十三	一三五八		10・10新田義興死去。

西田幾多郎　大橋良介
喜田貞吉　中村生雄
上田　敏　及川　茂
柳田国男　鶴見太郎
厨川白村　張　競
九鬼周造　粕谷一希
辰野　隆　金沢公子
矢内原忠雄　等松春夫
薩摩治郎八　小林　茂
シュタイン　瀧井一博
福澤諭吉　平山　洋
福地桜痴　山田俊治
中江兆民　田島正樹
田口卯吉　鈴木栄樹
陸　羯南　松田宏一郎
竹越與三郎　西田　毅
宮武外骨　山口昌男
吉野作造　田澤晴子
野間清治　佐藤卓己

杉　亨二　速水　融
北里柴三郎　福田眞人
田辺朔郎　秋元せき
南方熊楠　飯倉照平
寺田寅彦　金森　修
石原　純　金子　務
J・コンドル　鈴木博之
小川治兵衛　尼崎博正

現代

昭和天皇　御厨　貴
高松宮宣仁親王　後藤致人
吉田　茂　中西　寛
マッカーサー　柴山　太
重光　葵　武田知己
池田勇人　中村隆英

和田博雄　庄司俊作
朴正熙　木村　幹
竹下　登　真渕　勝
*松永安左エ門　橘川武郎
鮎川義介　井口治夫
松下幸之助　米倉誠一郎
渋沢敬三　井上　潤
本田宗一郎　伊丹敬之
井深　大　武田　徹
幸田家の人々　金井景子
*正宗白鳥　大嶋　仁
*川端康成　大久保喬樹
松本清張　杉原志啓
安部公房　成田龍一
R・H・ブライス　菅原克也

金素雲　林　容澤
柳　宗悦　熊倉功夫
バーナード・リーチ　鈴木禎宏
イサム・ノグチ　酒井忠康
川端龍子　岡部昌幸
藤田嗣治　林　洋子
*井上有一　海上雅臣
手塚治虫　竹内オサム
山田耕筰　後藤暢子
武満　徹　船山　隆
力道山　岡村正史
美空ひばり　朝倉喬司
植村直巳　湯川　豊
西田天香　宮田昌明
安倍能成　中根隆行
G・サンソム　牧野陽子

和辻哲郎　小坂国継
青木正児　井波律子
矢代幸雄　稲賀繁美
石田幹之助　岡本さえ
平泉　澄　若井敏明
前嶋信次　杉田英明
竹山道雄　平川祐弘
保田與重郎　谷崎昭男
佐々木惣一　松尾尊兊
*瀧川幸辰　伊藤孝夫
福本和夫　伊藤　晃
フランク=ロイド・ライト　大久保美春
大宅壮一　有馬　学
清水幾太郎　竹内　洋

*は既刊
二〇〇五年十月現在

和宮　辻ミチ子

近代

明治天皇　伊藤之雄
大正天皇　フレッド・ディキンソン
大久保利通　三谷太一郎
山県有朋　鳥海　靖
木戸孝允　落合弘樹
井上　馨　高橋秀直
＊松方正義　室山義正
北垣国道　小林丈広
大隈重信　五百旗頭薫
伊藤博文　坂本一登
井上　毅　大石　眞
桂　太郎　小林道彦
林　董　君塚直隆
高宗・閔妃　木村　幹
山本権兵衛　室山義正
高橋是清　鈴木俊夫
小村寿太郎　簑原俊洋

犬養　毅　小林惟司
加藤高明　櫻井良樹
田中義一　黒沢文貴
平沼騏一郎　堀田慎一郎
宮崎滔天　榎本泰子
浜口雄幸　川田　稔
幣原喜重郎　西田敏宏
関　一　玉井金五
広田弘毅　井上寿一
安重根　上垣外憲一
グルー　廣部　泉
東條英機　牛村　圭
蔣介石　劉　岸偉
木戸幸一　波多野澄雄
＊乃木希典　佐々木英昭
加藤友三郎・寛治　麻田貞雄
宇垣一成　北岡伸一
石原莞爾　山室信一
五代友厚　田付茉莉子
安田善次郎　由井常彦

渋沢栄一　武田晴人
山辺丈夫　宮本又郎
武藤山治　阿部武司・桑原哲也
小林一三　橋爪紳也
大倉恒吉　石川健次郎
大原孫三郎　猪木武徳
河竹黙阿弥　今尾哲也
イザベラ・バード　加納孝代
林　忠正　木々康子
森　鷗外　小堀桂一郎
二葉亭四迷　ヨコタ村上孝之
巌谷小波　千葉信胤
樋口一葉　佐伯順子
島崎藤村　十川信介
泉　鏡花　東郷克美
有島武郎　亀井俊介
永井荷風　川本三郎
北原白秋　平石典子
菊池　寛　山本芳明

宮澤賢治　千葉一幹
正岡子規　夏石番矢
P・クローデル　内藤　高
高浜虚子　坪内稔典
与謝野晶子　佐伯順子
種田山頭火　村上　護
斎藤茂吉　品田悦一
＊高村光太郎　湯原かの子
萩原朔太郎　エリス俊子
原阿佐緒　秋山佐和子
高橋由一・狩野芳崖　古田　亮
竹内栖鳳　北澤憲昭
黒田清輝　高階秀爾
中村不折　石川九楊
横山大観　高階秀爾
橋本関雪　西原大輔
小出楢重　芳賀　徹
土田麦僊　天野一夫

岸田劉生　北澤憲昭
松旭斎天勝　川添　裕
中山みき　鎌田東二
ニコライ　中村健之介
出口なお・王仁三郎　川村邦光
島地黙雷　阪本是丸
＊新島　襄　太田雄三
澤柳政太郎　新田義之
河口慧海　高山龍三
大谷光瑞　白須淨眞
李方子　小田部雄次
古賀謹一郎　小野寺龍太
久米邦武　高田誠二
フェノロサ　伊藤　豊
内村鑑三　新保祐司
＊岡倉天心　木下長宏
徳富蘇峰　杉原志啓
内藤湖南・桑原隲蔵　礪波　護
岩村　透　今橋映子

法然　今堀太逸
慈円　大隅和雄
明恵　西山　厚
親鸞　末木文美士
恵信尼・覚信尼　西口順子
道元　船岡　誠
叡尊　細川涼一
*忍性　松尾剛次
*日蓮　佐藤弘夫
一遍　蒲池勢至
夢窓疎石　田中博美
宗峰妙超　竹貫元勝

南北朝・室町

後醍醐天皇　上横手雅敬
護良親王　新井孝重
北畠親房　岡野友彦
楠正成　兵藤裕己
*新田義貞　山本隆志
足利尊氏　市沢　哲
佐々木道誉　下坂　守
円観・文観　田中貴子
足利義満　川嶋將生
足利義教　横井　清
大内義弘　平瀬直樹
日野富子　脇田晴子
世阿弥　西野春雄
雪舟等楊　河合正朝
雪村周継　赤澤英二
宗祇　鶴崎裕雄
*満済　森　茂暁
一休宗純　原田正俊

戦国・織豊

北条早雲　家永遵嗣
毛利元就　岸田裕之
*今川義元　小和田哲男
武田信玄　笹本正治
三好長慶　仁木　宏
上杉謙信　矢田俊文
吉田兼倶　西山　克
山科言継　松薗　斉
織田信長　三鬼清一郎
豊臣秀吉　藤井讓治
前田利家　東四柳史明
蒲生氏郷　藤田達生
伊達政宗　伊藤喜良
支倉常長　田中英道
北政所おね　田端泰子
淀殿　福田千鶴
ルイス・フロイス　エンゲルベルト・ヨリッセン
*長谷川等伯　宮島新一
顕如　神田千里

江戸

徳川家康　笠谷和比古
徳川吉宗　横田冬彦
後水尾天皇　久保貴子
光格天皇　藤田　覚
崇伝　杣田善雄
春日局　福田千鶴
池田光政　倉地克直
シャクシャイン　岩崎奈緒子
田沼意次　藤田　覚
末次平蔵　岡美穂子
林羅山　鈴木健一
中江藤樹　辻本雅史
山崎闇斎　澤井啓一
*北村季吟　島内景二
ケンペル　ボダルト・ベイリー
荻生徂徠　柴田　純
雨森芳洲　上田正昭
前野良沢　松田　清
平賀源内　石上　敏
杉田玄白　吉田　忠
上田秋成　佐藤深雪
木村蒹葭堂　有坂道子
大田南畝　沓掛良彦
菅江真澄　赤坂憲雄
*鶴屋南北　諏訪春雄
良寛　阿部龍一
滝沢馬琴　高田　衛
山東京伝　佐藤至子
平田篤胤　川喜田八潮
シーボルト　宮坂正英
本阿弥光悦　岡　佳子
小堀遠州　中村利則
尾形光琳・乾山　河野元昭
*二代目市川團十郎　田口章子
与謝蕪村　佐々木丞平
伊藤若冲　狩野博幸
鈴木春信　小林　忠
円山応挙　佐々木正子
*佐竹曙山　成瀬不二雄
葛飾北斎　岸　文和
酒井抱一　玉蟲敏子
オールコック　佐野真由子
*月性　海原　徹
西郷隆盛　草森紳一
*吉田松陰　海原　徹
徳川慶喜　大庭邦彦

ミネルヴァ日本評伝選

企画推薦
梅原　猛
ドナルド・キーン
佐伯彰一
角田文衞

監修委員
上横手雅敬
芳賀　徹

編集委員
石川九楊
伊藤之雄
猪木武徳
今谷　明
今橋映子
熊倉功夫
佐伯順子
坂本多加雄
武田佐知子
竹西寛子
西口順子
兵藤裕己
御厨　貴

上代

俾弥呼　古田武彦
日本武尊　西宮秀紀
雄略天皇　吉村武彦
蘇我氏四代　遠山美都男
推古天皇　義江明子
聖徳太子　仁藤敦史
斉明天皇　武田佐知子
天武天皇　新川登亀男
持統天皇　丸山裕美子
阿倍比羅夫　熊田亮介
柿本人麻呂　古橋信孝
元明・元正天皇　渡部育子
聖武天皇　本郷真紹
光明皇后　寺崎保広
孝謙天皇　勝浦令子
藤原不比等　荒木敏夫
吉備真備　今津勝紀
道　鏡　吉川真司
大伴家持　和田　萃
行　基　吉田靖雄

平安

桓武天皇　井上満郎
嵯峨天皇　西別府元日
宇多天皇　古藤真平
醍醐天皇　石上英一
村上天皇　京樂真帆子
花山天皇　上島　享
三条天皇　倉本一宏
後白河天皇　美川　圭
小野小町　錦　仁
藤原良房・基経　滝浪貞子
菅原道真　竹居明男
紀貫之　神田龍身
慶滋保胤　平林盛得
*安倍晴明　斎藤英喜
藤原道長　朧谷　寿
清少納言　後藤祥子
紫式部　竹西寛子
和泉式部　ツベタナ・クリステワ
大江匡房　小峯和明
式子内親王　奥野陽子
建礼門院　生形貴重
阿弖流為　樋口知志
坂上田村麻呂　熊谷公男
*源満仲・頼光　元木泰雄
平将門　西山良平
平清盛　田中文英
藤原秀衡　入間田宣夫
空　海　頼富本宏
最　澄　吉田一彦
奝　然　上川通夫
源　信　小原　仁
守覚法親王　阿部泰郎

鎌倉

源頼朝　川合　康
*源義経　近藤好和
後鳥羽天皇　五味文彦
九条兼実　村井康彦
北条時政　野口　実
熊谷直実　佐伯真一
*北条政子　関　幸彦
北条義時　岡田清一
曾我十郎・五郎　杉橋隆夫
北条時宗　近藤成一
安達泰盛　山陰加春夫
平頼綱　細川重男
竹崎季長　堀本一繁
西　行　光田和伸
藤原定家　赤瀬信吾
*京極為兼　今谷　明
*兼　好　島内裕子
重　源　横内裕人
運　慶　根立研介

刊行のことば

歴史を動かすものは人間であり、興趣に富んだ人間の動きを通じて、世の移り変わりを考えるのは、歴史に接する醍醐味である。

しかし過去の歴史学を顧みるとき、人間不在という批判さえ見られたように、歴史における人間のすがたが、必ずしも十分に描かれてきたとはいえない。二十一世紀を迎えた今、歴史の中の人物像を蘇生させようとの要請はいよいよ強く、またそのための条件もしだいに熟してきている。

この「ミネルヴァ日本評伝選」は、正確な史実に基づいて書かれるのはいうまでもないが、単に経歴の羅列にとどまらず、歴史を動かしてきたすぐれた個性をいきいきとよみがえらせたいと考える。そのためには、対象とした人物とじっくりと対話し、ときにはきびしく対決していくことも必要になるだろう。

今日の歴史学が直面している困難の一つに、研究の過度の細分化、瑣末化が挙げられる。それは緻密さを求めるが故に陥った弊害といえるが、その結果として、歴史の大きな見通しが失われ、歴史学を通しての社会への働きかけの途が閉ざされ、人々の歴史への関心を弱める危険性がある。今こそ歴史が何のためにあるのかという、基本的な課題に応える必要があろう。評伝という興味ある方法を通じて、解決の手がかりを見出せないだろうかというのも、この企画の一つのねらいである。

狭義の歴史学の研究者だけでなく、多くの分野ですぐれた業績をあげている著者たちを迎えて、従来見られなかった規模の大きな人物史の叢書として、「ミネルヴァ日本評伝選」の刊行を開始したい。

平成十五年（二〇〇三）九月

ミネルヴァ書房

《著者紹介》

山本隆志（やまもと・たかし）

1947年　群馬県生まれ。
1971年　東京教育大学文学部卒業。
1976年　東京教育大学文学研究科修士課程修了。
現　在　筑波大学人文社会科学研究科教授。
博士（文学）（筑波大学）。
著　書　『人物でたどる日本荘園史』（共著），東京堂出版，1990年。
『荘園制の展開と地域社会』刀水書房，1994年。
『群馬県の歴史』（共著），山川出版社，1997年。
『講座日本荘園史 3　荘園の構造』（共著），吉川弘文館，2003年，など。

ミネルヴァ日本評伝選
新《にっ》田《た》義《よし》貞《さだ》
――関東を落すことは子細なし――

2005年10月10日　初版第１刷発行　〈検印省略〉

定価はカバーに
表示しています

著　者　山　本　隆　志
発行者　杉　田　啓　三
印刷者　江　戸　宏　介

発行所　株式会社　ミネルヴァ書房
607-8494 京都市山科区日ノ岡堤谷町１
電話（075）581-5191（代表）
振替口座 01020-0-8076番

共同印刷工業・新生製本

ISBN4-623-04491-2
Printed in Japan

人名索引

あ行

さ　行

た　行

な　行

は　行

ま　行

事項索引

あ　行

か　行

は　行

ま　行

や 行

ら・わ行